Heinrich Hanselmann

# ハインリッヒ・ハンゼルマンにおける治療教育思想の研究

## スイス障害児教育の巨星の生涯とその思想

冨永光昭 著

福村出版

[JCOPY] 〈(社)出版者著作権管理機構 委託出版物〉
本書の無断複写は著作権法上での例外を除き禁じられています。複写される場合は、そのつど事前に、(社)出版者著作権管理機構(電話 03-3513-6969、FAX 03-3513-6979、e-mail: info@jcopy.or.jp)の許諾を得てください。

ハインリッヒ・ハンゼルマン（1885〜1960）
（Copyright HfH, Zürich）

上：若き日のハンゼルマン
中：ハンゼルマンの研究室
下：第二次世界大戦後に行われた国際治療教育学会での記念撮影

上・中：国際治療教育学会にて
下：ペスタロッチ財団賞を受賞

上：夫人と
中：ブリエンツのバイオリン製作学校の
　　創立を記念するプレート
下：ハンゼルマンのバイオリンコレク
　　ション

4〜6ページ口絵写真提供：ハインリッ
ヒ・ハンゼルマン資料室。チューリッヒ
大学教育学研究所、特殊教育理論・歴史
研究専攻（Urs. Hoyninngen-Süess）
Archiv Heinrich Hanselmann, Forschun-
gsstelle für Theorie und Geschichte der
Sonderpädagogik, Institut für Erziehungs-
wissenschaften, Universität Zürich

## ハインリッヒ・ハンゼルマンにおける治療教育思想の研究

目 次

## 序章　課題と方法 …………………………………… 13

第1節　問題設定…14
第2節　ドイツ語圏におけるハンゼルマン研究の概要と特色…18
　（1）ブライディックによる見解　19
　（2）ヤンツェンによる見解　23
　（3）シーゲントハラーによる見解　26
第3節　考察の視点と研究の構成…31

## 第1章　スイス史とハンゼルマンの足跡 ………………… 39

はじめに…40
第1節　19世紀後半のスイスの情勢とハンゼルマン…40
第2節　20世紀初頭のスイスの情勢とハンゼルマン…42
第3節　「スイス的なるもの」とハンゼルマン…46
　＜資料＞年表：スイス史とハンゼルマンの足跡…51

## 第2章　シュタインミューレ労働教育コロニー・観察施設の実践とハンゼルマンの発達抑制児（者）保護論 ………… 55

はじめに…56
第1節　精神薄弱児（者）の援助措置の変遷とハンゼルマンの精神薄弱児（者）保護論…57
第2節　ハンゼルマンの軽度及び中度精神薄弱児（者）保護論の内実…60
　（1）軽度及び中度精神薄弱児（者）の労働教育と保護　60
　（2）労働教育コロニーの構想　63
第3節　ハンゼルマンの精神薄弱児（者）保護論の特質…66

第3章　ハンゼルマンとアルビスブルーン田園教育舎の相関―ハンゼルマンにおける治療教育施設実践の特質をめぐって― … 73

　はじめに…74
　第1節　アルビスブルーン田園教育舎の設立の経緯…74
　第2節　アルビスブルーン田園教育舎における5年間の生徒数・教育担当者数…78
　第3節　アルビスブルーン田園教育舎における実践の特質とハンゼルマンの治療教育思想の影響…80
　　（1）観察所としての側面　80
　　（2）教育施設としての側面　81
　　（3）外的コロニーとしての側面　86
　　（4）共同指導者とその養成の側面　87
　おわりに…88


第4章　ハンゼルマンと設立期のチューリッヒ治療教育セミナーの相関―ハンゼルマンの治療教育教員養成思想をめぐって― …………………………………………… 91

　はじめに…92
　第1節　チューリッヒ治療教育セミナーの設立過程とハンゼルマンが果たした役割…93
　第2節　設立期のチューリッヒ治療教育セミナーの教員養成内容とハンゼルマン…97
　　（1）チューリッヒ大学治療教育講座の正教授就任（1931年）までの週時表とその特色〈チューリッヒ治療教育セミナー長としての治療教育教員養成開始（1924年）以降〉　99
　　（2）後継者のモアによるチューリッヒ治療教育セミナー長就任（1940

目次　9

　　　　年)までの週時表とその特色〈ハンゼルマンのチューリッヒ大学治療教育講座正教授就任（1931 年）以降〉　108
　　(3) 1940 年の後継者のモアによるチューリッヒ治療教育セミナー長就任から、第二次世界大戦後すぐまでの週時表とその特色〈1940 年以降〉　121
　第 3 節　ハンゼルマンの治療教育教員養成思想とチューリッヒ治療教育セミナーの相関…135
　おわりに…139

# 第 5 章　チューリッヒ治療教育セミナーとジュネーブ・ルソー研究所、フリブール大学治療教育研究所の設立過程の比較 …… 143
　はじめに…144
　第 1 節　ジュネーブにおけるルソー研究所の設立過程…144
　第 2 節　フリブール大学治療教育研究所の設立過程…148
　第 3 節　主要 3 治療教育教員養成機関の設立過程の比較…151

# 終章　ハンゼルマンにおける治療教育思想の特質 …… 159
　はじめに…160
　第 1 節　正常―異常の理論の否定と発達抑制概念の導入―大学教授資格取得論文『治療教育の心理学的原則』の持つ意味―…161
　第 2 節　治療教育実践の展開と発達抑制概念の導入の相関…169

# 補章　スイスの治療教育（学）の現状と課題 …… 181
　はじめに…182
　第 1 節　治療教育思想をめぐって…185

第2節　連邦障害保険法の特色と課題…189
第3節　特殊教育分野からの連邦障害保険の撤退…195
第4節　治療教育システムの特色…197
　（1）通常学級　198
　（2）補助・促進措置　199
　（3）特殊学級　200
　（4）特殊学校　202
第5節　各言語圏・州による特別なニーズのある子どもたちの教育的インテグレーションの進展の差異…203
第6節　スイスの治療教育教員養成の状況—チューリッヒ州立教育大学とフリブール大学治療教育・特殊教育学部：治療教育研究所を中心に—…204
　（1）後の3大学治療教育教員養成機関の展開　204
　（2）チューリッヒ州立教育大学の試み　205
　（3）フリブール大学治療教育・特殊教育学部：治療教育研究所の概要　206
　（4）フリブール大学における学校治療教育教員の基本養成　208
　（5）LISAの取り組み　210
第7節　スイスにおける治療教育教員養成の改革の動向…212
おわりに…214

資料…221
　1．Heinrich Hanselmann 文献目録…222
　2．主要引用・参考文献…228
　3．著者関連文献…237

あとがき…239

人名索引…243
事項索引…245

序章

# 課題と方法

## 第1節　問題設定

　「治療教育（学）」の概念は、我が国において現在も、公的機関の名称として「国際治療教育研究所」や「シュタイナー治療教育セミナー」「こばと治療教育センター」等に用いられ、障害のある子どもへの実践・理論を指す用語としても市民権を得ている。この概念は、ドイツ語圏のHeilpädagogikの訳語であり、我が国への最初の導入は、明治40年代の初期に、榊等の医学関係者によりなされた。飯岡が指摘するように[1]、1888年（明治21年）の「学校生徒の活力検査に関する訓令」、1898年（明治31年）の「学校医令」等、効率的な人材育成を行うための一連の学校衛生施策によって、医学関係者による学校教育への関与がなされるが、この当時、ドイツ語圏の影響を強く受けていた医学関係者の関心は、ドイツ語圏で展開されていた「治療教育（学）」(Heilpädagogik)、「教育病理（学）」(Pädagogische Pathologie)に向けられることになった。さらに、著名な治療教育家であるヘラー (Heller, Th.) による「治療教育（学）」(1904) の影響を受けた精神医学関係者は、治療教育の名のもとに精神薄弱教育の理論化をはかり[2]、実践を展開していった。このような流れを受けて、現在も治療（医学）と教育の共同を重視しつつ、主に医学やリハビリ関係者によりこの用語が用いられている。

　しかし、その源泉であるドイツ語圏のHeilpädagogikにおいては、この「Heil」という接頭語を、純然たる医学的治療の意味に捉えるのか、比喩的な意味での「治療」と解するのか、あるいは「救済」という宗教的概念として受けとるのか、また、実体概念として論理的に結論を出さない慣用語と解するのかにより歴史的に様々な見解があり、その意味する思想には差異が見られる。

　このような我が国の「治療教育（学）」の源泉であるドイツ語圏のHeilpädagogikについては、これまで、数は少ないながらも次のような先行研究がみられた。

まず最初に取り上げるのは、1960年代から70年代にかけて取り組まれた小川と藤井によるドイツ語圏におけるHeilpädagogikの概念の解釈に関する研究である。

小川は[3]、「Heilpädagogik概念の成立とその変遷」の論稿において、ドイツのゲオルゲンス（Georgens, J.D.）とダインハルト（Deinhart, H.M.）によるHeilpädagogikの創始とシュテッツナー（Stötzner, H.E.）やヘラーによる精神薄弱教育への概念の狭義化の過程を明らかにしている。この論究の後に、榊保三郎の『異常児ノ病理学及教育法──教育病理及治療学』の著作について、榊がヘラーによるHeilpädagogikの狭義化の影響を受けていることを指摘している。このような研究に対する小川の関心は、ドイツにおけるHeilpädagogikの概念史の検討を基に我が国の「治療教育（学）」の訳語を吟味することにあった。しかし、この小川の研究については、Heilpädagogikの概念と思想の先駆に位置づけられる児童欠陥理論への論究が不十分なこと、さらに、その変遷過程がシュテッツナーとヘラーによるHeilpädagogikの対象領域の制限の描写にとどまっている問題等が指摘される。一方、藤井は[4]、Heilpädagogikの概念の(1) 意味内容、(2) 概念の批判的見解、(3) 代替可能用語とその是非の検討を行い、Heilpädagogikの概念の批判として、(1)「heilen」は、必ずしも医学の専管事象としてのみ理解することはできないこと、(2) Heilpädagogikは治療不可能なところに教育の可能性を求める任務をもつとする異論にこたえないこと、(3) Heilpädagogikはその内容とする全領域を包含した名称ということはできないことを挙げ、Sonderpädagogik、Orthopädagogik、Behindertenpädagogikの代替用語を提出し、その是非を検討している。

このような小川や藤井によるHeilpädagogikに関する研究は、概念の歴史的検討に限定されているが、本来、概念を規定する思想史研究が不可欠である。

この1960年代に、Heilpädagogikの思想史研究に取り組んだのは、辻である[5]。彼の研究は、主にベッシェル（Beschel, E.）の『補助学校の固有的性格』[6]の内容に依拠しており、幾人かの思想の概略を列挙した概括的傾向が指摘される。

1990年代に入って、ドイツのHeilpädagogikに関する注目すべき2つの研究が現れる。

荒川は[7]、19世紀末から20世紀初頭に成立し、当時、欧米各国や日本の精神薄弱児学校の模範として注目を集めた「ドイツの補助学校」を研究対象に取り上げ、その成立と展開の過程を歴史的に検討した。その際、ベッシェルやアルトシュテット（Altstaedt, I.）、ミシュカー（Myschker, N.）等の先行研究を分析・検討する中から、「19世紀末からワイマール期までの補助学校を単に連続的に捉えるのではなく、その制度的発展の過程で生じる様々な質的変容を描き出す」ことを研究の目的としている。そのために、補助学校の性格を規定する外的条件としての公教育制度、特に国民学校の基本的性格、内的条件としての補助学校固有の問題状況（補助学校の組織・設備等、補助学校の対象児及び就学児の実態、補助学校卒業生の進路状況、補助学校の教育目的・内容・方法）、それへの関係者の対応（運動・研究団体などでの議論・決議、政策側の対応）に対し、当時の関係団体の機関誌・研究誌・法令集・統計資料等に拠り検討している。岡田は、この荒川の研究に対し、エルガー・ルットガルト（Ellger-Rüttgardt, S.）等の先行研究の検討の不十分さを指摘しているが、筆者は、一次資料に基づき、日本で初めてドイツ補助学校史を体系的に展開した研究として高く評価している。ただ、この研究で、思想史の側面が見られるのは、第6章第3節の「1 レーゼマンとバルチェの精神整形論」と「2 精神整形訓練の評価とその矛盾」の10頁程であり、しかもドイツに限定されている。

岡田は[8]、1980年代におけるドイツの学習障害児学校の衰退とそれを支えた学習障害児教育学の抜本的な見直しという課題をふまえながら、そのような学習障害児学校及び学習障害児教育学の性格を規定した1890年代から1930年代の補助学校教育学の形成過程について批判的に検討している。この研究は、津曲も指摘するように、「ドイツ帝国成立期から、ヴァイマール期、ナチズム期、東西ドイツ分裂時代にまでわたる壮大なドイツ障害者教育・福祉思想史ともなって」おり、ゲオルゲンス、ダインハルト、シュテッツナーに始まり、ベッシェル、ブライディック（Bleidick, U.）等に至る治療教育学の系譜を総合的に

位置づけた研究として筆者も高く評価している。また、ブライディック研究に象徴されるような、西ドイツ治療教育学理論史研究の「治療教育学の教育学化と狭義化の混同」について批判的にみる中から、むしろ治療教育学説の広義化の位置づけを行っており、この視点は、筆者の研究視点としても重要な意味を持っている。ただ、岡田の研究は、ドイツにおける学習障害児教育学の問題構造を探ることが目的であることから、研究対象はドイツが中心であり、スイスのハンゼルマン（Hanselmann, H.）やモア（Moor, P.）の言及は僅かになされているにすぎない。また、当初の岡田の問題関心からも、個人の人物史・思想史の解明は、トリューパー（Trüper, J.）にとどまり、他のドイツの治療教育の実践・思想に携わった人物やその思想の全体像が明らかにされているわけではない。

　本研究の目的は、この荒川と岡田が研究対象とした治療教育（学）の成立期に、ドイツ語圏の治療教育の実践と理論の進展に多大な影響を与えたスイスのハインリッヒ・ハンゼルマンに焦点をあて、彼の人物像や治療教育実践・思想の全体像を明らかにすることであった。というのも、先行研究に示されたように、我が国のドイツ語圏における障害児教育の歴史研究、思想研究、制度研究はドイツに集中し、スイスに関する研究がほとんど見られない。1930年代から50年代にかけて、ドイツ語圏の治療教育の理論と実践を主導したのは、スイス・チューリッヒ学派（当時の他の国々への影響力の強さからスイス学派とも呼ばれた）の創始者に位置づけられるハンゼルマンとその後継者のモアであったが、このようにドイツ語圏の治療教育（学）に多大な影響を与えたハンゼルマンに対し、筆者が研究を進める以前は簡単な人物像と業績の一部の紹介がなされているにすぎず、ハンゼルマンの人物像や治療教育思想の形成過程と特色等について詳細な検討が必要であった。また、この研究によって、これまでほとんど手つかずの状態であったスイスにおける治療教育（学）の歴史と現状及び諸課題を明らかにする基盤を創りあげることができるとも考えた。

## 第2節　ドイツ語圏におけるハンゼルマン研究の概要と特色

　ドイツ語圏においては、1950年代から60年代にかけて、キリアン（Kilian, H.）やブラウフリン（Brauchlin, E.）、ベッシェル（Beschel, E.）、シュネーベルガー（Schneeberger, F.）等によりハンゼルマンの生涯と思想の断片が紹介されたが[9]、当時、精神科学的治療教育学が主流のドイツ語圏において、ハンゼルマンの主著『治療教育入門』（1930）[10]は、医学や生物学等経験科学の影響を強く受けたとされ、そのことがハンゼルマンが「治療教育の巨星」と称されながら、彼の思想が十分に顧みられない要因となった。1970年代に入り、ブライディック（Bleidick, U.）[11]やヤンツェン（Jantzen, W.）[12]等により、文献解釈によるハンゼルマンの思想的特色を探る研究が現れたが、その見解には各々の学的立場から著しい解釈の差異が認められた。その後、彼の人間像や思想の全体像を解明する動きは見られず、1985年のチューリッヒ大学における「ハンゼルマンの生誕100年のコロキウム」[13]を期に、再度見直しが行われた次第である。

　このようなドイツ語圏のハンゼルマン研究の状況について、特に見解が分かれている代表的論者に焦点を当て検討を加えることにする。その結果、ハンゼルマンの人物像や思想に多面的に迫る視点を得るとともに、ある人物の思想を解釈した論者自身の学的立場の影響を探る課題にも迫りたい。その際、この代表的論者として、批判的合理主義のブライディック、ネオマルキスト派のヤンツェン、精神科学的教育学により治療教育人間学を構想するシーゲントハラー（Siegenthaler, H.）を取り上げる。このような論者が拠って立つ立場の多様性は、学理論をめぐる論議において各々の見地から相互批判がなされていることもあり[14]、学的立場の相違とハンゼルマンの思想解釈の相違との関連を見る上でも極めて意義のあるものと考えられる。

## (1) ブライディックによる見解

　ブライディックは、1959年の「科学としての治療教育学」[15]の論稿以降、その多くの論文をドイツ連邦共和国の障害児教育界の主要雑誌である『治療教育学誌』[16]に寄稿している。彼は、当初、フェルトマン（Feldmann, E.）の影響を受け、「治療教育学の必要性を障害児の陶冶思想により理解しようとする……理論家に属していた」[17]が、当時は精神科学的治療教育学の影響を受け、この段階では、「治療教育学」（Heilpädagogik）の用語の使用を認めていた。彼が、「障害児教育学」（Pädagogik der Behinderten）の概念と思想を獲得したのは、「治療教育学―特殊教育学―障害児教育学」[18]の論稿以降であり、その中で、ブレツィンカ（Brezinka, W.）やポパー（Popper, K.R.）等の業績が参照され、批判的合理主義による障害児教育科学論の発端が示された。この立場では、まず科学として妥当な概念の設定がめざされるが、彼は、障害児教育学の領域における主要概念の検討を行ったのである。このような成果を集大成した形で、1972年、『障害児教育学』と題する410頁にのぼる著作が刊行されている。この改訂版が、1976年、1978年に発刊されているが、1978年の著作では、さらに、学問的成果が吸収され、604頁にわたる大著にまとめられている[19]。ブライディックは、この第3版において、「概念理論」「対象理論」「学理論」の3部に分け、教育科学的検討を加えている。

　ハンゼルマンの思想が主に取り上げられたのは、この第2部・対象理論の「ハインリッヒ・ハンゼルマン：発達抑制児教育学としての治療教育学」[20]の項である。ブライディックは、ハンゼルマンが用いた「発達抑制」（Entwicklungshemmung）概念とそれによる治療教育の類型論が、当時、10年もの間治療教育界を凌駕し、さらに、後継者のモア（Moor, P.）に受け継がれることにより、この言い回しが教授学の分野や各学校機関に影響を及ぼし、一種の「流行語」となったことを指摘している。ブライディックの関心は、当然、このハンゼルマンの思想体系の中心概念である「発達抑制」概念の紹介と考察に向けられることになる。ブライディックは、ハンゼルマンがこれまでの「異常児教育の学説」を拒否し、価値の問題を重視する中から、『治療教育入門』の有名

な定義、「治療教育学は、個人的要因並びに社会的要因によって、身体的精神的発達が、永続的に抑制されている全ての児童の教授・訓育・保護の理論である」を提起したと述べている。しかし、ブライディックによれば、この時期のハンゼルマンは、「発達抑制」の概念に一般的な理論的意義を与えていないとし、1941年の『特殊教育理論の基礎』で初めて、発達抑制概念の理論化がなされたという。従って、この『特殊教育理論の基礎』によりながら、ハンゼルマンの受容—同化—排出という生命維持の基本過程が詳述され、この発達像の対照として受容障害（Aufnahmegeschädigte）—同化障害（Verarbeitungsschwäche）—排出障害（Ausgabe-Abwegige）が提示されている。ブライディックは、このようなハンゼルマンによる理解の基底に生物学と精神病理学の影響を見、いくつかの例証を挙げ論証している。1つは、ハンゼルマンのチューリッヒ大学就任公開講義における生物学への関心である。ハンゼルマンは、当時の優生学や安楽死の議論等の「重大な不吉を呈する危機的状況」に抗するために、その背後にある自然科学を妨げる反証や実利主義的非論理的反証を否定し、意識的に生物学的課題設定を行ったという。また、『特殊教育理論の基礎』に、ホンブルガー（Homburger, O.）やプリンツホルン（Prinzhorn, H.）等精神病理学者達の引用があることから、その影響関係を注視している。特に、当時、精神薄弱の対象の描写で用いられていた「発達抑制」の用語を、ハンゼルマンが障害全体に拡張したという指摘は注目される。このようなハンゼルマンの「発達抑制児の治療教育学」に対して、ブライディックは、他の論者の批判等を参照しながら、次のような論を展開している。

　第一は、「発達抑制」概念自体の設定の問題である。トラマー（Tramer, M.）が、1932年に「言語としては、発達の抑制に基づき、発達速度の遅滞やそのことによる生活年齢の遅れが想定される」と異議を述べていたことを紹介し、ハンゼルマンのような広義の解釈では、「発達抑制」の本来の意味から逸脱する問題が指摘されている。さらに、精神薄弱の狭義の意味内容に限定したとしても、「全ての精神薄弱が心理学的に発達抑制と捉えることはできない」というブーゼマン（Busemann, A.）の反証を示しながら、その問題性を指摘してい

第二の問題は、生物学的な発達理解についてである。ブライディックによれば、生物学への依存が、素質要因の過大視を生み、環境要因との結合を弱めたという。ハンゼルマンは、後に「発達抑制」の概念を補足して、環境障害を意味する「発達混乱」(Entwicklungsstörung)の概念を提起したが、器質的障害である「発達抑制」と環境障害である「発達混乱」を併記するよりも、全ての「発達抑制」の前提として、「発達混乱」を主張すべきであったとブライディックは述べている。

　第三の問題は、「発達抑制」と教育との関係についてである。ブライディックによれば、「発達抑制」の教育過程、すなわち、陶冶障害が描写されることにより教育的意議が視野に入るが、ハンゼルマンの場合、この「発達抑制」の教育過程の描写が不十分である。従って、「発達抑制」の上位概念の総括と教授学的設定を結びつける教育科学的前提が確立されず、学問的一貫性に欠けるとされる。このようなハンゼルマンに対する諸批判を展開した後、モアの理解をハンゼルマンの生物学的色彩を弱める努力をしたとして評価するのである。例えば、モアは、「発達抑制」(Entwicklungshemmung)の名詞を、「発達が阻なわれている」(entwicklungsgehemmt)へと、多くを形容詞に変えるとともに、障害の対象も、当時の最新の心理学を導入し内的安定によるものに変え、さらに、ハンゼルマンの治療教育学の定義で大きな役割を有していた教授・訓育・保護の3つの柱から保護の概念を放棄し、教育学的位置づけを明確にしたという。

　ここまで、ブライディックのハンゼルマンに対する見解を詳細に見てみると、ブライディックが、ハンゼルマンに対し「教育学化」の立場から好意的に見過ぎているという岡田の批判[21]はモアとの比較の上ではあたらない。ここでも紹介したように、かなり厳しくハンゼルマンによる「発達抑制児の治療教育学」の生物学による基礎づけを批判しているのである。ブライディックがハンゼルマンに対し評価したのは、治療教育学の定義で明確に述べられた教授・訓育・保護の理論としての前段部分の教育学的位置づけにあった。むしろ、保護

の理論を放棄し教育学的位置づけを明確にしたモアの治療教育の見解を評価しているのである。その意味では、ブライディックのハンゼルマン理解に対して、次のような問題点を指摘する必要があろう。

　第一は、批判的合理主義の教育科学理論から、ハンゼルマンの治療教育思想が評価される問題である。周知のように、ブレツィンカに代表される「批判的合理主義による教育科学」では、記述的要素と規範的要素が明確に区分され体系化されていく。ブライディックの場合も、例えば、ハンゼルマンの発達抑制理論の記述的要素も、現代の経験科学の側面から厳しく批判される一方、その批判が、規範的要素に及ぶことはなかった。そのため、規範的要素については、後に取り上げるヤンツェンが観念的と称したハンゼルマンの『特殊教育理論の基礎』から多くを引用し、「教育学化」の側面から評価するのである。果たして、このように記述的要素と規範的要素を区分し、その教育思想自体を評価することが妥当であろうか？　戦後の西ドイツの障害児教育学を主導したこのブライディックの障害児教育学における教育学化の問題については、岡田が、歴史研究の立場から批判している。筆者も、同じ見解を有しているが、むしろ、ブライディック自身が拠ってたつ「批判的合理主義の教育学」自体にその問題が起因すると考える。ブライディックが、学習障害児教育の特殊化を許容したのも、むしろ、記述的要素と規範的要素を区分し、その連関を問わないところに要因があった。本研究で明らかにされるように、ハンゼルマンが「発達抑制概念」を導入した背後にある思想こそが重要であり、それは、ハンゼルマンの『正常―異常とは何か』(1928) 等の論稿や彼の治療教育実践から創りあげられた思想を吟味し検討しなければ評価が下せないのである。

　第二は、「教育学化」の観点から、ハンゼルマンよりも、むしろモアの治療教育思想を評価した問題である。確かに、岡田が指摘するように[22]、ブライディックにおいては、ハンゼルマンのみならずハインリックス (Heinrichs, K.) やレッセル (Rössel, F.) 等も「教育学化」の側面から評価が下され、他の要素が軽視されている。当時、ブライディックが、教育学の学理論をめぐる論議に影響を受け、教育学による障害児教育学の構築を求めていたことから、そのよ

うな観点から歴史上の人物の思想も解釈されたことは否定できない。しかし、ここで注視する必要があるのは、ハンゼルマンにおいて、保護の理論が、彼の治療教育思想の中で重要な位置を占めているという事実である。ハンゼルマンは、障害のある人たちの問題を学齢期の問題に矮小化してはいなかった。むしろ、「生涯にわたる保護」の必要性を指摘したのである。現代と比較すれば、保護の中身、障害像・発達像の捉え方に課題が残されていたとはいえ、障害のある人の現実、障害への社会的責務の重要性を踏まえる中から、彼の治療教育思想を構築していった。本研究の意義は、このようなブライディックに代表される一面的なハンゼルマン理解を覆すことにあるといえる。

## (2) ヤンツェンによる見解

ヤンツェンは、ドイツ連邦共和国の代表的ネオマルキスト派の障害児教育学研究者であり、1970年代から、『社会化と障害』『唯物論的認識論、障害児教育学、教授学』『唯物論的障害児教育学の構造をめぐる問題』『障害者福祉制度の社会史』『一般障害児教育学』等[23]の一連の著作を著し、社会科学による障害の認識や科学的発達論の提起、弁証法的唯物論による障害児教育学の体系化、障害児の教育的インテグレーション理論の構築等に取り組んできた。ヤンツェンは、この障害児の教育的インテグレーションを推進する目的の季刊誌『障害児教育学誌』[24]を編集する当時の代表的メンバーであり、ブレーメン大学を拠点に、常に理論と実践の統一に関心を向けてきた。所謂「特殊教育学」の理論化をすすめ、特殊教育制度が整備されてきたドイツ連邦共和国にあって、新たな障害児の教育的インテグレーションの流れをつくる上で重要な役割を果たしてきたのである。

このようなヤンツェンが、1976年の「第13回ドイツ語圏特殊教育学研究者大会」で発表を行い、その後、「事実の認識と幻惑。ハインリッヒ・ハンゼルマンの治療教育学と彼の後継者と目される者の治療教育学との学理論上の比較」[25]としてまとめた論稿において、ハンゼルマンの治療教育学の学的性格に関する考察を行っている。ヤンツェンは、ハンゼルマンと後継者のモアの各々

の治療教育学構想に対し、認識論との関連において客観的事実性の認識がどの程度なされていたか、倫理学がどのような役割を担っていたかという2つの課題を設定した。まず、第一の課題に関しては、ハンゼルマンの認識論は、唯物論と観念論との間を揺れ動き立場を明確にすることはできないという。言うならば、二元論として特徴づけられ、そのために、身体と精神の相互作用が認められ、抽象的な理解の複雑な形態としての思考も、事物間の関連の理解や関連自体の探求、理解された関連の妥当性の吟味として捉えられたことを示している。ただ、これは、あくまでハンゼルマン自身が指摘しているように、「真理は変化する」といった「知識の相対主義」の見地に立っているのだが、人間の思考の限界による自然科学的概念形成の限界が示されている。このような知識の相対主義の強調にもかかわらず、ヤンツェンによれば、特に『治療教育入門』において、客観的事実性の認識を可能にする「開かれた立場」が獲得されているという。その一方で、『特殊教育理論の基礎』等の後の論稿では、このような開かれた立場が後退し、「神の子」(Gotteskindschaft)の理念を規範とした思想が展開されているという。即ち、「人間の生活課題は、教育学よりも宗教に規定される」「研究と援助は神の使命に移される」というハンゼルマンの言から、観念論的色彩が強められたことが示されている。また、第二の課題に関し、ハンゼルマンの二元論が、一方で、事実に基づいた自然科学や社会科学の研究成果の考察を可能にし、他方、認識論の制限や矛盾にかかわらず、人間生活を発展させる中心概念としての労働を前提とする倫理学に接近していたことを指摘している。すなわち、『治療教育入門』から、治療教育学が現代の労働の合理化の側面から脅かされていること、人間が歴史的に自由意志で労働に取り組んできたのではなく、有用性や自己維持の要因により労働へと強いられてきたこと、労働倫理学の危機に対し、教育の中心に労働を据える必要性があること等が指し示されている。また、『治療教育入門』をはじめとしたハンゼルマンの初期の文献において、障害と社会の問題との関連の中で数多くの社会批判的言明が見られるという。ヤンツェンによれば、このような倫理学に関わる成果が断片的なものに留まったのは、ハンゼルマンが人間の本質と関わって

認識論レベルの解決を行わず、二元論による論理構成を求めてしまったことによるという。ヤンツェンは、特殊教育が倫理学により基礎づけられなければならないとするハンゼルマンの正統な主張を紹介しながら、その倫理学が宗教において解明される場合、個々の科学の到達から離れて認識の袋小路に陥る危険性を指摘している。ヤンツェンは、『苦しみの意味について』や『特殊教育理論の基礎』を引用しながら、「神の子」の理念を基軸とした「労働」と「苦しみ」の概念の密接な関わりについて言及しているが、ハンゼルマンの獲得した労働概念等は、「自我の犠牲」等個々人の生活のレベルに固定され、個人と社会の弁証法的関連の中で展開されることがなかったとされる。ヤンツェンにおいては、ハンゼルマンの『治療教育入門』(1930) の評価と後の『特殊教育理論の基礎』(1941) の評価に差異が存在するのである。『治療教育入門』は、客観的事実が認識されていると評価され、『特殊教育理論の基礎』は、このような認識が後退し、「神の子」の理念を規範とした観念論的色彩が濃いという。そして、自他共に認めるハンゼルマンの後継者であるモアの治療教育学の認識論及び倫理学は、この観念論的色彩がさらに強められ、「事実の幻惑」と評されるのである。モアは、ハイデッガー（Heidegger, M.）やビンスワンガー（Binswanger, L.）等の実存哲学・現存在分析やガーダニー（Guardini, R.）、ブルンナー（Brunner, E.）の弁証法的神学、さらに、ユダヤ教に基づくブーバー（Buber, M.）等の対話の哲学の影響を受けながら、「内的安定の理論」に基づく独自の生成の人間学を構築し、治療教育心理学、治療教育学を構想していったが[26]、このようなモアの学的見地が、ヤンツェンの見地と対立したといってよい。ここで確認すべきは、課題設定に引き寄せる思惑から事実の歪曲がなされていないか、同時期の他の文献にも目が通されているか、個人史や社会史の観点から歴史的な裏づけがなされているかの諸点である。ヤンツェンの場合には、認識論をめぐる貴重な指摘がなされているが、一部の文献解釈に終わり歴史的視点も希薄である。この点については、ヤンツェン自身が、ハンゼルマンとモアに関する歴史的研究ではなく、上述した課題設定に基づく彼らの文献解釈の研究を意図したことを指摘しているが、その研究の不十分さを免れることはで

きない。また、ブライディックにも見られたことだが、各々の研究者が拠って立つ見地により課題設定が左右され、ハンゼルマンの見解についての解釈が異なってくる点を注視する必要がある。この点からも、各々の学的立場に左右されないハンゼルマン研究が求められているといえよう。

### (3) シーゲントハラーによる見解

既に言及したブライディックとヤンツェンが、共にドイツ連邦共和国における障害児教育学の代表的論客であるのに対して、シーゲントハラーは、ハンゼルマンの母国であるスイスにおけるチューリッヒ大学の研究者である。スイスでは、比較的第二次世界大戦の影響を受けず、教育学や治療教育学の内実も戦前と戦後の連続性の中で捉えられる。このスイスを含め戦後のドイツ語圏の治療教育学をリードしたのが、ハンゼルマンとモア等の「チューリッヒ学派」であり、1960年代まで強い影響力を保持していた。ドイツ連邦共和国では、1970年代から学の自立性をめぐる論議が起こり、「チューリッヒ学派」の影響力は減少したが、スイスでは、ヘーベルリン（Haeberlin, U.）やシュミット（Schmid, P.）、そしてこのシーゲントハラー等に受け継がれていった[27]。

シーゲントハラーは、1985年に開かれたハンゼルマンの生誕100年のコロキウムで、「ハインリッヒ・ハンゼルマンにおける治療教育人間学の基礎」[28]というテーマの発表を行った。このテーマの論稿で、まず「治療教育人間学」自体について十分に議論がなされていない現況から、シュミット（1985）とヘーベルリン（1980、1985）の2人の同僚の著作と、シーゲントハラー自身の試み（1977、1983）を踏まえながら[29]、教育人間学の「課題設定」がなされ、それがハンゼルマンの構想自体の考察方法として用いられた。即ち、人間学的思考過程により、初めて人間の本質の理解に批判的に近づくことが可能であるという基本認識とともに、ハンゼルマンの思考自体が、この課題や処置を先取りしたものであることが示された。さらに、人間像の課題が教育学システムを「理解する鍵」であることから、ハンゼルマンの人間像のアスペクトは如何なるものか、そしてハンゼルマンの教育学的理解が如何にして形成されるかとい

う視点が導きだされた。

　まず、「人間学的考察様式のアプローチ」の節で、ハンゼルマンの本質的な人間学的思考を示すものとして、「立ち戻る試み」が挙げられている。即ち、あらゆる精神活動の「根源的作用」へ立ち戻ることや「根源的基礎的行動様式」「心的な生の過程の根源的形態」「精神の根源的現象」「源の母胎」等の諸概念が、『特殊教育理論の基礎』の論稿の各所に見られ、これらは、今日も人間学のカテゴリーとして用いられているという。ハンゼルマンにとっては、心理学の思考領域において多様な個々の現象が記され、さらに人間学の思考領域に立ち返って、現象を関連づけるカテゴリーが探求されているのであり、両者の思考領域を越え出ることによって、絶え間ない関係づけやこのような思考独特のダイナミックさがもたらされているという。シーゲントハラーは、さらに、ハンゼルマンの「援助」の概念と関わって、「自我─幸福への努力」といった人間学的思考が、「人間の愛の本質とは何か」といった課題に広げられ、「愛の最も高められた形態」の探求に向けられているという。シーゲントハラーにとって、人間の「根源的存在様式」である人間学のカテゴリーを見つけだすことは、最終的に宗教的内容によって規定され、認識論的には神学によって関連づけられるという。ここに新たな思考領域が開かれ、心理学─人間学─神学の相互関連がシーゲントハラーによって示されることになる。シーゲントハラーは、ハンゼルマンの教育学的思考の基礎に、このような思考様式を認めているのであり、特に、バルト（Barth, K.）やブルンナー（Brunner, E.）の弁証法的神学とシェラー（Scheler, M.）やプレスナー（Plessner, H.）等の哲学的人間学の影響をハンゼルマン自身の指摘から明らかにしている。

　さらに、「ハンゼルマンの人間像のアスペクト」の節で、人間学のカテゴリーを前提としていたことがハンゼルマンの人間像の本質的特徴であるとし、『特殊教育理論の基礎』から次のような代表的な「二極性」や「三極性」の像を見い出した（表序-1）。

　ここで、シーゲントハラーは、ハンゼルマンの「ダイナミックな人間像」を問題とし、2つの異なった帰結を導きだしている。第一は、人間が、締め括ら

表序 -1　シーゲントハラーによる捉え方

| ハンゼルマンの人間像の二極性・三極性 | 『特殊教育理論の基礎』の頁数 |
|---|---|
| ・自我・幸福への努力―自我・不幸の回避 | 30 ページ |
| ・自ら開かれる―自ら閉じられる | 90 ページ |
| ・向けること―逸らすこと | 234 ページ |
| ・世界についての把握―世界にゆだねること | 90 ページ |
| ・幸福な気分―不幸な気分 | 234 ページ |
| ・受容―同化―排出 | 70 ページ |

（＊この対照表は筆者作成）

れ完成されるものでなく、暫定的で未完成なものであるという理解である。そこに、開放的性格が基礎づけられると言い、ハンゼルマンの「あらゆる知識は相対的で……より良い知識によって補われる」という言説が参照されている。第二は、絶え間なく変化し得る存在としての人間への着眼である。これが、ハンゼルマンの発達概念の人間学的原則であるとされ、このことと合わせてハンゼルマンの発達を全体として捉える視点が示されている。やはり、最終的に、この人間像においてもキリスト教との関わりが指摘され、「人間の生涯の限定」と「救済の確信」の間に葛藤が生じる二極性が注視されている。このハンゼルマンのキリスト教的人間像の核となるものが、神の子の知らせであり、超人間的な啓示であるとされる。

　シーゲントハラーの言に添えば、ハンゼルマンの思考様式や人間像は、既に言及したモアのものに極めて近い。シーゲントハラー自身が、治療教育人間学の課題設定を行い、それをハンゼルマンにも適用しようとしたことから、必然的に彼の治療教育人間学の範疇にハンゼルマンの思想が取り込まれることになったといえる。しかし、ハンゼルマンとモアの治療教育学を連続的にのみ捉えるには、今少しの検討が必要とされよう。シーゲントハラーは、ほとんどハンゼルマンの『特殊教育理論の基礎』を引用しているが、これは、ヤンツェンにより観念論的色彩が強いと批判された文献である。ヤンツェンによれば、ハンゼルマンの主著である『治療教育入門』と『特殊教育理論の基礎』の間に、

明らかに客観的事実性の認識の差異が見られ、前者の文献をこそ評価すべきであるという。また、ブライディックは、シーゲントハラーとは異なった立場から、『特殊教育理論の基礎』を高く評価していた。ここでこのような解釈の相違が生まれるのは何故か、見解が分かれる『治療教育入門』に焦点をあてた分析が必要であり、ハンゼルマンの個人的位置や社会状況、学問上の影響を踏まえた考察が不可欠となろう。このように、学的立場やそれによる課題設定の有り様により、ハンゼルマンの思想の解釈が明確に異なっているが、我々は、むしろハンゼルマンという多様な思想を持つ人物に対し、1つの解釈の切り口が示されたと解した方がよかろう。見る角度が異なれば、現れる像も異なってくる。上述したように、それぞれの学的立場を明確にしハンゼルマンの治療教育思想に関する解釈を見ることにより、各々の論者の現代的関心に基づいた偏ったハンゼルマン思想の一断面が示されていることがわかる。

そのような中で、社会史的視点を組み込んだミュルナー（Mürner, Ch.）やハンゼルマンを特殊教育理論の構築者として捉え直したホイニンゲン・スウェス（Hoyningen-Süess, Urs.）の研究が注目される。

上述したブライディック等の論稿をはじめ、ハンゼルマンの人物や思想について断片的にふれたものはハンゼルマンの活躍した時代から散見されたが、ハンゼルマンに関する体系だった研究書は、ミュルナーの『ハインリッヒ・ハンゼルマンの教育学——障害と発達の関係について』[30]が初めての文献である。この文献は、ミュルナーがドイツのブレーメン大学に提出した学位論文で、『発達と障害——ハインリッヒ・ハンゼルマンの著作・意味内容・立場』というタイトルであった。ミュルナーの研究が評価されるのは、社会史の観点を組み込み、ハンゼルマンが生きた時代背景を捉えようとしたこと、ハンゼルマンの著作を網羅し、ハンゼルマンの治療教育思想の特色に迫ろうとしたことにある。筆者も、このミュルナーによるハンゼルマンの膨大な著作の分類項目を参照している。しかし、ミュルナーの研究では、ハンゼルマンの治療教育を類型化し、様々な著作の分析・検討はなされているものの、社会史的視点とハンゼルマンの著作の解釈学的視点が切り離されており、ハンゼルマンにおける治療

教育思想の形成過程の分析が十分になされているとはいえない。特にハンゼルマンが密接に関わった治療教育実践と治療教育思想との関連の分析・検討はなされていない。

　一方、ハンゼルマンの発達論・発達抑制論に関する論稿を中心に、ハンゼルマン研究を進めてきたチューリッヒ大学のホイニンゲン・スウェスは、チューリッヒ大学哲学学部Ⅰのヘッセ（Heese, G.）教授に提出した博士論文『学としての特殊教育学――ハインリッヒ・ハンゼルマンの特殊教育の理論』[31]で、新たなハンゼルマンの理論的特徴を提起している。彼女は、従来のハンゼルマン理解が、治療教育の理論化に傾斜して捉えられていることに疑問を呈し、ハンゼルマンの理論の特色が明確に示されたものとして、1941年の『特殊教育理論の基礎』を位置づけるだけでなく、初期の段階から、特殊教育の理論的特徴が見られることを明らかにしている。そのために、ハンゼルマンの様々な著作に依りながら、その発達論や発達抑制論を詳細に跡づけ、特殊教育の理論との関連を見いだそうとしている。また、ハンゼルマンの「特殊教育」や「保護」の概念を検討しながら、ハンゼルマンの教育構想を明らかにしている。そして、ハンゼルマンの特殊教育理論の道徳的前提等について、ハンゼルマンの心理学や人間学、宗教が検討されている。その意味では、ホイニンゲン・スウェスのハンゼルマン研究は、ミュルナー以上にハンゼルマンの文献による解釈学的研究にとどまっているといえる。確かに、ハンゼルマンが、発達抑制概念を導入しようとしたのは、彼女が指摘するように特殊教育を展開する上で対象児の観察を必要としたためであり、発達抑制概念が導入された初期の理論化の段階からハンゼルマンが特殊教育の理論化を図ったとする彼女の捉え方自体は筆者も理解できる。ただ、その特殊教育を実際に展開しようとしたハンゼルマンの人間観、障害観こそ重要であると筆者は考えており、そのような人間観、障害観の基盤となり、あるいはそのような人間観、障害観が醸成されていくにつれさらなる取り組みを展開していったハンゼルマンのパイオニアとしての治療教育実践の数々と彼の治療教育思想の形成過程との関連の検討が不可欠であると考える。

## 第3節　考察の視点と研究の構成

　以上のような先行研究をふまえ本研究を進める上で、まず、ハンゼルマンの著作の分類を行っておきたい（本論文末の「Heinrich Hanselmann 文献目録（筆者作成）」参照）。
　ハンゼルマンは、『シュタインベルクへの手紙』（1942）の中で、自らの文献を①学問的諸問題、②予防並びに精神衛生に関する著作、③文学的試みに区分している。
　ミュルナー（1985）は、ブラウフリン（Brauchlin, E.）の分類（1960）を、排他的な項目の配置と制限が見られるとして批判し、上述したハンゼルマン自身の区分を取り入れながら、①予防に関する著作、②入門の著作、③目的提示の著作、④相談に関する著作、⑤物語の著作に分類しているが、以下この分類を参照しつつ、ハンゼルマンの著作の全貌を示しておきたい。
　まず、予防に関する著作には、『自己との関わりについて』（1930）、『他者との関わりについて』（1930）、『苦しみの意味について』（1934）、『労働の意味について』（1936）、『女性との関わりについて』『亡命者との関わりについて』（1943）等が存在するが、ハンゼルマンは、人間の関わりの中で生起する様々な日常的態度に着眼し、啓蒙活動に取り組んでいった。その特徴としては、多くが「〜の意味について」あるいは「〜の関わりについて」という形式をとっているが、ハンゼルマンと同時代の批評家達も、ある行動様式への抗議や提案に対し、類似の形式を用いていたとされる。従って、ハンゼルマンにおいても、これらの形式に添いながら、社会批判的な問題提起を行ったのである。
　続いて、入門の著作として、彼の主著とされる『治療教育入門』（1930）をはじめ、『教育困難児』（1930）、『保護児童』（1934）等が挙げられるが、これらは、ハンゼルマンの治療教育思想の中核をなす「発達」および「発達抑制」の概念の解釈を内包している。現在では、「発達抑制」という概念は、「発達障

害」という概念として捉え直され、障害児の治療教育のみならず、広く社会的治療実践の中に流布し定着しているが、この概念の端緒が、1920年代に、ハンゼルマンの治療教育の定義にも導入されていたことは、十分に認識されていない。この「発達障害」の概念には、「発達」というポジティブな概念を含みこむことにより、障害児（者）を教育の対象として編入する意義が存する一方、障害児（者）と社会との関連を軽視する場合には、個の発達が阻害されているというネガティブな状態を強調し、人間の正常性及び完全性という発達目標に対立する存在として、安易に障害児（者）を規定する側面をも内包し得る。この発達と障害の関連の視座や個と社会の関連の視座を巡る現代的な課題を考察する上で、ハンゼルマンの治療教育思想は格好の対象であり、これらの文献及び後述する「目的提示の著作」が重要な示唆を与えてくれる。

　目的提示の著作としては、チューリッヒ大学への学位請求論文である『治療教育の心理学的原則』(1924) や 1925 年と 1932 年の 2 つのチューリッヒ大学就任の公開講義の論集である『誰が正常なのか？』(1928) と『治療教育とは何か？』(1932) が挙げられる。これらの論稿により、ハンゼルマンは、1925 年には、チューリッヒ大学において私講師の資格を、さらに 1932 年には正教授の資格を得ている。また、1938 年の第 1 回国際治療教育学会会議の報告である『現在と未来における治療教育』(1940)、1947 年の「戦傷児の国際研究週間」における『Sepeg 会議の報告』(1947)、1954 年の第 3 回国際治療教育学会会議の報告である『治療教育——本質、可能性、限界』(1955) は、ハンゼルマンの時代の諸潮流に対する見解や国際貢献度を見る上で重要である。さらに、『特殊教育理論の基礎』(1941) は、ハンゼルマンが「治療教育」に代わり、「特殊教育」という用語を初めて使用した文献であり、これまでの成果を理論的に集大成しようとしたものとされている。しかし、ホイニンンゲン・スウェスが指摘するように、ハンゼルマンの 1920 年代の著作にも、特殊教育の考え方自体は示されていたといえよう。

　相談に関する著作には、『教育相談』(1937)、『彼女と彼の問題』(1939)、『成人教育』(1951) 等があり、特に『成人教育』は、一般教育における生涯教育

学でも注目されている著作である。これらの著作の内容には、教育的範例や結婚、遺伝、親子関係等の相談活動、保護的処置も含まれているが、このような一連の著作活動の背景として、ハンゼルマンがチューリッヒに私立相談事務所を設立し、無数の症例に接したことが挙げられる。また、児童保護、学校教育の問題を出発点として、1940年代、50年代の晩年に、「成人教育」の問題に着手することにより、広く人間の福祉学及びライフサイクルにわたる発達学を構築しようとしていたことを看取することができる。

最後に、物語の著作には、『トーマス』（1917）や『ヤコブリ』（1931）、『ヤコブ』（1931）等がある。このような物語により自らの思想を述べる手法に対し、ペスタロッチの影響が指摘される。特に『ヤコブリ』と『ヤコブ』は、主人公及び家族の状況がハンゼルマンと類似している自叙伝的著作であるが、この主人公の父親が農夫兼刺繍業者であり、実際にハンゼルマンの父親に相応している点が重要である。ハンゼルマンが誕生した東スイスは、この刺繍業をはじめ家内工業の盛んな地域であり、19世紀後半の工業化の波を最初に受けたが、家族的特質を保持したままに伝統的な手工業労働と近代産業が結合したため、労働条件が悪化し、農民の中にはアメリカ等へ移民する者が生じたといわれる。このような自らの家族を圧迫する社会経済情勢と呼応して、ハンゼルマン独自の社会観、人間観が培われたと推察される。このような人間像に影響を与えた諸要因に迫る意味で、ハンゼルマンの種々の物語の著作を検討する意義がある。

筆者は、このような著作も参照しながら、ハンゼルマンの治療教育思想の特質を明らかにしていきたい。その際、次のような思想史研究・学説史研究の方法的基準に注目する。即ち、広義の思想が意味するものは、理性的反省以前の生活感情及び意識下の層から、その具体的問題に対する意見・態度の層、さらにその包括的な表象としての世界観・人生観の層、そして、体系化によって抽象性・論理性を備える理論や学説の層へと可逆的に進行する複層的構造を有しているがゆえに、ハンゼルマンの治療教育思想を形づくる概念体系やその意味内容を追求するとともに、概念間の理論体系自体を規定する社会の意味体系や価値体系──社会文化的諸条件──と、ハンゼルマンを巡る社会階層、サーク

ル、家族関係、宗教等の諸要因の分析が必要である。ドイツ語圏のハンゼルマンに関しての先行研究に見られた学的立場による解釈の相違に終わらせないためにも、共通した問題点を見通し関連づける作業や、スイス史を踏まえつつハンゼルマンの生涯や社会文化的影響を詳細に跡づける作業が必要である。また、その中でも特に、ハンゼルマンの生涯にわたる理論と実践の統一の試みは、ハンゼルマンの治療教育思想の特質に迫る上で欠かせない視点である。

そのため、本研究では、スイス史や当時の社会文化的諸条件をふまえつつ、ハンゼルマンの生涯を詳細に示した後に、ハンゼルマンの治療教育思想の形成に大きな影響を与えた次のような諸実践の内容とハンゼルマンの治療教育思想の関連及び特色を明らかにする。

1) シュタインミューレ労働教育コロニー・観察施設での実践と治療教育思想
2) アルビスブルーン田園教育舎での実践と治療教育思想
3) チューリッヒ治療教育セミナーの教員養成と治療教育思想

さらに、チューリッヒ治療教育セミナーとともに、当時のスイスにおける大学レベルの治療教育教員養成をリードしたジュネーブのルソー研究所（後のジュネーブ大学教育科学部）とフリブール大学治療教育研究所との比較・検討を行い、3養成機関の設立過程の差異を浮き彫りにする中から、チューリッヒ治療教育セミナーの特色を明らかにする。

このような諸実践とハンゼルマンの治療教育思想の関連を踏まえ、他の治療教育思想と比較する中から、ハンゼルマンの主著とされる『治療教育入門』や『特殊教育理論の基礎』の著作に加え、『治療教育の心理学的原則』『正常―異常とは何か』等の論稿も検討の素材とし、上述したブライディック等様々な学的立場の論者の見解とは異なる新たなハンゼルマンの治療教育思想の像を示していきたい。

本研究は、以下の章で構成されている。
第1章：スイス史とハンゼルマンの足跡
第2章：シュタインミューレ労働教育コロニー・観察施設の実践とハンゼルマンの発達抑制児（者）保護論

第 3 章：ハンゼルマンとアルビスブルーン田園教育舎の相関――ハンゼルマンにおける治療教育施設実践の特質をめぐって

第 4 章：ハンゼルマンと設立期のチューリッヒ治療教育セミナーの相関――ハンゼルマンの治療教育教員養成思想をめぐって

第 5 章：チューリッヒ治療教育セミナーとジュネーブ・ルソー研究所、フリブール大学治療教育研究所の設立過程の比較

終章　：ハンゼルマンにおける治療教育思想の特質

補章　：スイスの治療教育（学）の現状と課題


註）

1) 飯岡陽子（1982）「明治期における治療教育学・教育病理学導入に関する一考察」『精神薄弱問題史研究紀要』第 26 号 13-14 頁

　飯岡によれば、ドイツにおけるシュトリュムペル、ショルツ、コッホ等の論者の影響を受け、榊保三郎、富士川游などによって、最初の Heilpädagogik の紹介がなされた。

2) 平井信義・石井哲夫編（1970）『自閉症児の治療教育』日本小児医事出版社　57 頁

　「わが国の古い先輩が『治療教育学』と訳したのは、まさに適切な訳であると考える。すなわち、子どもの幸福を願って、その子どもにある問題を治療するための広義の教育学であり、その問題は、心身両面にまたがると云ってもよいが、身体面としては、特に脳に障害のある場合が考えられている。しかし、その他の身体上の障害を契機として生ずる精神的な諸問題も、当然、この治療教育学の対象になる」

　その他にも、菅修が同様の解釈を試み、『治療教育学』の著作を著している（菅修（1974）『治療教育学』日本精神薄弱愛護協会）。

　尚、本書では、「精神薄弱」「異常児」「児童欠陥」「発達抑制」等の用語については、歴史上の用語として用いている。

3) 小川克正（1968）「Heilpädagogik 概念の成立とその変遷」『岐阜大学教育学部研究報告　人文科学』54-60 頁

4) 藤井聰尚（1969）「Heilpädagogik 研究の課題と方法　(1) 概念の検討」『教育学研究紀

要』第15巻 中国四国教育学会 81-83頁
5) 辻誠（1968）「近代ドイツにおける Heilpädagogik の発展」『精神薄弱問題史研究紀要』第6号 6-15頁
6) Beschel, E. (1960), Die Eigencharakter der Hilfsschule, Weinheim.
7) 荒川智（1990）『ドイツ障害児教育史研究——補助学校教育の確立と変容』亜紀書房
8) 岡田英己子（1993）『ドイツ治療教育学の歴史研究』勁草書房
9) Kilian,H. (1955): Leben und Werke Heinrich Hanselmann's, Hannover. / Brauchlin,E. (1960): Prof. Dr.H.Hanselmann, ein Nachruf, Z.f.Heilpäd.11. / Beschel,E. ³1965 (¹1960): Der Eigencharakter der Hilfsschule,Weinheim/Schneeberger, F. (1969): Hanselmann, Heinrich. In Enzyklopädisches Handbuch der Sonderpädagogik,Berlin, Ss.1242-1244.
10) Hanselmann,H. (1930): Einführung in die Heilpädagogik, Zürich.
11) Bleidick, U. ³1978 (¹1972): Pädagogik der Behinderten, Berlin.
12) Jantzen, W. (1982): Sozialgeschichte des Behindertenwesens,München.
13) このハインリッヒ・ハンゼルマンの生誕100年の記念行事は、彼の主要な研究実践の場であったチューリッヒ大学で、1985年10月21日から23日までの期間開催され、ハンゼルマンの人と業績についての展示と講演・自由討議が行われた。このコロキウムは、ブロックごとにセミナーとして組織され、講演者や司会者として、チューリッヒ大学やチューリッヒ治療教育セミナー、あるいはチューリッヒの教員養成と密接に関わる講師陣が招待された。例えば、10月21日の討議｛司会者：Schneeberger, F.｝、10月22日午前の討議｛司会者：Bodenhelmer, A.R.｝、10月22日午後の討議｛司会者：Bächtold, A.｝、10月23日の討議｛司会者：Solarova, S.｝である（Vgl. Heese, G u.a. (Hrsg.) (1990): Über Hanselmannnachdenken. Ein Kolloquium über das Werk Heinrich Hanselmanns im Zentenarjahr, Zürich.）。
14) ケーニッヒが、精神科学的教育学と批判的合理主義による教育学、批判理論による教育学の3者の論争点を考察している（E.ケーニッヒ著、K.ルーメル・江島正子訳（1980）『教育科学理論』学苑社、参照）。
15) Bleidick, U. (1958): Heilpädagogik als Wissenschaft. In: Z.f.Hellpäd. 9, Ss.161-168 und Ss.209-220.
16) 1933年から発刊されて戦前のドイツの精神薄弱教育界をリードした雑誌である『Die Hilfsschule』の伝統を引き継いだ雑誌『Heilpädagogische Blätter』が、1949年12月に創刊された。1951年10月から、この雑誌のタイトルが、『Zeitschrift für Heilpädagogik (Heilpädagogische Blätter)』に、さらに、1958年の第1巻から、『Zeitschrift für Heilpädagogik』に変わった。以来今日まで、この雑誌において、ドイツ連邦共和国の障害児教育の理論と実践が数多く紹介されてきた（Vgl. Z.f.Heilpäd.9, 1958, 1S.）。
17) Löwisch, D.-J. (1969): Pädagogische Heilen. Versuch einer erziehungs-philosophischen

Grundlegung der Heilpädagogik, München, S.72.
18) Bleidick,U. (1969): Heilpädagogik-Sonderpädagogik-Pädagoglk der Behinderten. Wandlungen der Begriffsbildung, Z.f.Heilpäd.20, Ss.67-97.
19) Bleidick, U. ³1978 (¹1972): Pädagogik der Behinderten, Berlin, Ss.134-139.
20) dito, Ss. 139-141. 尚、本研究では、ハンゼルマンの「Entwicklungshemmung」の対象規定を踏まえ、当時の歴史的制約下における固定的な発達像を包含する否定的意味内容を示すものとして、「抑制」の訳語を用いた。
21) 岡田英己子 (1993)『ドイツ治療教育学の歴史研究』勁草書房 425 頁
22) 岡田英己子、前掲書、27 頁
23) Jantzen, W. (1974): Sozialisation und Behinderung, Glessen. / Derselbe (1976): Materialistische Erkenntnistheorie, Behindertenpädagogik und Didaktik, Demokratische Erziehung 2, Ss. 15～29. / Derselbe (1977): Konstitutionsprobleme materialistischer Behindertenpädagogik, Lollar. / Derselbe (1982): Sozialgeschichte des Behindertenbetreuungswesens, München. / Derselbe (1987): Allgemeine Behindertenpädagogik, Weinheim. u.a.
24)『Behindertenpädagogik』：表紙にも記されているように、障害児の教育的インテグレーションと障害児教育の実践・研究・教授の季刊紙である。現在の常任編集者は、Deppe, H., Feuser, G., Hofmann, C., Sander, A. 等であり、発刊当時は、Jantzen, W. が重要な役割を担っていた。
25) Jantzen,W. (1978): Behindertenpädagogik Persönlichkeitstheorie Therapie, Köln, Ss. 80-97.
26) Vgl. Blackert, P. (1983): Erziehen aus Verantwortung. Grundlagen der Heilpädagogik Paul Moors, Berlin, S.282.
27) これには、大きな変革よりも着実な前進を望むドイツ語圏スイスの保守的土壌が影響していると考えられる。そのために、スイスで多数派を占めるドイツ語圏スイスでは、Behindertenpädagogik よりも Heipädagogik の方が概念として普及している。
28) Siegenthaler,H. (1990): Elemente einer heilpädagogishen Anthropologie bei Heinrich Hanselmann. In Heese, G. (Hrsg.) : Über Hanselmann nachdenken. Ein Kolloquium über das Werk Heinrich Hanselmanns im Zentenarjahr 1985, Zürich, Ss. 106-117.
29) Haeberlin, U. (1980): Die wissenschaftstheoretische Wende in der Heilpädagogik. In : Vierteljahresschrift für Heilpädagogik (VHN), Ss. 2-14. /Derselbe (1985): Einführung in die Heilpädagogik, Bern. / Schmid,P. (1985): Verhaltensstörungen in anthropologischer Sicht, Bern. / Siegenthaler, H. (1977): Die anthropologische Fragestellung als Grundlage der Heilpädagogik von P. Moor. In : Vierteljahresshrift für Heilpidagogik (VHN), Heft.1. / Derselbe (1977) : Der Weg von der Anthropologie zur Pädagogik im Denken von P.Moor. In : Vierteljahresschrift für Heilpädagogik (VHN), Heft.4. / Derselbe

(1983) : Menschenbild und Heilpädagogik. In : Siegenthaler, H. (Hrsg.) : Begrenztes Menschen, Zürich. / Derselbe (1983) : Anthropologische Grundlagen der Erziehung Geistig-Schwerstbehinderter, Bern.
30) Mürner, Ch. (1985) : Die Pädagogik von Heinrich Hanselmann. Zum Verhältnis von Entwicklung und Behinderung, Luzern.
31) Hoyningen-Süess, Urs. (1992) : Sonderpädagogik als Wissenschaft. Heinrich Hanselmanns Theorie der Sonderpädagogik, Luzern.

第 1 章

スイス史と
ハンゼルマンの足跡

# はじめに

　スイスは、二度の世界大戦を経験しながら、中立を貫き、政情は総じて平和的で民主的であったと捉えられている。しかし、チューリッヒ市は、1918年、ゼネストのストライキのために、短期間、スイスの軍隊に占領されているのである[1]。このように、スイスの政治・経済・文化史を詳細に跡づけていくことにより、スイスの新たな側面を見いだすことができる。

　ハインリッヒ・ハンゼルマン（Heinrich Hanselmann）は、1885年9月15日に、東スイスのザンクトガレン州、トッゲンブルク地方のザンクトペーターツェルに生まれ、1960年2月9日にティチーノ（ドイツ語表記ではテッシン）州のアスコーナで死去したが（享年76歳）、スイスのみならず、ヨーロッパの障害児教育の実践・研究に多大な影響を与えた人物である。

　本章では、ハインリッヒ・ハンゼルマンの足跡をスイス史と関わらせながら示し、ハインリッヒ・ハンゼルマンの思想形成の背景を明らかにしていきたい。

## 第1節　19世紀後半のスイスの情勢とハンゼルマン

　スイスでは、19世紀後半に工業化が進み、社会に様々なその影響が現れた。例えば、東スイスで盛んであった刺繍業は、従来、家内工業的性格を有しており、この伝統的手工業労働と現代の工業様式が結びつく中で、劣悪な労働条件、低い賃金が日常のことになっていた。ハンゼルマンは、このような状況について、彼の自叙伝的小説である『ヤコブ』と『ヤコブリ』[2]の中で触れている。ハンゼルマン自身、東スイスのザンクトガレン州の貧しい農家の長男として誕生し、彼の父親（1848—1935）は、農夫であるとともに、刺繍家として生計をたてていた。上述した19世紀後半の社会経済情勢が、ハンゼルマン一家を直

撃し、家族生活は窮乏を極めたという。ハンゼルマンの「苦しみ」の観点を重視する人生観や困難を抱えた児童・生徒への関心も、このような貧しい生い立ちから醸成されたといえよう。

19世紀末にスイスでは、農民の人口が減り、工業従事者と並び、サービス業の従事者が目立って増加した。地方では、労働の場が減少し、人口が流出する一方、一部の都市に人口が集中し都市化が進行した。この時期、州（スイスではカントン（Kanton）という）の間の移住や出国が社会現象の1つとなっていた。多くのスイス人が、アメリカに移住したが、この移住者の多くが、中央スイス、東スイス、ティチーノ州の農民であった[3]。

世紀末の転換期におけるヨーロッパ各国の帝国主義は、スイスには受け入れられなかったとされる。しかし、スイス銀行の財政的な勢力の拡大は、「偽装された植民地主義」として捉えられ、スイスは、背後からヨーロッパ各国の帝国主義を支えていたのである。そのような実利主義の一方、思想史的には、次のようなことが、スイス人を規定した。すなわち、スイスの統一は、人種・言語・宗教によって支えられることはなく、スイス人は、二重の所属に基づき生活し思考する習慣がついていた。それにより、多面的な価値が認められたが、スイスへの統一は、1291年の農民同志の盟約書に端を発する「スイス的なるもの」に帰されることになる。すなわち、1291年、ハプスブルグ家の圧政からの解放を求めた「独立」「自治」「相互援助」「調停」並びに「団結」を誓った農民同志の誓約書は、スイス・デモクラシーの基盤を形成していった。以後、スイスが直面した各々の社会情勢に照らし、ペスタロッチ（Pestalozzi, J. H.）やヘーベルリン（Häberlin, P.）等により、この精神的礎柱への回帰が語られることになる。このような中から、「自由における責任」「信頼と相互理解」「精神的独立に基づく建設的批判」等のスイス・デモクラシーの行動原理が生まれたのである[4]。このようなスイスの思想風土が、ハンゼルマンの成長過程にも影響を与えたといえる。

## 第2節　20世紀初頭のスイスの情勢とハンゼルマン

　ハンゼルマンは、中等学校卒業後、1901年に、グラウビュンデン州、プレティガウ地方のシールスの教員養成所に入学する（本章末、筆者作成の年表参照）。この頃のエピソードとして、彼の身に起きた体操による事故を指摘しておかなければならない。ハンゼルマンは、秘かにバイオリン演奏の職業を夢見ていたが、この事故により、手と肘の損傷が演奏できるまでには完治せず、この夢を断念している。この挫折経験が、幼少期の貧しい生い立ちとともに、彼の治療教育への進路にも少なからず影響を与えた。また、この経験は、第4章で詳述する治療教育教員養成における音楽やリズム体操重視の見解にも繋がっていったと思われる。ハンゼルマンのこの分野への関心は生涯にわたるもので、多くのバイオリンの収集を続け、1944年には、ベルン州ブリエンツにおけるスイス・バイオリン製作学校の設立をも主導し、この学校に自らの200点に及ぶバイオリンを寄贈しているのである（6頁の写真参照）。その後、ハンゼルマンは1905年から3年間、ザンクトガレン州の聾唖学校に勤務している。さらに、1908年、23歳になって、チューリッヒ大学哲学学部に入学し、精神病者の心理構造を探求するシュテリング（Störring, G.）の下で、心理学を主専攻、生理学を副専攻とし、1908年から1909年までドイツのベルリンやミュンヘンの大学でも学びながら、1911年には、『視覚による知覚の受容に関して』という学位論文を提出する。この論文には、「視覚的形態」の実験研究の権威であったシューマン（Schumann, W.）の影響が認められる。

　ハンゼルマンは、1912年に、当時ドイツのフランクフルト・アム・マインのフランクフルト大学センケンベルギナウム心理研究所に移籍していたシューマンの下へ助手として赴任し、非行や犯罪を犯す青年の理解及び対処法に関する研究を進めていた。しかし、同年、意識的に研究コースを離れ、ドイツのヘッセン州フランクフルト・アム・マイン近郊のクライスフリードベルクの

「シュタインミューレ労働教育コロニー・観察施設」の施設長として、精神病児・精神薄弱児・教育困難児のための教育実践を行った[5]。ハンゼルマンは、1913年、フランクフルトの聾唖学校教師であったアニー（Heufeman, Annie）と結婚し、1915年には、後に医者となりハンゼルマンの伝記を著したアネマリー（Hanselmann, Annemarie）が誕生している。このような家族と共に、ドイツで5年間を過ごしているが、当時、スイスとドイツの文化的交流は頻繁に行われていたのである。そのため、第一次世界大戦のドイツの敗戦は、スイスの多くの指導者層に人格的屈辱を感じさせたという。それ程、ドイツとスイスの精神的結びつきは強かった。

　家族が共に住み込み献身的に行われたハンゼルマンによるシュタインミューレの教育実践は、障害児（者）の労働・生活保障により名声を得たが、スイスの青少年問題への取り組みに大きな役割を果たしていたチューリッヒの「プロ・ユーベントゥーテ財団」が、1916年に、フランクフルトからハンゼルマンを招聘した。ハンゼルマンは、1918年から5年間、このプロ・ユーベントゥーテ財団の本部長として、スイスの児童保護事業の改善に努めることになる。この時、ハンゼルマンは、1920年代のスイスの社会経済情勢を受けて、1922年に『失業』という論稿の序文で次のように記している[6]。

　「我々は、まず、世界経済による失業の原因について議論する……我々は、実際を知り、事実を見ていきたい。その事実は、スイスでは、今日、約10万の人々が、完全に失業しているということである」

　スイスは、1920年代初頭、重大な危機に直面することになる。輸出産業は、フランスの為替相場の高騰により競争力を失い、生産コストの削減のために、賃金カットと解雇等による対応がなされた。その結果、スイスでは、1930年代の世界経済危機に匹敵する失業状況がもたらされ、児童・青年の非行、犯罪、失業等の社会問題が顕在化したのである。ハンゼルマンは、このような青少年の状況に対し、「教師としての責務」を考え、「良い意志の維持」のための保護を主張している。その際、青年の課題に対立するのではなく、彼らを理解するように努めること、多くの青年が犯罪に駆り立てられる状況に対し、共同責任

が生じること、全体との接触をはかりながら、生計を立てさせる前に青年に「適切な方法で適切な課題」を設定することを指摘している。このように、ハンゼルマンは、障害児（者）のみならず、社会的困難を抱える児童・青年にも関心を向け、保護及び援助の必要性を主張し実践を展開した。ハンゼルマンにとって保護は、教育的意味合いを持ち、援助の理念によって支えられていたのである。

ハンゼルマンは、この「プロ・ユーベントゥーテ財団」の本部長の時期に、新時代の児童・青年教育施設の構想について、後に資金面の援助者となるラインハルト夫妻と頻繁に意見交換を行っていた。そして、1924年9月9日に、ラインハルト（Reinhart, A.）の故郷であるヴィンターフルに「アルビスブルーン財団」を設立し、1925年1月には、教育困難児のための「アルビスブルーン田園教育舎」[7]を創設し施設実践が開始された（76-77頁の写真参照）。

このアルビスブルーン田園教育舎には、1925年から5年間で、ヨーロッパ諸国や北米の各個人や教員連盟、保護連盟、官庁、女性団体等で2000人が訪れたという。教育困難児のための斬新な施設実践が注目を集めたためである。ハンゼルマンは、2年間、アルビスブルーン田園教育舎の運営と指導に携わり、この施設の基盤をつくった後に、チューリッヒ財団が設立した治療教育教員セミナーの運営・指導等に力を注ぐために、アルビスブルーン田園教育舎の指導をスタッフの1人であったツェルトナー（Zeltner, M.）に委ね、自らは、アルビスブルーン財団の役員や特別委員会の委員長として、アルビスブルーン田園教育舎を支え続けた。ハンゼルマンが、次に取り組んだのは、治療教育教員養成である。ハンゼルマンは、スイスで最初にクラパレード（Claparede, E.）により大学レベルの治療教育教員養成が行われたルソー研究所（1912年—：後にジュネーブ大学に所属）やスイスのカトリック教圏最初の治療教育教員養成機関であるフリブール大学治療教育研究所（1934年—）とともに、当時スイスの大学レベルの治療教育教員養成を推進した3大機関の1つであるチューリッヒ治療教育セミナー（94頁の写真参照）に、設立過程から関わり、設立後のセミナーの運営と指導を主導したのである[8]。その際、教育実習の場として、彼が

創設したアルビスブルーン田園教育舎と密接な連携がはかられた。さらに、1927年には、チューリッヒに「私立相談所」を設立し、結婚、遺伝、親子関係、教育等の諸問題について相談活動を行うとともに、大衆紙にコラムを書き、治療教育の普及をはかろうとした。このような行為が彼の同僚の教授陣の怒りを招いたが、彼は、あくまで、ペスタロッチのように、「民衆の教育者」たろうとした。既述したように、ハンゼルマンの予防に関する著作(『他者との関わりについて』『苦しみの意味について』『労働の意味について』等)や相談に関する著作(『教育相談』『彼女と彼の問題』等)、物語の著作(『ヤコブ』『ヤコブリ』等)が刊行され、多くの読者を得ていたのである。

このように、ハンゼルマンは、次々に治療教育実践を創造・展開し、まさに、パイオニアとしての役割を果たしていった。

ハンゼルマンは、このような実践と理論の統一をはかりながら、1923年に大学教授資格論文『治療教育の心理学的原則』[9]をチューリッヒ大学のリップス(Lipps, T.)のもとに提出し、1924年に大学教授資格を得ている。そのことにより、1925年、チューリッヒ大学の私講師となった。この大学教授資格論文は、ハンゼルマンの後の著作の基盤をなしており、ハンゼルマンの治療教育思想を知る上で極めて重要な論文である。さらに、この1925年に、チューリッヒ大学私講師就任公開講義、『誰が正常なのか？』[10]において、当時、学問領域のみならず、日常会話においても、配慮なく使用されていた「正常―異常」の人間の分類手段を取り上げ、反証の論を展開している。まさに、障害児に対する否定的価値を含む「異常」概念を明確に拒否し、それに代わるものとして、「発達抑制」(Entwicklungshemmung)概念が提起されているのである。

この公開講義『誰が正常なのか？』も、1928年に論文として雑誌に掲載されるが、ハンゼルマンの人間観に基づく治療教育思想を検討する上で欠かせない論文である。この2つの論稿の分析なくして、ハンゼルマンの主著とされる『治療教育入門』[11](1930)や『特殊教育理論の基礎』[12](1941)につながる治療教育思想の特色を見出すことはできないと筆者は考える。

## 第3節 「スイス的なるもの」とハンゼルマン

　スイスでは、1920年代の後半に経済ブームが生じ、ネッスルやズルツァーのような独占的コンツェルンや銀行の景気が良くなっている。政治的には、「調和的民主主義」となり、社会民主主義の提案が市民の提案と結びつけられていた。特に、チューリッヒでは、1928年から1938年まで、社会民主党が多数を占めた。この時期、チューリッヒは大都市となったが[13]、チューリッヒの住民数の増大は、1930年頃、特に周辺地域の町村合併によって達成された。多数派であった社会民主主義者は、チューリッヒの拡張によって統一した建設計画の目標を追求していった。それは、当時の都市計画の考え方に基づき、工業地域、周縁地域、住居地域、自由地域に分割するものであった。しかし、1930年代に入ると、このような「民主主義の統合」は、「精神的国防」のスローガンとしての愛国的な「精神的偏狭さ」や「組織防御の意識」に変質していく。その際、それは、「ボートは一杯である」ことを意味し、例えば、ユダヤ人はスイス国境に引き戻された。スイス人の統合の支えであった「スイス的なるもの」は、この時期、一般的にも健全に機能していたわけではなかった。それは、特にスイスのファシズム運動（スイスの場合「戦線」）となって現れたのである[14]。チューリッヒ大学では、既に1930年に、若い自由主義思想のサークルから生まれた学生グループである「新戦線」が誕生している。このファシズムの誕生にみられる時代精神は、当時の様々な学問や実践に及び、障害児（者）排除の思潮につながっていった。このような思潮は、スイスや北欧諸国も例外ではなく、欧米諸国や日本で、広範囲にわたって障害児（者）の施設隔離・断種等の議論が展開され、段階をふみながら実行に移されていったのである。特に、ドイツでは、ナチズムの台頭により、断種（1933—1938）にとどまらず、ユダヤ人と同様、安楽死（1939—1941）、大量抹殺（1942—1945）の処置が障害児（者）に対し実際に行われた。その結果、約22万人の障害児

（者）が殺害されたという。ハンゼルマンは、このような思潮に対し徹底的に抗しつつ、あくまでも困難を抱えた者に対する理解を深め、援助の手を差しのべていった。このことは、ハンゼルマンにおいて最も評価すべき点であり、このような思想的要因を探る必要があるといえる。

ハンゼルマンは、1931年に、チューリッヒ大学において、ヨーロッパで最初の大学の治療教育講座の正教授となるが、1930年の『治療教育入門』以降の数々の論稿で、断種や「生きるに無価値な生命」という捉え方に対し、明確に拒否の態度を貫いている。

ハンゼルマンは、『治療教育入門』で、次のように述べていた[15]。

「無価値な生命は、ここで前提とされた意味で、病気のある生命である。しかし、病気は価値概念であり、社会学の概念である。多くのケースで、我々は、次のようなことを認識することができる。すなわち、個人の病気の原因は、個人自身にはなく、あるいはあってもほんの僅かな部分だけである。我々は、多くの病気が最終的に社会的な原因があり、社会的病気であると主張することができる。……我々は、白痴児や治療できない精神病者とも向き合わなければならない。彼らは、確かに、苦しんでいる個人であるが、人間社会の不完全さから苦しむようになっているのである。しかし、我々が、その個人を絶滅させたとしても、我々は、決して、苦しみの社会的原因を取り除いてはいない。アルコール中毒や梅毒、貧困は、社会的苦しみである。それらは、ただ個々のケースやその時々に効果的な処置によって、最終的に除去することはできない。そのような病気を、社会の苦しみの症状として捉えることは、深い意味がある。それらは、ただ、国民の健康の状態がどのようなものかを示すというよりも、むしろその現存在により、まさに初めて我々の社会的責務や課題が明らかにされる」

ここで注目すべきは、「病気―障害」の原因を個人に帰すのではなく、社会的原因として捉え、その社会的責務や課題を明らかにしようとしていることである。この点は、2001年の国連のICF（国際生活機能分類＜＝新国際障害分類＞）等に見られる、現代の障害の構造的把握、社会的障害の捉え方にも通じるもの

があり、当時の時代背景を考えても、特筆すべき見解であるといえる。ハンゼルマンは、このような社会的責務として、「生涯にわたる保護」を主張している。ハンゼルマンにとって、「生涯にわたる保護」は、「このような妨げられた行為能力の同胞に、適切な人間的に価値ある生活を媒介する」唯一の可能性であった。

ハンゼルマン（1943）は、一連のファシズムの「戦線」の主張に対しても厳しく批判している[16]。

「概算でほぼ25万人の障害のある人間の半分が、病気や事故によるものであり、我々のほとんどが、遭遇しうるものなのだ！」「世界のすべての不幸が一体異常者から生じるのかどうか、異常者が、世界戦争や経済危機に責任があるのかどうか、異常者が、全くすべてのこのような結果をつくったものなのかと我々は尋ねる」「我が国では、全ての人間が、1人の人間であり、我が国の憲法は、すべての者に適用される」「我々は、障害のある者に対しての保護においても、スイス的なものを残しているのだ！　我々の方法は、教育を意味する！　教育は、長期的な観点からの最善の保護なのだ」

ここで、注目すべきは、「スイス的なるもの」が彼の思想の根底にあることである。

ハンゼルマンは、「スイス的なるもの、または非スイス的なるもの」について次のように述べている[17]。

「弱い国民の仲間に対して援助する態度も真にスイス的なものである」。それに対し、繰り返し取り上げられる「生きるのに無価値な生命の人間の殺害」という強制の方法は、「非スイス的なもの」である。そして、ハンゼルマンは、辛辣に次のようなことを付言している。「強い者や健康な者が、弱い者や不完全な者によって妨げられる」という主張は、まさに、我々スイス国民の恥辱である。

ハンゼルマンは、オーストリアの著名な治療教育家で、わが国の精神医学関係者にも影響を与えたユダヤ人のヘラーをスイスに亡命させるよう尽力した。しかし、この願いは届かず、ヘラーはオーストリアの地で1938年5月自殺を

試み、12月に69年の生涯を閉じている。

　当時、一般的に「スイス的なるもの」は、愛国的な精神的偏狭さや組織的防衛に変質する側面があったが、ハンゼルマンにおいては、真に「スイス的なるもの」が息づき、困窮した者への開かれた姿勢が貫かれていたのである。

　ハンゼルマンは自閉症児研究で知られるアスペルガー（Asperger, H.）とともに、1939年に、ジュネーブにおいて、国際治療教育学会の第1回会議を主宰し、当時の障害者排除の思潮に対峙する講演を行っている。当時、このような国際会議はほとんどなく、この試みは画期的なものであった。その際、この国際会議に、名前の知られない「使い走りの女の子」として参加していたマリア・エグベーネス（Egg-Benes, M.）は、ハンゼルマンのユーモアに富んだ場を和ませるエピソードや会話をこよなく愛する姿を紹介し、そのような中に、まとめ役となりパイオニアとしての役割を果たす資質を見出していた[18]。また、1945年には、チューリッヒにおいて、「戦傷児の国際研究週間」を組織し、世界に向けて、「身体的精神的に戦傷で苦しむ1億人を超える児童・青年」への援助の必要性を訴えていた。さらに、1949年の国際治療教育学会の第2回国際治療教育会議（アムステルダム）、1954年の第3回国際治療教育会議（ウィーン）の開催の先頭に立ち、戦後の国際的な障害児教育の復興に努めるのである。


註）

1) 矢田俊隆・田口晃（1995）『世界現代史25　オーストリア・スイス現代史』山川出版社 322頁
2) Hanselmann, H. (1931) : Jakob. sein Er und sein Ich, Zürich. と Hanselmann, H. (1931) : Jakobli. aus einem Bublein werden zwei, Zürich は、ハンゼルマンによる自叙伝的小説であり、ペスタロッチの『隠者の夕暮れ』をはじめとした小説による思想の主張に類似したものがある。このペスタロッチ思想のハンゼルマンの思想への影響関係については、別の機会に論じるつもりである。

3) Murner, Ch. (1985)：Die Pädagogik von Heinrich Hanselmann, Luzern, S.66.
4) 前原寿（1975）「スイス・デモクラシーと教育に関する研究（その一）——スイス・デモクラシーの特質について」『東北大学教育学部研究集録』第6号 1-21頁参照。
5) 筆者は、この施設の教育構想について、次章で詳細に検討している。
6) Hanselmann, H. (1922): Arbeitslos, in Pro Juventute, 3.Jg. Nr.3, S.3.
7) 第3章で、設立期のアルビスブルーン田園教育舎について検討を加えているが、この施設とアルビスブルーン財団は、現在も存続しており、この施設で作られる特産の玩具はスイスで社会的評価を得ている。
8) チューリッヒ治療教育セミナーの設立過程とハンゼルマンの関わりについては、第4章で詳述している。
9) Hanselmann, H. (1997): Die psychologischen Grundlagen der Heilpädagogik (1924, Habilitationsschrift), Zürich.
10) Hanselmann, H. (1928): Wer ist Normal? In Schweizerische Pädagogische Zeitschrift 38, H.10/11, Ss.251-259 und Ss.283-287.
11) Hanselmann, H. (1930): Einführung in die Heilpädagogik, Zürich.
12) Hanselmann, H. (1941): Grundlinien zu einer Theorie der Sondererziehung (Heilpädagogik), Zürich.
13) チューリッヒは、1960年までに、スイスで唯一、その3部内の住民数がほぼ50万人に達した。
14) 矢田俊隆・田口晃（1995）『世界現代史25 オーストリア・スイス現代史』山川出版社 336-337頁と森田安一編（1998）『スイス・ベネルクス史』山川出版社 136頁参照。1933年に入るとスイス各地で右翼運動が発生し、1933年には「諸戦線の春」と呼ばれる。彼らは、ホワイト・カラー層に人気を得、この年、9000名近い構成員を獲得していた。
15) Hanselmann, H. ($^7$1966 ($^1$1930))：Einführung in die Heilpädagogik, Zürich, Ss.127-131.
16) Hanselmann, H. (1943): Sollen wir gegen die Entartung kampfen?, Ms., Ss.2-5.
17) Hanselmann, H. (1942): Sit mens sana in corpore sano, Pro Infirmis, Ss.3-5.
18) Egg-Benes, M. (1990): Erinnerungen an den Menschen Heinrich Hanselmann. In Heese, G. (Hrsg.): Über Hanselmann nachdenken. Ein Kolloquium über das Werk Heinrich Hanselmanns im Zentenarjahr 1985, Zürich, Ss.3-7.

## ＜資料＞年表：スイス史とハンゼルマンの足跡

| 西暦 | スイス史事項 | 西暦 | ハンゼルマンの足跡 |
|---|---|---|---|
| 1884 | 「四つこぶラクダ」事件 | 1885 | 東スイスのザンクトガレン州、トッゲンブルク地方のザンクトペーターツェルにて誕生 |
| 1888 | スイス社会民主党創設 | 9月5日 | |
| 1891 | ティチーノ州で初めて比例選挙法導入 | | |
| | 憲法イニシアティヴの導入 | | |
| | 保護関税法成立 | | |
| | カトリック保守派のツェンプ、閣僚に選出される | | |
| 1894 | 農業保護法成立 | | |
| | スイス自由民主党創設 | | |
| | 社会民主党の提出したイニシアティヴ「労働の権利の保障」、国民投票で否決 | | |
| | フリブールで市町村議会に比例選挙法成立 | | |
| 1897 | スイス農民同盟設立 | | |
| 1898 | 鉄道買戻し法案成立（1903年国有化完成） | | |
| | 統一民・刑法典作成に着手 | | |
| 1900 | 社会民主党の提出した比例代表法、国民投票で否決 | 1901 | グラウビュンデン州、プレティガウ地方のシールスの教員養成所に入学 |
| 1903 | 新関税法成立 | | |
| 1904 | 社会民主党新網領採択 | 1905 | ザンクトガレンの聾唖学校に勤務 |
| 1906 | スイス連邦銀行始動 | | |
| 1907 | 統一民法典成立（1912年1月1日より施行） | | |
| | 中央銀行設立 | | |
| 1908 | 経営者連盟設立 | 1908 | チューリッヒ大学哲学学部に入学 |
| 1912 | スイス保守人民党（カトリック）創設 | 1912 | ドイツのフランクフルト大学心理学研究所に助手として赴任 |
| 1913 | 比例代表選挙法イニシアティヴ、三度目で成立（戦争のため、国民投票は1918年10月） | | フランクフルト・アム・マイン近郊の「シュタインミューレ労働教育コロニー・観察施設」の施設長になる |
| 1914 | 新ヘルヴェレイア協会設立 | 1913 | フランクフルトの聾唖学校の教師であったアニー・ホイマンと結婚 |
| | 第一次世界大戦勃発 | | |
| | スイス臨戦体制 | | |
| 1915 | 連邦直接税（財産・所得税）導入 | 1915 | 後に医者となる娘のアネマリー誕生 |
| 1917 | ホフマン事件。外務大臣ホフマン辞任 | 1916 | スイスの青少年問題に取り組んでいたチューリッヒの「プロ・ユーベントゥーテ」財団がハンゼルマンを招聘 |
| | 低所得層への課税免除を唱えるイニシアティヴ敗れる | | |
| | チューリッヒ暴動 | | |
| 1918 | 労働の組織に関する政令 | 1918 | 「プロ・ユーベントゥーテ」財団の本部長となる |
| | オルテン委員会設置 | | |
| | 農民党結成 | | |
| | 比例選挙法導入、国民投票で決定 | | |
| | ゼネスト | | |
| 1919 | 新選挙法成立 | | |
| | 総選挙、自由民主党激減 | | |
| 1920 | 国際連盟加盟、国民投票で決定 | | |

| 西暦 | スイス史事項 | 西暦 | ハンゼルマンの足跡 |
|---|---|---|---|
| 1920 | 社会党、臨時大会で左翼的な新綱領採択 | | |
| 1922 | ヘーバーリン法、議会を通過したが、国民投票で否決 | | |
| | 社会民主党の提出した財産特別税に関するイニシアティヴ、国民投票で否決、史上最高の投票率 | | |
| | 社会民主党のクレーティ、国民議会議長に選出 | | |
| 1924 | シュルトヘス法、国民投票で敗れる | 1924 | チューリッヒ治療教育セミナー長として、治療教育教員養成に着手 |
| 1925 | グリュトリ協会解散 | | |
| 1927 | 新公務員法成立 | 1925 | チューリッヒ大学の私講師就任 |
| 1928 | 新国籍法成立 | | チューリッヒに発達抑制児のための「アルビスブルーン田園教育舎」を創設 |
| 1929 | 農民党のシンガー、閣僚に選出される | | |
| 1931 | 閣僚と国会議員の任期が4年となる | 1927 | チューリッヒに「私立相談所」を設立 |
| 1932 | チューリッヒ暴動 | 1930 | 『治療教育入門』出版 |
| | ジュネーブ事件 | 1931 | チューリッヒ大学で、ヨーロッパで最初の大学の治療教育講座の正教授となる |
| 1933 | 国民戦線と新戦線の統一 | | |
| | ファシズム運動の抬頭 | 1934 | 『保護児童』出版 |
| 1934 | 第二次ヘーバーリン法、国民投票で否決 | | |
| | 右翼の提出した憲法全面改正のイニシアティヴ成立 | | |
| 1935 | 社会民主党、ルツェルン党大会、従来の立場を大きく変える新綱領採択 | | |
| | 労働総同盟の提出した「危機」イニシアティヴ、国民投票で敗れる | | |
| | 右翼の憲法全面改正イニシアティヴ、国民投票で否決 | | |
| 1936 | スイスフランの30％切り上げ、軍事国債発行 | | |
| | 無所属全国連盟正式に発足 | | |
| 1937 | 金属＝時計産業で「労使間平和」成立 | 1937 | ジュネーブ国際治療教育学会の設立に尽力し、その初代会長に選任される |
| | 右翼の提出したフリーメイソン禁止のイニシアティヴ、国民投票で否決 | | |
| 1938 | 「完全」中立への復帰 | | |
| | 統一刑法典の完成 | | |
| | ロマニッシュ語をスイスの国語とする | | |
| 1939 | 中立宣言と臨戦体制 | | |
| | 第二次世界大戦勃発 | | |
| | 賃金・所得補給令成立 | | |
| | チューリッヒ内国博覧会開催 | | |
| 1940 | モッタ死去 | | |
| | ギザン将軍のリュトリ演説 | | |

| 西暦 | スイス史事項 | 西暦 | ハンゼルマンの足跡 |
|---|---|---|---|
| 1942 | 不当競争禁止法成立 | 1941 | 『特殊教育理論の基礎』を出版 |
| 1943 | 総選挙で社会民主党、第一党に<br>社会民主党からノプス、初めて入閣、挙国一致＝大連合政権の誕生 | 1942 | 治療教育セミナーの指導を後継者であるパウル・モアに委ね、ティチーノ州のアスコーナへ移住 |
| 1946 | 対ソ国交関係樹立<br>マーシャル＝プラン | 1944 | 成人教育の施設であったミグロスのクラブ学校の建設に参与 |
| 1947 | 社会民主党の提出した「経済改革と労働の権利」に関するイニシアティヴ、国民投票で否決<br>老人・遺族年金法、憲法の経済条項、国民投票を通る | 1945 | チューリッヒにおいて「戦傷児の国際研究週間」を組織 |
| 1948 | OEEC加盟 | | |
| 1949 | 「直接民主政への復帰」に関するイニシアティヴ、国民投票で可決 | 1949 | 国際治療教育学会の第2回会議（アムステルダム）の開催を主導 |
| 1950 | 欧州通貨同盟加盟 | 1951 | 『成人教育』出版 |
| 1953 | 連邦財政改革案、国民投票で否決、担当の社会民主党出身大蔵大臣ヴェーバー辞任、再び社会民主党閣僚なし | | チューリッヒ大学の教授職を後継者のパウル・モアに譲る |
| 1955 | ジュネーブ頂上会談 | 1954 | 国際治療教育学会の第3回会議（ウィーン）の開催を主導 |
| 1957 | 21年ぶりに公定歩合引上げ（1.5%→2.5%）<br>核エネルギー開発を認める憲法改正<br>カトリック保守党がキリスト教社会人民党と改名 | | |
| 1958 | 法イニシアティヴの制度化を求めるイニシアティヴ成立（1961年12月22日の国民投票で否決） | | |
| 1959 | 婦人参政権、国民投票で拒否される<br>社会民主党ヴィンタートゥール大会、新綱領採択<br>ヴォーとヌーシャテルで婦人参政権、州民投票で認められる<br>閣僚選出で社会民主党から2名入閣、「魔法の公式＝呪文」の成立<br>連邦障害保険法の成立（6月19日） | 1960<br>(2月9日) | ティチーノ州アスコーナで死去 |
| 1960 | GATT加入<br>EFTA加入決定<br>国防近代化四ケ年計画発表<br>連邦障害保険法の施行（1月1日） | | |

（参考文献：矢田俊隆・田口晃（1995）『世界現代史25 オーストリア・スイス現代史』山川出版社、Steinberg, S.D. (1945): Heinrich Hanselmann und sein Werk, Erlenbach/Brauchlin, E. (1960), Prof. Dr.H. Hanselmann. ein Nachruf, Z.f. Heilpäd./Schneeberger, F. (1969), Hanselmann, Heinrich. In Enzyklopädisches Handbuch der Sonderpädagogik, Berlin/Mürner, Ch. (1985), Die Pädagogik von Heinrich Hanselmann, Luzern. usw.)

第 2 章

シュタインミューレ労働教育
コロニー・観察施設の実践と
ハンゼルマンの発達抑制児(者)保護論

## はじめに

　ハンゼルマンは、スイスのチューリッヒを基点に、その76年にわたる生涯の大半を、障害児（者）を含む苦しみを抱えた者の教育と保護と研究に捧げた。そのような彼の主要テーマは、19世紀中葉にゲオルゲンスとダインハルトが創始して以来、ヘラーやドイツの補助学校教師達により拡充された「治療教育」（Heilpädagogik）思想の集大成とその学としての確立にあった。ハンゼルマンは、当時の時代精神の危機的状況に対峙する全体性志向の諸科学を集積する中から、「発達抑制」（Entwicklungshemmung）[1]概念を中核とした治療教育学を構築したが、このような「発達抑制」という限定的な障害児（者）の発達像の提起に留まりながらも、それは、当時、主知主義に基づき一般教育の手法を採っていた治療教育の諸状況を克服し、「特殊教育」（Sondererziehung）によって、実質的な障害児（者）の援助を促進する意図を内包していた。このような意図は、彼の「生涯にわたる保護」（lebenslängliche Fürsorge）の構想に、最も顕著に現れている。発達抑制児（者）の援助は、彼等の能力の弱さゆえに、学校教育のみに留まるものではない。特に、乳幼児期及び学校卒業後に、より一層の特別な援助措置が要請される。このような視点から、彼は独自の発達抑制児（者）保護論を展開した。

　本章では、このようなハンゼルマンの治療教育学の一特質を規定する発達抑制児（者）保護論を考察し、その歴史的意義と限界を明らかにする。そのため、以下の分析視点を設定する。

　(1) スイスを問わず他の諸国においても、盲聾児（者）と比較し、精神薄弱児（者）[2]の援助措置（義務教育制度・福祉施策等）の確立は遅い。これは、精神薄弱児（者）が、その知的障害という障害ゆえに、各時代の経済・政治・社会・文化の状況に最も左右され、生活・教育・労働の権利の制約を受けてきたことを示唆している[3]。従って、ハンゼルマンの発達抑制児（者）保護論もま

た、精神薄弱児（者）への構想に焦点化し、考察することにより、その典型的な特質を浮き彫りにすることが可能になると思われる。

（2）ハンゼルマンの思想形成過程は、彼の生涯における転機と思想形成の特色の差異に着目することにより、①前期（1885—1916）、②中期・第一段階（1916—1930）、第二段階（1930—1941）、③後期（1941—1960）に区分される。特に、その精神薄弱児（者）保護論の萌芽期にもあたる前期と成立期にあたる中期には、各国の精神薄弱児（者）の援助措置の有り様に著しい変化が見られたが、基本的には、反社会分子の予防という意識が支配した時期である。この否定的意識に基づく援助措置の動向と対比させながら、特に、成立期におけるハンゼルマンの精神薄弱児（者）保護論の特質を明らかにしたい。

## 第1節　精神薄弱児（者）の援助措置の変遷とハンゼルマンの精神薄弱児（者）保護論

19世紀初頭、フランスのイタール（Itard, J. M.-G.）、ピネル（Pinel, P.）、エスキロール（Esquirol, J. E. D.）等によって、当時白痴と呼ばれた精神薄弱児の教育が開始された。また、19世紀中葉には、クレチン症の児童の治療と教育を行ったスイスのグッゲンビュール（Guggenbühl, J. J.）、イタールの感覚教育の方法を継承したフランスのセガン（Seguin, E. O.）、さらに、フレーベル思想を援用する中から、白痴施設レヴァーナ（Levana）の治療教育実践に取り組んだドイツのゲオルゲンスとダインハルト等によって、その内容・方法に関するめざましい進展が見られた[4]。フランス革命以降、高揚した人道主義的理念により、一部の医師・牧師・教師達は、これまで教育不可能と捉えられてきた白痴児の教育に着手し始めたのである。しかし、この時期の白痴児教育は、あくまで、救貧政策を支える慈善事業の範疇に包摂されていたのであり、その公教育の普及と諸制度の整備は、19世紀後半から20世紀初頭にかけて行われた[5]。この援助措置の内容は、以下の2点に集約される。

第一は、一般教育の義務教育制度の確立に伴う軽度精神薄弱児の公教育の整

備である。特に、後進資本主義国・ドイツでは、富国強兵政策に基づき義務教育制度の確立が急がれたが、フォルクスシューレにおける学業不振児・原級措置児童問題を契機として軽度精神薄弱児独自の教育機関である「補助学級」(Hilfsklasse)・「補助学校」(Hilfsschule) がいち早く整備されていった。この諸制度は、19世紀末には、スイス、日本等、各国に普及していく。

　第二は、成人精神薄弱者問題の顕在化による諸施策の拡充である。これまで児童のみを対象としていた精神薄弱児施設は、成人をも含めた総合収容施設へと変容し[6]、また、新たな精神薄弱者施設の設置がなされた。確かに、これらの援助措置は、18世紀中葉以前と比較し、相対的に症状の明らかな重度精神薄弱児から軽度精神薄弱児、さらに児童から成人精神薄弱者への対象範囲の拡張と施設数の増大等の量的拡大を実現した。しかし、その背景には、政治・経済・社会文化的要因に基づく精神薄弱者への否定的意識が存在したのである。当時、欧米諸国では、資本主義の著しい発展から、急速な工業化・都市化が進行し、それに伴い、労働者の労働・生活条件の悪化がもたらされた。その結果、犯罪・貧困等による精神薄弱者問題が顕在化し、この社会不安を除去する意味において、精神薄弱児（者）の公的援助が開始された[7]。すなわち、補助学校には、フォルクスシューレの重荷となり[8]「反社会分子」の予備軍でもある軽度精神薄弱児を収容する意味があり、また、精神薄弱者施設は、犯罪・貧困等の元凶とみなされた成人精神薄弱者を施設に隔離する機能を有していたのである。さらに、この社会的予防措置に学問的根拠を与えたものが、ゴールトン (Galton, F.)、ゴッダード (Goddard, H. H.) 等の優生学思想である。ダーウィンの従弟であるゴールトンは、遺伝決定論の立場から自然淘汰の原理を人間に適用し、劣悪な遺伝子を有する弱者を淘汰し、高度の文明に最も適合する人種を形成するよう主張した[9]。また、ゴッダードは、精神薄弱の発生頻度の高い一家系（カリカク家）の数世代にわたる運命を追跡調査する中から、精神薄弱の遺伝決定論及びその犯罪・非行との強い結合を実証し、ゴールトンの見解を補強した[10]。このような精神薄弱者の存在価値を否定する思潮は、第二次世界大戦後、障害児（者）の権利保障の見解が生じるまで、欧米・日本に広範な影響

力を持ち、特に、1920年代後半以降、社会経済情勢が厳しさを増した時期にその本質を露呈した。すなわち、精神薄弱児（者）の施設隔離の傾向が一層強まるとともに、彼等に対する断種・安楽死の議論が活発化し、断種法の制定が相次いでなされたのである[11]。

しかし、ハンゼルマンは、このような思潮を科学的に不十分な主張によりなされたものとして批判し[12]、むしろ、精神薄弱児（者）の援助を実質的に促進する意味でその保護論を形成していった。ハンゼルマンは、1912年から4年余り、ドイツのフランクフルト・アム・マインにおける「シュタインミューレ労働教育コロニー・観察施設」（Arbeitslehrkolonie und Beobachtungsanstalt Steinmühle）の施設長として、精神病者・精神薄弱児（者）・教育困難児（者）のための教育実践を行ったが、この施設において、補助学校を卒業した者及び補助学校教育を履修しなかった過年齢児の生計に道を開く職業準備教育の構想に着手することにより[13]、彼の関心は、広く精神薄弱児（者）の「生涯にわたる保護」に向けられることになった。ハンゼルマンは、1916年にチューリヒに戻り、1918年から5年間、「プロ・ユーベントゥーテ」（Pro Juventute）財団の本部長として、スイスの青少年保護の諸施策の改善に努め、さらに1925年には、教育困難児（者）のための「アルビスブルーン田園教育舎」（Landerziehungsheim Albisbrunn）を設立し、5年間にわたり、この施設実践を自ら指導している[14]。このように、彼は、絶えず実践的営為から学びながら、精神薄弱児（者）保護論を形成し、主著とされる1930年の『治療教育入門』において、この見解を体系的に展開したのである。

以上のように、世界各国の精神薄弱児（者）にとって陽のあたらない時代にありながら、あくまで実践の論理の中から形成されたハンゼルマンの保護論とは、如何なる内実を有していたのであろうか。

## 第2節　ハンゼルマンの軽度及び中度精神薄弱児(者)保護論の内実

　1910年代以降、次第に拡充されていったハンゼルマンの精神薄弱児（者）保護論は、主著とされる『治療教育入門』に集約して述べられている。彼は、その「精神薄弱」の章[15]において、中度及び軽度精神薄弱に関する「痴愚と軽愚」及び「精神薄弱と社会有用性」の節と重度精神薄弱に関する「白痴、クレチン症、モンゴリズム」の節に区分し、各々の障害の特質とその処置に関し考察しているが、彼においては、この区分自体に意味があり、障害の程度差により処置の有り様に明確な差異が生じている。すなわち、「白痴、クレチン症、モンゴリズム」の節の大部分が、障害の原因論の言及に費やされ、その処置に関しては、若干の生活訓練と「介護」の描写に留まっているのに対し、「痴愚と軽愚」「精神薄弱と社会有用性」の節では、労働教育をはじめ「生涯にわたる保護」の見解が詳細に述べられている。この障害の程度差による処置の差異に関する考察は、次節に譲り、本節では、『治療教育入門』の著書と「シュタインミューレ労働教育コロニー・観察施設」の論稿を中心として、特に、彼の注目すべき見解が見られる軽度及び中度精神薄弱児（者）保護論の内実を明らかにする。

### (1) 軽度及び中度精神薄弱児(者)の労働教育と保護

　ハンゼルマンは、軽度及び中度精神薄弱児の就学保障が、スイスの大部分の学区において実現され、その教育内容の充実が図られつつあることを指摘している[16]。しかし、「全ての中度精神薄弱者、多くの軽度精神薄弱者は、永続的な生涯にわたる保護を必要とする」[17]という観点から、就学前の精神薄弱児の問題（精神薄弱乳幼児の早期理解に関する適切な方法の発見）と学校卒業後の精神薄弱者の問題の解決を緊急の課題として提起している。特に、後者の問題に関しては、「痴愚と軽愚」の節以外に、新たに「精神薄弱と社会有用性」の節が

設けられ、ハンゼルマンの関心の深さを伺い知ることができる。彼は、この軽度及び中度精神薄弱者保護の必要性の根拠として、彼等の生計能力の不十分さに着目し、「ドイツ補助学校連盟」（Deutscher Hilfsschulverband）により公表された補助学校卒業者の生計能力・職業能力に関する統計[18]を批判的に検討している。この統計は、1918年から1925年の間に卒業した補助学校生徒、4万4182人のうち、4万0963人が把握され、治療教育界において唯一の包括的な資料を提示していた。しかし、そこでは、男性2万4044人のうち2万1825人（90.77％）が、女性1万6919人のうち1万5785人（93.29％）が、完全就業者として捉えられており、その実態との遊離が問題とされる[19]。すなわち、保護の見解を共有する個々の教師の検証によれば、このようなめざましい成果の提示に反して、卒業生の離職等の否定的状況が存在する。さらに、この諸状況は、個人的に彼等と両親の相談活動を行う良心的教師を、わずかな年月で疲弊させることにもなる。例えば、卒業生のうち毎年15人が、厳しい現実に直面する中から離職した場合、10年で、広範囲な居住区に在る150人を保護する必要性があり、はるかに教師個人の保護の範疇を越えることになるという[20]。このように、ハンゼルマンにとって、「職に就いた者が、その見習い・労働の場において、どれほど持続しているか、また、最初の失業の後、何回職を替えどのような状況にあったか」[21]という問題こそが重要であり、「ドイツ補助学校連盟」の統計では、この問題が十分に捉えられていないとされた。

　以上のように、補助学校卒業生の現状を直視する中から、ハンゼルマンは、「生涯にわたる保護」の必要性を認識し、以下の3つの施策を提起している[22]。

　第一は、補助学校における就学義務年齢の延長である。ハンゼルマンによれば、補助学校生徒は、平均的に、14歳ないし15歳で卒業し、「激しい生存競争の中に踏み入」らなければならない。しかし、この時期、彼等はまさに、後の生活に決定的影響を与える不安定な思春期をむかえており、また、一般青年をも「危機に陥れる全く新たな労働・生活環境」に対し、十分な身体的・精神的発達の準備がなされていないという。ハンゼルマンは、精神薄弱児において特に発達の危機が著しいこの思春期への援助の必要性から、補助学校生徒の

就学義務年齢の延長を主張した。現在、我が国においても、特別支援学校高等部の設置・拡充及び専攻科の設置に関する要求が緊急の課題となっている。その基底には、知的障害の生徒等に対するこの時期の教育の重要性の認識が存在するが、既に、ハンゼルマンの構想においてこのような問題意識が見られることは、注目されてよい。

　第二は、特殊な「職業補習学校」(Fortbildungsschule)・「集合学級」(Sammelklasse) の設置である。この施策は、いち早く職業学校就学義務が整備されたドイツから始まり、当時、最も人望のあった補助学校教師の1人であったフックス (Fuchs, A.) 等により取り組みが進められた。スイスでも、既に、補助学校の取り組みが開始された時期からこの施策は存在したが、必ずしも、広範な普及は見られず、大都市に限り実現されるに留まっていた。ハンゼルマンは、特に、生徒数の少ない全ての学校区において、補助学校生徒の職業上の準備性を高め、職業相談・生活相談に応じる施設として、職業学校就学義務者のための特殊な集合学級の設置を求めていた。

　第三は、多様な労働教育施設の整備である。生計能力の不十分な者のための最も古い作業所にあたる「バスラー織物共同部屋」の創設者であるケステンホルツ (Kestenholz, H.) は、この施策のスイス全土への拡大に貢献した。ハンゼルマンは、このような中で、以下の2つの施設形態を推奨している。第一の形態は、両親のもと等で日常生活を送りながら、昼の間、労働教育のために実習所に通う形態である。ハンゼルマンによれば、この施設の利点は、「1つの教育機能を有する『世界』が、我々の被保護者に対して妨げられず、調整して、彼等に効力を及ぼすことができ、また、我々の目前で、永続的に試していくことを可能にする」[23] 点にある。第二の形態は、労働実習所と寄宿舎が結合した形態である。特に、この施設では、生活面に未成熟さが残る軽度及び中度精神薄弱者が入り、規則正しく労働教育を実施することにより、彼等の生活習慣の確立がめざされた。このような施設形態を統合することにより、ハンゼルマンは、労働教育コロニーの基本計画を提起しているが、この中には、彼の軽度及び中度精神薄弱者への労働教育・保護の見解が集約されて述べられているよう

に思われる。この構想とは、如何なるものであろうか。

## (2) 労働教育コロニーの構想

　ハンゼルマンの労働教育コロニーの構想は、フランクフルトの「シュタインミューレ労働教育コロニー・観察施設」の実践に基礎を置いている。彼は、この施設実践において、「個々の労働の諸活動を含む労働教育施設」「観察施設」という「内的コロニー」(interne Kolonie)と「通勤式の労働教育コロニー」「周囲の村落の若者の家」という外的コロニー(externe Kolonie)を組織し、才能の乏しさを有する者の労働による教育を志向した[24]。この組織形態は、『治療教育入門』でも言及され[25]、彼の構想の大きな特色となっている。

　彼は、まず、内的コロニーにおいて、補助学校あるいは精神薄弱児施設を卒業・卒園したほぼ60人の青年期の精神薄弱者を受け入れるよう主張している[26]。このコロニーは、できる限り早期に彼等を退園させ、実社会への統合をはかる臨時的な生活・労働の養成機関として位置づけられた。ハンゼルマンは、その労働教育内容と関わって、以下の軽度及び中度精神薄弱者に関する労働観を有していた。すなわち、彼等は、主に農業・園芸に適しているとする先入観が長く治療教育界を支配したが、このような労働においては、日々新たな変化に身を置かねばならず、多くの手の操作と判断力が要求され、しばしば彼等の適応能力を越える。また、大規模経営がなされる現実の中で、彼等は、最下層の重労働を課され、他の農園労務者・下働きの女性によって、搾取・嘲笑の対象となった。従って、軽度及び中度精神薄弱者にとっては、農業・園芸が必ずしも最適な職種ではなく、わずかに小農において永続的な補助がなされる場合に限り、ハンゼルマンはその妥当性を指摘した[27]。ここで、農業・園芸そのものの価値が否定されたわけではなく、その教育的価値は、十分に認識されていた。それは、彼が、労働教育コロニーの作業種目として農業・園芸を位置づけていることからも伺い知ることができる。むしろ、彼は、軽度及び中度精神薄弱者が、「遠い見通し」を持たねばならない農業・園芸という職種の困難性とその経営形態に左右される彼等の状況を踏まえ、この職種における周到な配慮の必

要性を主張したのである。さらに、ハンゼルマンは、当時の手工業の状況にも着目し、これまでの伝統的な精神薄弱者に関する労働観の再考を求めている。確かに、手に職あれば食いはぐれなしというツンフト精神・マイスター精神が支配している限り、軽度及び中度精神薄弱者は、裁縫業・修理業等の見習いとして、職を得ることができた。しかし、工場労働の拡大、機械の絶え間ない導入は、その大量生産により手工業者を圧迫し、見習いとしての彼等の就業基盤を奪っていった。従って、このような現状から、軽度及び中度精神薄弱者は、むしろ、工場における機械労働の就業へと準備されなければならないと、彼は主張する[28]。その際、「貧困な精神生活を有する精神薄弱者を、精神を磨耗させる機械労働に強引に近寄らせる」問題を看過することはできないとしつつも、ハンゼルマンは、「人間が、機械の主人となり、その奴隷とはならないように精神を使用する」ことに希望を見いだし、機械労働に広範な精神形成の機会を求めようとしているのである。その根底には、全ての人間と同等の条件から、軽度及び中度精神薄弱者に幸福がもたらされるという理解と「精神技術学」(Psychotechnik) に依る当時の工業労働に関する現状認識が存在する。ハンゼルマンは、歴史的に企業の利益に資してきた「精神技術学」の問題性を指摘しつつも[29]、それにより提出される「新しい労働関係・労働条件・行動様式の検証可能性」を評価している[30]。ハンゼルマンによれば、これまで、治療教育関係者は、労働を治療手段・教育手段として捉えてきたが、現在の状況は、心理学的教育学的に自由にこの観点を受け入れることを困難にさせる。「治療教育は、一方で、現代の労働の合理化により脅かされ、他方、『世界』に閉じられた中での島国的な存在様式における偏見と一面性によって、内向的な状況に陥っていた」[31]のである。しかし、この複雑な労働過程の分業を柱とする工業労働の発展に実践的に対処するためには、世界観や労働条件の無理解に留まることなく、その状況を直視し、「治療教育は、世界に開かれなければならない」[32]という。ハンゼルマンは、「精神技術学」との連携をはかることにより、この治療教育の閉鎖性を克服しようとしたのである。このような捉え方は、ハンゼルマンが主導したチューリッヒ治療教育セミナーのカリキュラムにも反映

され、講義課目として設定されているのである(第4章の週時表参照)。

　以上のように、ハンゼルマンは、絶えず、軽度及び中度精神薄弱者の労働による社会統合の現状を踏まえるとともに、各職種が有する特性を吟味する中から、内的コロニーの労働教育内容を捉えようとした。そこには、当時の治療教育界において、彼等の実質的な労働による社会統合を保障する視座が欠如していることへのハンゼルマンの批判が存在していた。

　この問題と関連して、外的コロニーの構想に関しても、ハンゼルマンは、注目すべき発言を行っている[33]。

　この取り組みは、内的コロニーにおいて労働教育を受けた生徒を、適切な労働提供者と保護者(両親・里親等)に依託し、あるいは帰着させることから出発する。しかし、それで彼等の社会統合の課題が解消されたわけではなく、施設は、各々の生徒の生活・労働の場における適用状況を調査し、労働提供者、保護者及び本人の相談活動を行う「職業保護者」(Berufspflege)を派遣する。「職業保護者」は、男女各々の青年の生活・労働・教育に関し、専門的知識を有する職員であり、その力と時間の全てをこの課題に捧げるのである。この職種は、現代のジョブコーチに通じるものがあるといえる。さらに、職業保護に要する費用は、個々の被保護者に基づき算出されるが、保護者・保護協会・保護官庁が、年間、生徒1人に対し約60フランを提供するよう求めている。ハンゼルマンは、職業保護者により、施設と各地域の労働提供者・保護者・本人を結ぶこの取り組み自体を、内的コロニーと対比して「外的コロニー」と名づけたのであり、施設を「疎外」・「非人間化」を促進する不自然な「人為的生活共同体」とみなすことにより[34]、施設収容を可能な限り排し、地域における軽度及び中度精神薄弱者の労働・生活保障をはかるこの外的コロニーを重視した。それは、これまで一部の良心的補助学校教師・施設職員の善意に委ねられていた軽度及び中度成人精神薄弱者の保護を、1つの体系化されたシステムとして確立する意義を有していたのである。

## 第3節　ハンゼルマンの精神薄弱児（者）保護論の特質

　ハンゼルマンは、軽度及び中度精神薄弱児（者）に対し、乳幼児期の早期発見・早期治療から、学齢期の教授・訓育の補完、さらには、成人期の労働・生活の保障へと連続して行われる保護の必要性を主張した。ベッシェルも指摘するように[35]、ハンゼルマンの保護概念は、学齢期という一時期に使用される教授・訓育の概念よりも上位概念に位置づけられ、「生涯にわたる包括的な援助」の意味内容を有していたのである。特に、当時、軽度の精神薄弱者は、補助学校卒業後、保護的処置を受けずに各地域の職場・家庭に放置され、あるいは、反社会分子として「永続的な施設収容」の処置に甘んじなければならなかったが、ハンゼルマンは、むしろ、施設の開放性を主張し、この「生涯にわたる包括的な援助」により可能な限り彼等の地域の労働・生活を保障しようとした。そのため、各々の責務を分担する医師・教師・保護司等の実践研究の協同をも提起しているが[36]、それは、これまで治療教育界に存在した医師・教師の部分的協同を、生涯の援助の必要性を基軸として、保護司を含めた各職務の長期間に及ぶ密接な連携へと拡充しようとしたものである。これらの見解は、当時の歴史的制約により処置の対象と範囲に限界性を有しつつも、現在の知的障害者に対する総合的福祉対策の先駆的構想として評価することができよう。

　このハンゼルマンの見解に見られる先駆性は、第一に、彼の思想の開放性に依拠しているように思われる。ハンゼルマンは、軽度及び中度精神薄弱者の労働への関与において、治療教育学と精神技術学との連携を主張したが、それは、当時の経済情勢に対する治療教育の閉鎖性を克服し、これらに起因する諸問題に積極的に取り組もうとするハンゼルマンの意志を反映していた。ヤンツェンが指摘するように[37]、時代に開かれたパースペクティブに基づく統合科学の構想により、ハンゼルマンは、このような卓越した軽度及び中度薄弱児（者）保護論を獲得したといえよう。

第二に、彼の発達抑制理念の影響を挙げることができる。ハンゼルマンは、軽度及び中度精神薄弱児（者）の発達状態を直視し、「発達抑制」という困難性を見て取る中から、彼等の処置を否定するのではなく、むしろ、「全面発達能力」（Vollentwicklungsfähigkeit）を有する者以上の援助の必要性を主張したのである。しかし、その一方で、このような援助の意志が、軽度及び中度精神薄弱児（者）に限定されている事実を看過することはできない。ハンゼルマンは、重度精神薄弱児（者）の陶冶可能性に関して、全面的に否定しているわけではないが、彼等を労働・教育の対象ではなく、保護の対象として捉えていた[38]。確かに、当時、ゴールトン等の優生学が影響力を持ち、安楽死や去勢・断種による劣悪な遺伝子の絶滅の議論が活発化した時代にあって、ハンゼルマンは、「人間がある人間を滅ぼす権利を有しているのか」[39]と問いかけ、このような思潮を批判している。とりわけ、白痴児や治癒不能な精神病者は、「個人として苦しむ存在であるが、人間社会の不完全さを根拠として、苦しむ状況に陥っている。しかし、我々が、その個人を殺害したとしても、決して苦しみの社会的要因を無くすことはできない」[40]とし、彼等に対する社会的責務と課題を鮮明にしている。しかし、保護の構想と関わっては、重度精神薄弱児（者）は、包括的な教育・支援体系から除外され、生涯にわたる施設収容の処置の実施に留まっていたのである。これは、彼の発達抑制理念が有する１つの限界性を示している。ハンゼルマンは、ゲシュタルト心理学を脳生理学に導入し、有機体としての全体性の力学を重視したゴールドシュタイン（Goldstein, K.）やホンブルガー（Homburger, A.）、プリンツホルン（Prinzhorn, H.）等の生物学的副次説による精神医学の影響を強く受け、当時支配的であった生理学的損傷を決定的なものとみなす発達像の提起に留まっていた。従って、感覚欠陥と感覚劣弱、中枢神経の欠陥、肢体不自由等の障害を有する者全てを、永続的な「発達抑制者」として捉えると共に[41]、障害が重度化するに従い、発達の抑制が強まるという基本認識から、重度の精神薄弱児（者）において、特に、問題行動のみが抽出される否定的な発達像が描かれ、労働・教育の対象から切り離されることになったと考えられる。この点については、やはり当時の歴史的制約の中で捉える必要があり、重度知的障害

の児童・青年に対する本格的な教育・福祉の取り組みの開始は、第二次世界大戦後、全ての障害児（者）の発達を保障する権利の進展、彼等の問題行動を要求行動として捉える科学的発達理論の創造を待たねばならなかったといえよう。

註）

1) この「Hemmung」の概念は、諸科学の対象規定と歴史的意味内容の相違から、精神分析学の領域における「制止」（加藤正明他編（1983）『精神医学事典』弘文堂 364 頁参照）をはじめ、「抑止」「阻害」「遅滞」「障害」等様々に訳されている。ここでは、ハンゼルマンの「Entwicklungshemmung」の対象規定を踏まえ、当時の歴史的制約下における固定的な発達像を包含する否定的意味内容を示すものとして、「抑制」の訳語を用いた。
2) 「Geistesschwachheit（Schwachsinn）」の訳語である「精神薄弱」という用語は、「そのように呼ばれた人々に再三再四重荷を負わせ、永久的な烙印を押す」否定的意味内容を有するものとして、「geistige Behinderung（知恵遅れ・精神遅滞）」という用語に代替されている（オットー・シュペック、野口明子他訳（1984）『精神遅滞と教育』教育出版 17 頁参照）。本章では、ハンゼルマンの時代の歴史的性格が反映されたものとして、「精神薄弱」という用語を用いている。
3) 清水寛（1981）『発達保障思想の形成』青木書店 8-9 頁
4) 清水寛（1974）「精神薄弱教育史」世界教育史研究会編『世界教育史体系 33　障害児教育史』講談社 225-242 頁
5) 精神薄弱問題史研究会編（1988）『人物でつづる障害者教育史――世界編』文化科学社 93-95 頁
6) 特に、この傾向が顕著に見られたのは、アメリカにおいてである。津曲は、18 世紀中葉に設立された「白痴学校」が、次第に専門教育施設から大規模な終身収容保護施設へと変貌していく様を、各学校の事例を挙げながら実証的に考察している。この変化には、優生学思想や心理学特性論に基づく社会防衛・経済効率・分類処遇の原理が影響を与えたという（津曲裕次（1981）『精神薄弱者施設史論』誠信書房 266-272 頁参照）。
7) ハナニー・ザムスキー、茂木俊彦他訳（1977）『精神薄弱教育史』ミネルヴァ書房 36-39 頁
8) 国民学校の教育を効率化するために、精神薄弱児・学業不振児を排除するという「国民学校浄化」の側面が、補助学校の成立と拡大の 1 つの要因であった（荒川智（1985）「ドイツ補助学校史」松矢勝宏他編著『障害者教育史』川島書店 54-58 頁参照）。

9) エム・ゲ・ヤロシェフスキー、柴田義松他訳（1973）『海外名著選41 心理学史』明治図書 264-266頁
10) ゴッダードの「カリカク家――精神薄弱の遺伝研究」（Goddard, H.H.（1912）: Kallikak Family ; A Study in the Heredity of Feeblemindedness, New York.）は、5世代、1000人余りの家系調査により、精神薄弱の遺伝決定論を実証的に明らかにしたとして、当時、各国の社会問題の研究者に広く受け入れられた（1914年には、Wilker, K.がドイツ語に翻訳している）。しかし、その後、研究方法の不正確さ・資料の杜撰さによる問題点が指摘されている。
11) 実際に、断種法は、1907年3月9日のアメリカのインジアナ州の制定を皮切りに（アメリカでは、その後、37州に拡大）、1928年にカナダ、1929年デンマーク（任意断種法）、1933年ドイツ、1934年スウェーデン等で制定され、その後さらに広がりを見せていった（詳しくは、藤本直（1941）『断種法』岩波書店参照）。また、「無価値な生命の殺害」の要求は、民族全体によりその処置を断行したスパルタをはじめ、歴史的に繰り返し現れてきたが、1920年代に入り、Hoche, A.等により再び議論されるようになり、ナチスの人種学がこの要求の破局的な頂点に位置づく。
12) Hanselmann, H. $^7$1966（$^1$1930）: Einführung in die Heilpädagogik, Zürich, Ss.127-131.
13) Hanselmann, H.（1928）: Steinmühle Erinnerungen. In Z.f. Kinderfor. 34, H.2, S.125.
14) Vgl. Hanselmann, H. und Zeltner, M.（1930）: Fünf Jahre Albisbrunn 1925-1929, Zürich.
　アルビスブルーン田園教育舎では、観察施設の設置・労働教育内容等において、シュタインミューレの実践経験が十分に生かされていた。また、ハンゼルマンが1924年に設立を主導した治療教育セミナーと連携をとり、この学生を実習生として参加させている点が注目される。
15) Hanselmann, H. $^7$1966（$^1$1930）: Einführung in die Heilpädagogik, Zürich, Ss.109-196.
16) dito., S.173.
17) dito., S.179.
18) この統計の内容は、以下のようである（Vgl. Hanselmann, H. $^7$1966（$^1$1930）: Einführung in die Heilpädagogik, Zürich, Ss.169-170.）。

| 生業に就いた者 | 生業に就かなかった者 |
|---|---|
| 少年　21825人＝90.77％ | 少年　2218人＝9.23％ |
| 少女　15785人＝93.29％ | 少女　1135人＝6.71％ |

就業者：

| A．少年 | B．少女 |
|---|---|
| 手工業<br>4980人 = 23.14％ | 見習いの商売<br>944人 = 5.89％ |
| 工業<br>8300人 = 38.56％ | 工業<br>3565人 = 22.58％ |
| 農業<br>3662人 = 17.01％ | 農業<br>1110人 = 7.03％ |
| 官庁<br>384人 = 1.78％ | 官庁<br>99人 = 0.63％ |
| その他<br>4197人 = 19.04％ | 他家の家事<br>4024人 = 28.03％ |
| | 自家の家事<br>4628人 = 29.32％ |
| | その他<br>1015人 = 6.43％ |

※この表の数値と本文の数値は、ハンゼルマンの原典のままである。

19) Hanselmann, H. $^7$1966 ($^1$1930) : Einführung in die Heilpädagogik, Zürich, Ss.169-170.
20) dito., S.180.
21) dito., S.170.
22) dito., Ss.170-173.
23) dito., S.172.
24) Hanselmann, H. (1916) : Die Arbeitslehrkolonie und Beobachtungsanstalt Steinmühle (Erzieherische Aufgaben und grundsätzliche Bedeutung der Organisation). In Z. f. Kinderfor., S.234.

25) ハンゼルマンは、この構想を以下の図にまとめている（Vgl.Hanselmann, H. : a.a.O., S.195.)。

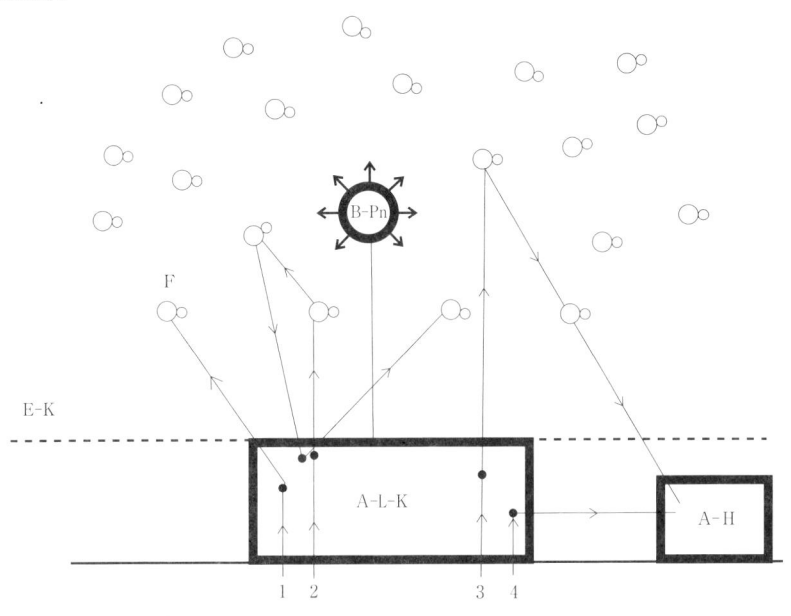

A-L-K ＝労働教育コロニー
B-Pn. ＝職業保護者
A-H ＝老人ホーム
F ＝保護家族＋労働の場
E-K ＝外的コロニー

26) Hanselmann, H. ⁷1966（¹1930）: Einführung in die Heilpädagogik, Zürich, S.181.
27) dito., Ss.181-182.
28) dito., S.182.
29) dito., S.515.
30) ハンゼルマンによれば、治療教育学は、まさに労働教育において、素材とそれを取り扱う際の感情の生起——粗いもの・硬いもの・重いもの・輝くものへの興味、あるいは、革の臭い・木材・金属に対する偏向、水に触ること・投げること・スコップで掘ること・切ること・分解すること・組み立てることへの喜び等——の解明を必要とする。一方、精神技術学は、工業の熱心な下僕として、合理化と業績至上主義から、所謂、異常者・能力の制限された者を排除してきたが、人間の行為能力の部位——彼の片腕・両腕、片脚・両脚、

あるいは、指の運動技能、特別な反応様式、注意深さ、記憶、色の知覚等——を取り扱い、それに関し一定の成果を上げてきたという。
　従って、ハンゼルマンは、あくまで、意志・感情を含めた全体的人間に配慮しつつ、この精神技術学の成果を、発達抑制児（者）の労働教育における行為・感情表出の過程の解明に用いるよう主張したのである（Vgl. Hanselmann, H.：a.a.O., Ss.515-522.)。

31) Hanselmann, H. $^7$1966 ($^1$1930)：Einführung in die Heilpädagogik, Zürich, S.518.
32) dito., S.519.
33) dito., Ss.184-185.
34) dito., S.489.
35) Beschel, E. $^3$1965 ($^1$1960)：Die Eigencharakter der Hilfsschule, Weinheim, S.94.
36) Hanselmann, H. $^7$1966 ($^1$1930)：Einführung in die Heilpädagogik, Zürich, S.542.
37) Jantzen, W. (1978)：Behindertenpädagogik, Persönlichkeitstheorie, Therapie, Köln, Ss.91-92.
38) Hanselmann, H. $^7$1966 ($^1$1930)：Einführung in die Heilpädagogik, Zürich, S.111.
39) dito., S.127.
40) dito., S.129.
41) dito., S.12.

第3章

# ハンゼルマンとアルビスブルーン田園教育舎の相関
―ハンゼルマンにおける治療教育施設実践の特質をめぐって―

## はじめに

　ハンゼルマンは、ドイツのフランクフルト・アム・マインのシュタインミューレ労働教育コロニー・観察施設における治療教育実践（1912―1914）、プロ・ユーベントゥーテ財団の本部長としてのスイスにおける児童保護の取り組み（1916―1923）、教育困難児・者[1]のためのアルビスブルーン田園教育舎の創設と実践（1925―1927）、チューリッヒ治療教育セミナーにおける教員養成の取り組み（1924―1955）等様々な領域の実践を展開しており、このような諸実践が彼の治療教育思想の形成に大きな影響を与えている。本章では、教育困難児・者の教育施設であるアルビスブルーン田園教育舎の設立の経緯、実践の特質等を詳細に明らかにする中から、教育困難児・者に対する施設実践に対し、ハンゼルマンがどのような構想を抱き、どのような影響を与えたかについて、ハンゼルマンの見解等が記されている『アルビスブルーンの理念』とアルビスブルーン田園教育舎における5年間の実践がまとめられている『アルビスブルーンの5年』[2]を基礎資料に考察を加える。

## 第1節　アルビスブルーン田園教育舎の設立の経緯

　アルビスブルーン田園教育舎の設立に大きな影響を与えたのは、資金面の援助者となるアルフレッド・ラインハルト（Reinhart, A.）博士とハンゼルマンの関わりであった。ハンゼルマンは、1912年から、ドイツのフランクフルト・アム・マインにおけるセンケンベルギナウム心理研究所（後に大学に付属）の助手として、心理学や精神病理学、教育学研究の最新の成果に基づき、非行や犯罪を犯す青年の理解や処置方法の研究を進めていた。さらに、1912年から1916年まで、ヘッセン州フランクフルト・アム・マイン近郊のクライスフ

リードベルクのシュタインミューレ労働教育コロニー・観察施設の指導も引き受けていた[3]。ラインハルト博士は、既にこの時期、ハンゼルマンのこの施設での活動に関心を寄せていたという。ハンゼルマンは、1916年に、プロ・ユーベントゥーテ財団からスイスに呼び戻され、財団の本部長として、児童・青年保護の問題に取り組んでいたが、ラインハルト夫妻とは、この教育困難児をめぐる諸問題について頻繁に意見交換を行っていたという[4]。

　1923年の協議において、ラインハルト夫妻は、ハンゼルマンが構想を抱いていた新時代の児童・青年教育施設のために資金提供する考えをハンゼルマンに伝えていた。1924年6月20日、ラインハルト夫妻は、その協議のためにハンゼルマン夫妻を、アルビスの家のそばの別荘に招待した。ラインハルト博士は、もう一度ハンゼルマンの計画を聞き、家のそばのアルビスブルーンの療養所を買うことを伝えた。この療養所は、ドイツの近代水治療法の祖であるプリースニッツ（Priessnitz, W.）の弟子のブルンナー（Brunner, W.）博士が、1839年に物理療法の施設として設立したものであった。この療法は、数十年間世界的にも知られる療法の1つであったが、この当時はもはやその意味を失っていた。ハンゼルマン夫妻は、8月11日から15日まで、アルビスブルーンに滞在しながら、この美しいけれど建築上荒廃した施設が教育困難児・者の田園教育舎としてふさわしいか意見をまとめ、8月15日に肯定的な結論を下した。

　ハンゼルマンの基本方針に対しては、ラインハルト博士の他の友人からも同意が得られた。その中でも特にプァラー・バイス（Weiss, P.）氏は、少年期、ラインハルト博士の休暇仲間として、アルビスの家で成長しており、この当時、チューリッヒ市の保護視察官として、施設制度にも詳しかった[5]。さらに、建築面や農業面の課題の専門家も招かれ、土地や周辺の建築物の後の改築や拡充整備、買い足し等が検討された。この各方面の賛同と協力により、1924年9月9日に、寄贈者のラインハルト博士の故郷の町であるヴィンターフルで、「アルビスブルーン財団」[6]が設立されたのである。

　1924年の12月に、ハンゼルマンは、家族と共にこの施設に引っ越し、1925

アルビスブルーン田園教育舎の設立当時の中心的な建物

生徒達の住んだ「職工の家」

園芸・農業向けの建物

写真の出典："Fünf Jahre Albisbrunn 1925-1929"

上：現在のアルビスブルーン田園教育舎の中心的な建物
下：アルビス山側から見た中心的な建物と職人のグループハウス
写真提供：Stiftung Albisbrunn

年1月1日から活動を開始している。1月13日に最初の生徒が入所した後、3月の終わりには、全ての使用可能な生徒の部屋は埋まり、共同のスタッフも獲得された。施設の建築上・設備上の整備は、教育者や職人、生徒の手によりなされていった。

　ハンゼルマンとの予備協議の当初から、ラインハルト夫妻は、イギリスやドイツ、アメリカの諸州にみられる「ジュニア・パブリックス」「田園教育舎」というスローガンの取り組みに関心を示していた。「アルビスブルーン田園教育舎」の命名もこのことが影響を与えていた。ただ、このような諸外国の学校・施設が、特に財政的に十分な家庭の児童や青年に向けられていたのに対して、アルビスブルーン田園教育舎は、貧しい中産階級の親の子弟でしかも教育困難等の特別な課題を持つ児童・青年に対する新しい時代の施設であった。

## 第2節　アルビスブルーン田園教育舎における5年間の生徒数・教育担当者数

　アルビスブルーン田園教育舎における設立後5年間の生徒数は、表3-1のようである[7]。後の取り組み内容の所でも指摘するが、この施設は、社会とを結ぶ中間施設、暫定施設としての捉え方がなされていたため、退所者の数も多い。また、外的コロニーも重要な役割を有しており、61人の生徒を有していた。

　アルビスブルーン田園教育舎における5年間の共同指導者の数は表3-2、実習生の数は表3-3のとおりである[8]。表3-2で特徴的なことは、共同指導者の入退所者数の多さである。ただ、生徒数に対する、共同指導者数の比率の高さ（1929年末で36人）は際立っていた。また、表3-3に示されているように、数多くの実習生を受け入れていたこともこの田園教育舎の特徴であった。これらの要因として、アルビスブルーン田園教育舎が、後述する施設指導員、教育者等の養成の側面も有していたことを指摘することができよう。

表 3-1　生徒数

| | |
|---|---|
| 入所 1925 - 1929 年　：　176 人<br>退所 1925 - 1929 年　：　116 人 | |
| 年齢　12 歳まで　　　：　34 人<br>年齢　13 - 15 歳　　　：　62 人<br>年齢　16 - 20 歳　　　：　80 人<br>　平均年齢　14 歳 4 ヶ月 | |
| 親による入所指示：111 人<br>公的・私的な保護の部署による入所指示：65 人 | |
| 金銭を支払う外的コロニー　　1925 - 1929 年　：　35 人<br>金銭を支払わない外的コロニー　1925 - 1929 年　：　26 人 | |
| 退所先　　家族のもと　　：　　　　　　2 人<br>　　　　　両親のもと　　：　　　　　　34 人<br>　　　　　両親のもと（上級の学校）：　1 人<br>　　　　　両親のもと（見習い）：　　9 人<br>　　　　　両親のもと（職場）：　　　15 人<br>　　　　　見習い　　　：　　　　　　33 人<br>　　　　　職場　　　　：　　　　　　11 人<br>　　　　　上級学校　　：　　　　　　3 人<br>　　　　　施設　　　　：　　　　　　5 人<br>　　　　　外国　　　　：　　　　　　2 人<br>　　　　　死亡　　　　：　　　　　　1 人 | |

表 3-2　共同指導者数

| 1925 年 | 入所：27 人 | 退所：1 人 |
| --- | --- | --- |
| 1926 年 | 入所：16 人 | 退所：6 人 |
| 1927 年 | 入所：22 人 | 退所：21 人 |
| 1928 年 | 入所：22 人 | 退所：26 人 |
| 1929 年 | 入所：31 人 | 退所：28 人 |
| 総計 | 118 人 | 82 人 |

＊1929 年末の教育・授業・作業所・屋外労働・家事の共同指導者の総数は、36 人である。

表 3-3　実習生数

| 1925 年 | 入所：11 人 | 退所：5 人 |
| --- | --- | --- |
| 1926 年 | 入所：9 人 | 退所：12 人 |
| 1927 年 | 入所：26 人 | 退所：27 人 |
| 1928 年 | 入所：18 人 | 退所：16 人 |
| 1929 年 | 入所：12 人 | 退所：15 人 |
| 総計 | 76 人 | 75 人 |

## 第 3 節　アルビスブルーン田園教育舎における実践の特質とハンゼルマンの治療教育思想の影響

　この新時代の施設は、「観察所としての側面」「教育施設としての側面」「外的コロニーの側面」「教育者・教師・共同指導者の養成機関としての側面」を有していた[9]。以下、各々の内容と特質について述べていく。

### （1）観察所としての側面

　ハンゼルマンは、1923 年、『治療教育の心理学的原則』[10] の論文で、チューリッヒ大学に大学教授資格取得を申し出、1924 年に、チューリッヒ大学で治

療教育の教授資格を得ている。この論文で、ハンゼルマンは既に発達抑制の見解を示し、教育困難の児童・青年においても発達抑制の状況を捉えることが重要な課題であると考えていた。このことは、アルビスブルーン田園教育舎における観察所としての位置づけにも影響を与えている。アルビスブルーン田園教育舎への子どもや青年の受け入れは、アンケート用紙の記入と個人面接に基づき行われた[11]。施設の滞在期間は、普通、観察の成果によらなければならないが、信頼できる判断をするために、最低3ヶ月、稀に、6―7ヶ月を要したという。このような観察は、生徒の本質を理解するとともに、最も適切な教育手段や方法を見いだすためにも必要なことであった。

　子どもの人格調査については、素性・生活史に基づく規定された質問や現時点での身体的精神的な全体状況に基づく質問が、医師や教育者によりなされた。1928年以降は、実験心理学の機材や設備も整えられ、特別な場合には、専門医の検査が実施されている。この検査に加え、不定期に、授業や労働、自由時間、睡眠、病気、特別の機会の行動についての教育者の個々の観察結果が記入された。このような観察は、教育的なもので、自然科学的なものとは区別された。

　当時、教育困難児には、社会的要因に基づく者が多数存在したが、ハンゼルマンは、その中に行動障害児、情緒障害児の存在を認め、彼らへの適切な教育的アプローチのため、発達抑制の状況を捉えようとしたのである。この観察による評価により、新しく受け入れられた生徒は様々な教育グループに編入されていった。

## (2) 教育施設としての側面

　アルビスブルーン田園教育舎におけるグループ編成の特徴は、多様で柔軟な編成がなされたことである。まず、基礎集団として、6―11歳の生徒グループ、12―15歳の生徒グループ、学校と労働教育の中間のより年長の青少年（者）のグループ、職業の素質や適性を判定する手工業グループ、園芸や農業の活動をしあるいは健康や教育的理由から主に屋外で活動しなければならない学校を卒

業した者のグループ、の5つのグループに分けられた[12]。ただ、ここで注目すべき点は、「生活年齢や作業種のような表面的な要因」による分類にこだわらず、柔軟な編成がなされたことである。また、教育者による再グルーピングも頻繁に行われた。特に、同じタイプや同じ特性の生徒が集中することを意識的に避けるため、年齢による境界も決して明確にはせず、学校を卒業した者の中にも、時折、若い少年を含ませていた。このようなグルーピングにより教育的成果をあげることができたという。各々のグループは、7—14人の生徒からなり、「ファミリー」と名づけられたが、このファミリーの指導は、1人の教育者が担い、平均2—3人の共同指導者が補助についていた。このグループ活動が成功するか否かについては、グループ指導者の役割が大きいことをハンゼルマンは指摘している[13]。この「ファミリー」制は、リーツ（Lietz, H.）により創設されたドイツ田園教育舎（1898年にイルゼンブルク校、続いて1902年にハウビンダ校、1904年にビーバーシュタイン校）で独自に開発された寄宿形態で、その後、教育舎系の学校で普及したとされる[14]。アルビスブルーン田園教育舎においてこのような「ファミリー」制が採用されたこと自体に、1つの学校形態として普及していた田園教育舎の影響を見ることができる。ただ、当時、ドイツ語圏で普及していた一般的な田園教育舎とアルビスブルーン田園教育舎の間には、明確な相違がある。リーツ系の田園教育舎は、裕福な家庭の子弟を対象とし、新教育を理想とする「心身ともに健康かつ強靭で、実務的・学問的・芸術的に有能で、明晰かつ先鋭的に思考し」、強い意志を備えるドイツの少年へと教育するために設立され、意図的に寄宿形態がとられていた。それに対し、ハンゼルマンがスイスに創設したアルビスブルーン田園教育舎は、教育困難児等の発達抑制児・者のための施設であり、寄宿形態をとることは必然のことであった。ただ、このような学校としての田園教育舎の良さを組み込むことで、アルビスブルーン田園教育舎においてはこれまでの施設とは全く異なる体制を組むことが可能になった。さらに、施設の特性をも生かし、学校としての田園教育舎以上に実り豊かな取り組みを行うことも可能となった。例えば、アルビスブルーン田園教育舎では、各生活場面、教育場面において集団の組み換えが

行われた。食事は、全施設の大人と生徒が一緒に、大食堂で、6人座席の小さなテーブルでとっていた。その際、生徒の要求を十分に考慮して、様々なグループの2人の大人と4人の生徒が席につき、大人と生徒は、野菜中心の同じ食事をとった。ハンゼルマンによれば、この6人用の机のある大食堂は、施設的要素がつきまとわないように食事をとる可能性を与えたという[15]。アルビスブルーン田園教育舎では、他の施設に見られるような、特別な「より良い食事のある職員用の机」と「生徒用の机」を長い列で隔て、子どもと教育者の間に距離を置くようなことはなかった。このことによって、子どもと教育者の会話や子どもの行動への対応等で偶然で効果的な教育機会が得られたことをハンゼルマンは指摘している[16]。さらに、元は「療養所」であったという特別な建築上の構造から、非常によく装備された多くの個室と2人部屋を自由に使うことができたという。仕切られた壁を取り壊すことにより共同寝室を整えるという提案もあったが、生徒が、自身の部屋で全人格の改善に必要な内的集中を得るために、このような建築上の構造がそのまま利用された。また、グループの会話や相談については、グループの部屋を自由に使うことができ、個々のグループは、特別な機会に、相互に招待することもできた[17]。他の施設に見られた生徒を大集団に組み込むことによる尊厳の無視・非人格化は、このような「我々のもの」という設備配置によって解消され、「私」と「あなた」という相互感情が子どもに相応する指導方法によって形成された。当時、他の教育施設の生徒であったロスリー（Loosli, C. A.）が、1924年、『施設の生活』の小冊子において、職員の権威主義が支配していた教育施設の現状を内部告発し、反響を呼んだように、当時のスイスの教育施設は多くの指導上の問題を抱えていた。このような当時の教育施設の現状と照らし合わせて見ると、アルビスブルーン田園教育舎の施設のあり方は画期的なものであったといえる。

　教育場面では、さらに小集団の編成がなされていた。ホールの活動や学舎の共同活動に対するグループ活動では、平均3人の生徒に、1人の教育者、教師、作業指導者がつき、より多くの教育担当者が配置された[18]。この事実は、労働教育の試みが豊富な作業種の構成に基づいていたことにもよる。まず、各々の

家具製造・指物工養成
の仕事場

機械工・金属工養成の
仕事場

雨天の時の工作室

写真の出典："Fünf Jahre Albisbrunn 1925-1929"

グループは、簡単な木材加工、金属加工、紙加工の手工部屋を持ち、それとともに、家具職人や金属工、機械工の完全な装備をもつ本格的な作業訓練棟、園芸教育場、小農場、ボール箱作業棟、植字組平版小印刷機、手織物機、玩具や積み木箱製作の多くの作業棟があった[19]。このように、職業の望みを試し、手本にし、全体の教育訓練を実施するための優れた様式を備えていた。さらに、学校の授業は、小学校段階や1929年からは中学校段階においても、公立学校で困難を抱えていた全ての生徒に対し施設内で行われた。ただ、生徒の一部は、施設がある村の小学校や中学校に通学することができた。学校の卒業者には、生活面の相談と共に、彼らに適切な職業選択に必要な職業研修の授業も行われた。このように、豊富に組織された授業活動や労働教育活動により、生徒がただ農業や園芸に取り組むだけであった他の施設よりも、多くの教師や教育者が必要とされたのである。アルビスブルーン田園教育舎では、教育困難児という、もろく崩れやすい生徒を抱えているということから、このような多様な形態を活用し、生徒のさらなる発達にとって適切で十分な環境を整える努力がなされていた。そのために、何よりも、豊富な教育担当者が確保されたのである。注目すべき点は、各々の教育担当者において、全体への責任の感情を呼び覚まし、強化するために、教育担当者の「日直制度」が設けられたことである[20]。それは、日直の教育担当者が特別な場所や労働において1日入れ替わり、あるいは施設全体で自由に動き、この日の夜に晩餐会を開いて、意見交換するというものであった。このようにして、その教育担当者が他の場所で初めて自らが気づかずにいたことや間違っていたことを知り、また、良い指導事例にも触れることができた。アルビスブルーン田園教育舎においては、このような組織的な職業研修的な取り組みの時間が確保されていたのである。

　このような労働教育や自由時間の教育、学校教育による発達を促す環境づくりと並び、特に重要な教育手段として、個々の生徒への相談活動があった。その際、フロイトの分析心理学やアドラーの個人心理学の見解やこれまでの諸経験により明らかとなった見解に基づいて取り組みがなされた[21]という。また、特殊な暗示による処置や催眠の処置のような専門的処置は専門医に任せ行われ

ていた。

　ハンゼルマンは、教育的対応として、「罰なくしてやっていくことはできない」ことを指摘している。これまで、原則的に、身体的罰なくして対処するよう努力がなされてきたが、他の種類の罰が、十分な罰の準備に基づいてのみ適用されたという。ただ、生徒に罰や償いの理解がなければ、教育困難児にとって人格発達上大きな危険があり、短絡的行動としての罰は避けられた。

　常に100人以上が暮らす子どもと大人の生活共同体は、誕生、死、病気といった人間が社会で経験しなければならない全てのことをもたらしたという。話や沈黙によって、このような経験を生かすことが、特に重要な教育的課題とみなされた。その際、宗教的指導もまた、新教の1人のグループ指導者によって行われていた[22]。

### (3) 外的コロニーとしての側面

　アルビスブルーン田園教育舎は、原則的に、再教育の試みに必要な限りにおいて、生徒が施設にとどまるという見解に基づいていた。施設は「世界との類似性」があるにもかかわらず、全ての形態において、人工的に作られた生活共同体である危険性、つまり、一面性や甘やかすこと、生活の疎外等に注意しなければならないとされた。一定の意味や一定の時期には、「世界」が、施設よりもより良い教師となり、生活能力や労働能力についての教育の最良の学校は、大いなる寛大さや容認、厳しさもある「世界」であるとされた[23]。

　そのために、施設と「世界」とを結ぶ形態として、「外的コロニー」の制度が導入されたのである。これは、既に、ハンゼルマンがドイツの「シュタインミューレ労働教育コロニー・観察施設」の実践で取り入れていたシステムである。アルビスブルーン田園教育舎においても、教育の試みが、自身のあるいは他人の保護家族の中で、外で継続するという考え方により、義務教育期間の生徒や卒業した生徒に対し、「外的コロニー」の取り組みが行われた。その前提条件は、適切な家族を見出すことであり、多くの卒業生においては、適切な教育や労働の場を見つけることであった。この取り組みに対しては、チューリッ

ヒのプロ・ユーベントゥーテ財団の本部長であったロエリンガー博士と彼の援助者の支援を受けていた。ロエリンガー博士は、ハンゼルマンの後任であり、この場合も、ハンゼルマンの人脈が生かされていた。ロエリンガー博士は、アルビスブルーン田園教育舎の生徒の最初の離舎以来、外的コロニーの援助をし、外的な場所における教育活動が施設における教育活動同様重要であることを確信していた。ほぼ170人から200人の生徒をもつ外的コロニーは、ソーシャルワーカーによって指導されることにより自力で生活することができ、その際、生徒に対する監督のお金として月に5フランが扶養者に支払われた[24]。前記表3-1で示されたように、1929年の終わりには、既に61人の生徒がこの計画の対象となっていたのである。

## (4) 共同指導者とその養成の側面

　アルビスブルーン田園教育舎は、共同指導者の養成にも関わっていた。表3-2に示されたように、共同指導者数の大きな変化の要因は、共同指導者が時間的に限定された滞在の取り決めを結んでいたことにあった。また、中には、教育者の職業が適性に合っているかどうかを明確にするために、取り組みに参加するものもいた。一定の経験の後に、職業適性を否定しなければならないケースもあり、このような個々の認識が獲得され職業適性が評価されることも、教育困難児・者への実践のみならず、指導者養成等総合的な諸活動を展開するアルビスブルーン田園教育舎の重要な課題であった。

　教育的活動に取り組む共同指導者は、様々な職業の出身者であった。完全な大学やセミナーの養成を受けた者と共に、中には国民学校終了後に、手工を学び、手工の職業に就いていた者もいた。この当時、学問的に専門的な養成において施設教育活動の適性保障が十分に提供されていなかったがゆえに、このような職業経験が評価されたのである。アルビスブルーン田園教育舎では、全く予備知識のない若者が次第に実践的理論的経験によって、すばらしい共同指導者に成長することにその意義が見い出されていた。

　施設の設備整備の課題が重視された最初の2年間、共同指導者は、少なくと

も週に2日（時に毎日）、共同の協議のために、生徒の起床前の朝1時間集まっていた。このような朝の協議は、5年後も毎週1日行われていた[25]。

それと並んで、5年間、心理学的課題や治療教育的課題、世界観の課題等について日中の特別な時間に話し合われた。このような会議には、実習生も参加していた。実習生の何人かは、卒業後もこの施設で職業に就き、大部分は、他の施設や青年保護組織、国民学校、特殊学級の職に就いていった。このように、施設指導者・教師等の養成に力を入れたことが、アルビスブルーン田園教育舎の大きな特色であった。これには、この当時、チューリッヒ治療教育セミナーの運営・指導を引き受けたハンゼルマンの構想が大きな影響を与えており、アルビスブルーン田園教育舎とチューリッヒ治療教育セミナーが連携して治療教育関係者の養成が進められていったのである。

## おわりに

アルビスブルーン田園教育舎には、1925年から5年間で各個人や教員連盟、保護連盟、官庁、女性団体等ヨーロッパ諸国や北米から2000人が訪れたという。上述したような教育困難児のための斬新な施設実践が注目を集めたためである。ハンゼルマンは、アルビスブルーン田園教育舎の運営と指導に携わり、この施設の基盤をつくった後、チューリッヒ財団が設立した治療教育セミナーの運営・指導等に力を注ぐために、アルビスブルーン田園教育舎の指導をスタッフの1人であったツェルトナーに委ね、自らは、アルビスブルーン財団の役員や特別委員会の委員長として、アルビスブルーン田園教育舎を支え続けた。特に、この設立期の5年間にハンゼルマンの果たした役割は大きく、アルビスブルーン田園教育舎の観察所としての側面、教育施設としての柔軟で多様な集団編成、外的コロニーの位置づけによる施設と社会との結合、共同指導者の養成の側面には、ハンゼルマンの治療教育施設実践の思想が影響を与えていたのである。

註)
1) 教育困難児とは、現在の行動障害児・情緒障害児のことで、当時は、社会的要因による者も多く含まれていた。ハンゼルマンは、器質的要因による教育困難児を観察・判定し、その特殊教育を展開する必要性を主張した。
2) アルビスブルーン田園教育舎の取り組みは、次第にツェルトナーが中心となり、側面からの支援も、ハンゼルマンの後継者であるパウル・モアが担っていく。筆者は、『アルビスブルーンの25年』『アルビスブルーンの50年』の資料も入手しているが、本章では、あえてこれらの資料は用いず、ハンゼルマンの関わりが強かったアルビスブルーンの設立期に焦点をあてるために、『アルビスブルーンの5年』を主資料として用いている。
3) ハンゼルマンは、1912年から4年余り、ドイツのフランクフルト・アム・マイン近郊の「シュタインミューレ労働教育コロニー・観察施設」の施設長として教育実践に取り組んでいる。この施設は、1907年に補助学校を卒業した生徒の職業準備教育を目的に開設されたが、ハンゼルマンが施設長として就任して以降、軽度の教育困難児の比率は減少し、心理的精神的に固有の特性を持つ生徒の比率が高まったという。この施設での経験が、アルビスブルーン田園教育舎におけるハンゼルマンの構想に少なからず影響を与えている。
4) Hanselmann, H. (1926): Die Idee vom Albisbrunn., Ms., S.2.
5) dito., S.3.
6) アルビスブルーン財団は、現在も活動を続け、教育困難児等の特殊学校、各種施設の運営を行っている。特に、施設で作られる玩具はこの地の特産となっている。このアルビスブルーン財団と連絡をとり、諸資料を収集した。
7) Hanselmann, H. und Zeltner, M. (1930): Fünf Jahre Albisbrunn 1925-1929., Affoltern, S.4.
8) dito., S.5.
9) ハンゼルマン等が創ったアルビスブルーンの紋章には、3つのシンボル——2つの公園のすばらしいウェリントンと、ラインハルト氏が豊かで澄み切った流れる水を重んじることを教えた絶え間ない泉、3つの平行する波線——が描かれていた。それらは、この教育施設の3つの特徴(観察と教育と外的コロニー)を示し、3つの波線は、教育の課題と治療教育家の養成への協力の課題、共同指導者集団を創り上げるという課題の3つの課題を象徴しているとされる(Vgl. Hanselmann, H. (1926): a.a.O., S.6)。
10) この『治療教育の心理学的原則』(Die psychologischen Grundlagen der Heilpädagogik.)は、ハンゼルマンの大学教授資格取得論文であるが、70年以上がたって、漸く1997年にチューリッヒ大学のウルスラ・ホイニンゲン・スウェス教授の尽力により、マルホルト出版から刊行された。この論文は、ハンゼルマンの治療教育思想を解明する上で、極めて重要な論文である。
11) Hanselmann, H. und Zeltner, M.: a.a.O., S.6.

12) dito., S.9.
13) Hanselmann, H. (1926)：a.a.O.,S.5.
14) 山名淳（2000）『ドイツ田園教育舎研究』風間書房 321-351 頁参照。
15) dito., S.4.
16) dito.
17) Hanselmann, H. und Zeltner, M. : a.a.O., Ss.12-13.
18) dito., S.13.
19) dito., Ss.13-14.
20) Hanselmann, H. (1926)：a.a.O., Ss.5-6.
21) Hanselmann, H. und Zeltner, M. : a.a.O., S.15.
22) dito., S.17.
23) dito., S.18.
24) dito., S.19.
25) dito., S.23.

第 4 章

## ハンゼルマンと設立期のチューリッヒ治療教育セミナーの相関
### —ハンゼルマンの治療教育教員養成思想をめぐって—

## はじめに

　1924年に設立されたチューリッヒ治療教育セミナーは、スイスで最初に大学レベルの治療教育[1]教員養成を行ったジュネーブのクラパレードによるルソー研究所＜後のジュネーブ大学教育科学部＞（1912年—）やカトリック教圏最初の治療教育教員養成機関であったフリブール大学治療教育研究所（1934年—）とともに、スイスの大学レベルの治療教育教員養成を推進した3大機関の1つである[2]。ハンゼルマンは、このチューリッヒ治療教育セミナーの設立過程と設立後の運営・指導に大きく関わっていた。

　本章では、さらに、ハンゼルマンの治療教育思想と治療教育実践の相互の影響関係を解明するために[3]、設立期のチューリッヒ治療教育セミナーに対してハンゼルマンが果たした役割やこの時期のチューリッヒ治療教育セミナーに影響を与えたハンゼルマンの治療教育教員養成思想の特質を明らかにすることを目的とする。

　まず、研究対象を限定する上で、チューリッヒ治療教育セミナーの発展過程を、第1期：1919—1924年——ハンゼルマンが主導的役割を担った設立過程の時期、第2期：1924—1940年——ハンゼルマンがセミナー長として、セミナーの運営・指導を行った時期、第3期：1940—1961年——ハンゼルマンが特別委員会の議長に退き、後継者のモアがセミナー長として、セミナーの運営・指導を行った時期、第4期：1961—2001年——モアの後継者として、シュネーベルガー（Schneeberger, F.）等がセミナーを主導していくが、1973年のチューリッヒ大学特殊教育研究室の誕生により大学とセミナーが分離していく時期、第5期：2001年——2001年に、チューリッヒ治療教育セミナーがチューリッヒ各州間治療教育大学に昇格し、移転・拡充していく時期、に区分する。

　本章では、この第1期と第2期に焦点をあて、まず、モンタルタ（Montalta,

E.)の論稿[4]やドーレンブッシュ（Dohrenbusch, H.）の論稿[5]、当時のセミナーにおける週時表のマニュスクリプト、ハンゼルマンの論稿等を参照しながら、チューリッヒ治療教育セミナーの設立過程と設立期のチューリッヒ治療教育セミナーの内実を詳細に跡づけ、それらに対してハンゼルマンの果たした役割を浮き彫りにする。さらに、ハンゼルマンの論稿[6]を中心としながら、チューリッヒ治療教育セミナーの教員養成内容に影響を与えたハンゼルマンの治療教育教員養成思想の特質を明らかにしていく。

## 第1節　チューリッヒ治療教育セミナーの設立過程とハンゼルマンが果たした役割

　当初、チューリッヒ治療教育セミナーの設立を推進したのは、チューリッヒの盲・聾児施設の施設長であったヘップ（Hepp, J.）[7]であった。彼がチューリッヒ大学の教育学部門の教授であったリップス（Lipps, G. F.）に対して、チューリッヒ大学教育学研究所への治療教育セミナーの統合問題を打診したことが、1919年4月23日のスイス中央盲児協会への文書に記されている。ヘップは、ザンクトガレンの盲児施設長のアルトヘル（Altherr, V.）とも意見交換を重ね、1919年6月24日に、セミナー設立のための最初の予備協議の開催を主導する。この予備協議において、①要求課題、②セミナー対象者、③開設に向けた手段、④セミナー指導者、⑤事業への障害といった諸議題について話し合われた。そして、プロ・ユーベントゥーテ財団の本部長[8]であるハンゼルマン、ザンクトガレンの盲児施設長であるアルトヘル、教師のグラーフ（Graf, H.）、ターベントハルの管理責任者であるシュテルクル（Stärkle, P.）、レーゲンベルクの施設長のプリュア（Plüer, H.）を第2回予備協議に招待するよう決議された。この1919年7月5日のチューリッヒのシュトローホフで開かれた第2回予備協議で、次回の協議に向け、チューリッヒ治療教育セミナーのプログラムの作成を任されたのが、グローブ（Grob, R.）とハンゼルマンであった。既に第2回予備協議で、このような役割がハンゼルマンに与えられていたこと

は注目に値する。1919年10月4日、チューリッヒのシュトローホフで、第3回予備協議が開かれ、ハンゼルマン等がまとめたチューリッヒ治療教育セミナーのプログラムを基に、次のような議題で話し合いが進められた——Ⅰ．設立されるセミナーの指導理念（少なくとも1年間実践した教員が受け入れられる。看護師や幼稚園教諭は、当面、参加させない。目標：特殊学校と教育施設の教員養成。養成期間：1年。養成方法：大学におけるゼミナールの方法による寄宿制学校。閉じられた施設は、参加者を結びつけ、学問的自由のある厳しい研究を可能にする）、Ⅱ．教育計画、Ⅲ．活動費用について（スイスの異常児の教育や保護における法的原則の欠如、連邦補助金や障害保険の概略、連邦やカントンの社会局の計画的な課題等）——。

　この時期、プロ・ユーベントゥーテ財団の委員会が、治療教育セミナーの設立準備のために、財団の中央金庫から1500スイスフラン支払うよう決議した

チューリッヒ治療教育セミナー外観（Copyright HfH, Zürich）

ことを、ハンゼルマンはヘップに伝えている。その際、スイス精神薄弱児教育・保護協会、スイス読唇授業・言語治療授業教師連盟、スイス貧民教育協会、スイス中央盲児協会、スイス聾児保護協会、スイス肢体不自由児協会、スイス公益協会等の各専門団体の財政的協力の了承及び治療教育セミナーの地域的組織化がそのための条件とされている。ハンゼルマンは、スイスの各種障害者団体に影響力をもつプロ・ユーベントゥーテ財団の本部長であったことから、財政的援助を含め、セミナー設立の上で重要な役割を果たしていたことを見てとることができる。

この治療教育セミナー設立の上で1つの分岐点となるのが、治療教育セミナーの組織づくりを進める「チューリッヒ治療教育セミナー連盟」の設立であった。この設立会議が1920年6月10日に開催され、出席者は、教師のボスハルト（Bosshardt, E.：チューリッヒ）、プロ・ユーベントゥーテ財団本部長のハンゼルマン（チューリッヒ）、盲児施設長のアルトヘル（ザンクトガレン）、施設長のグローブ（チューリッヒ）、学校視察官のハフター（Hafter, E.：グラルス）、盲・聾児施設長のヘップ（チューリッヒ）、教師のヤウクス（Jauch, K.：チューリッヒ）、管理責任者のプリュア（シュリーレン）等であった。

1920年6月19日に「チューリッヒ治療教育セミナー連盟」の第1回委員会が開かれ、その後、この委員会は定期的に開催された。この連盟の第1回と第2回の委員会の議長は、ハンゼルマンが務めている。このような中、ハンゼルマン等がまとめた当初の治療教育セミナーの構想は、次第に変化し、セミナーが宗派を越えた通学制の学校となることや大学と緊密な結びつきを持つこと等が内容となっていく。

ハンゼルマンは、1921年11月3日に、チューリッヒの新教のセミナー理事との折衝の場で、セミナーの構想について報告をしている。それは、3年の下級コースと1―2年の上級コースを設置するという提案であった。最初の3年間は、これまでのように、国家セミナーの教育計画を基準とするが、講義には異常児に対するものも含むというものであった。下級コースの3年の後、学生は、正常児の学校か異常児の学校か進路決定し、一般の国民学校教師になろう

とする者は、別の教員養成施設の研修で修了する。異常児の学校を選択する者は、上級セミナーで治療教育についての教員養成を受けるというものであった。この報告の中でハンゼルマンが指摘したことは実現をみることはなかったが、後のスイスの治療教育教員養成の形態を先取りしている意味で、注目に値する内容である。

　その後も、「チューリッヒ治療教育セミナー連盟」の委員会は継続して開かれ、1922年5月18日の第9回委員会においては、治療教育セミナーと青年財団の事務局、異常児協会の事務局を1つにまとめることが目標として設定された。また、この時期、治療教育セミナーのチューリッヒ大学哲学学部Ⅰへの統合問題に関する精査委員会やチューリッヒ大学哲学学部Ⅰとチューリッヒ大学医学部の共同会議（1922年10月20日）が開催されている。これら全ての会議で、ハンゼルマンは連盟の代表者の役割を果たしていたという[9]。

　1922年11月8日の「チューリッヒ治療教育セミナー連盟」の第3回総会は、この時期のハンゼルマンの役割を知る上で重要な会議である。この総会の中で、ヤウクスとブリナー（Briner, R.）は、各委員会におけるハンゼルマンの働きから、ハンゼルマンが信頼に足る人物であること、ハンゼルマンがセミナーを指導する職務を引き受ける用意ができていることを指摘している[10]。この総会の決定に基づき、チューリッヒ州立議会は、この新たな治療教育教員養成施設に、州立学校通りの「トゥルネグハウス」の6部屋を割り当てるよう決定した。治療教育セミナーの開設は、当初の予定より1年遅れ、開所式が1924年4月8日、チューリッヒ・ボリスホーフェンの盲・聾児施設で開かれた。そして、1924年4月14日から正規の授業が開始されたのである。ハンゼルマンは、1940年まで、チューリッヒ治療教育セミナーのセミナー長であったが、1941年、セミナー長を後継者のパウル・モアに譲り、自らは、1942年、セミナーの特別委員会議長の職に就いた。ハンゼルマンは、1955年2月26日の辞任まで、その職に就き、さらに、1960年の死まで、特別委員会のメンバーとして、チューリッヒ治療教育セミナーと関わり続けたのである。

## 第2節　設立期のチューリッヒ治療教育セミナーの教員養成内容とハンゼルマン

　設立期の治療教育セミナーの財政・運営については、入手した『治療教育セミナーの計画』のマニュスクリプト[11]に詳細に示されている。チューリッヒ州教育局は、州の教育施設の教材・教室を提供し、非常勤講師や学生の実習費用を支給することにより、チューリッヒ治療教育セミナー連盟を支援した。その一方、チューリッヒ治療教育セミナー連盟は、州の教育局で受け入れられなかった運営資金については、連盟自身の問題であるとし、連邦の寄付金や教育局・他の部局の寄付金、公益団体・治療教育教員協会・保護協会の寄付金、個人の寄付金で賄った。ここで、注目すべきは、連盟がチューリッヒ大学への講師要請について教育局に提案する権利をセミナー長に与えている点である。さらに、チューリッヒ大学に要請しない講師についても、連盟がセミナー長の提案に基づき適切な講師を選ぶことになっていた。このことは、各講義と講師陣の選択がセミナー長に委ねられていたことを示しており、セミナー長であったハンゼルマンの治療教育教員養成に関する見解が、セミナーの教授内容に反映されやすいものになっていたといえる。

　以下、この時期のハンゼルマンによる『チューリッヒ治療教育セミナー』[12]と『治療教育教員養成について』[13]の論稿、入手した『治療教育セミナー開設の方針』『治療教育セミナーの計画』『週時表』のマニュスクリプト[14]を中心に、チューリッヒ治療教育セミナーにおける教員養成内容の詳細を明らかにする。

　1年間の正規の養成コースは、宗教や政治的信条、州の所属に関係なく、各州の教員免許を有し、少なくとも1年間の校務経験のある志願者全てに開かれていた[15]。最初の年度である1924年の入学者（女性教師5名、男性教師3名、計8名）に対しては1年間の養成コースが設けられたが、ハンゼルマン自らが指摘しているように[16]、この1年目は暫定期間として位置づけられる。理論的

知識の養成が1年の3分の1（夏学期）で、実践的基礎知識の養成である実習とセミナー演習が、1年の3分の2（夏学期と冬学期）を占めていた。このような養成期間の配分にも、治療教育教員養成に対するハンゼルマンの実践重視の見解が反映されている。しかし、この最初のセメスターの指導では、治療教育セミナーが設立されたばかりであり、ハンゼルマンは連盟の業務に時間を割かれ、学生との十分な関わりが持てなかったという[17]。そのような負の部分をハンゼルマンのこれまでの豊富な実践的理論的体験が補ったとされる。翌年の1925年から、養成期間は3セメスターとなり、教員養成が本格化していく。このことに影響を与えたのが、1925年の「教育困難児等のためのアルビスブルーン田園教育舎」の設立[18]とハンゼルマンのチューリッヒ大学私講師の就任であった。

まず、アルビスブルーン田園教育舎の設立は、ハンゼルマンの構想を基に、ラインハルトの多大な援助を得て実現をみたが、この施設実践に学生を参加させることにより、施設内容そのものを充実させるとともに、治療教育の日常的課題と結びつけた実り豊かな教員養成が可能になった。この実践的養成については、さらに学生は、冬学期に、3ヶ月間、異なる施設で実習を行った[19]。ここで注目すべき点は、学生が、実習期間、週に一度治療教育セミナーに集合し、午前中に演習を受けていることである。現在の教員養成にありがちなように、実習期間中受け入れ機関に全てを任せきってはいない。また、セミナー長と施設指導者の緊密な協力体制の確立によって、各学生の課題に応じた計画的な取り組みが可能になった。

さらに、ハンゼルマンの私講師就任は、ハンゼルマンが1924年に『治療教育の心理学的原則』[20]という論文を提出し、大学の教授資格を取得したことにより実現した。この時、「治療教育」の科目が、チューリッヒ大学哲学学部Ⅰの教授科目の1つとして認可を受けている。このハンゼルマンのチューリッヒ大学私講師就任により、チューリッヒ治療教育セミナー自体の研究や教員養成水準を高めると共に、チューリッヒ大学との密接な連携をも可能にした。このことが次に述べる理論的知識の養成内容にも影響を与えることになる。

理論的知識の養成については、筆者が入手した『週時表』（1924―1950）のマニュスクリプト（ハンゼルマン記入）に、概要が示されている。以下、入手できたもの全てを大きな節目で分けて紹介しつつ[21]、導き出される特色を指摘していく。

## (1) チューリッヒ大学治療教育講座の正教授就任（1931年）までの週時表とその特色〈チューリッヒ治療教育セミナー長としての治療教育教員養成開始（1924年）以降〉

103―107頁にこの期間の週時表を呈示し、この期間の養成の特色について述べる。

その週時表から、次のようなことを指摘することができる。

1924年度では、設立間もないということもあって、一般教育学（2コマ）、心理学（3コマ）、教育史、国民心理学等、一般的な教育学や心理学に関する科目数が多くなっている。特に、目を引くのは、脳解剖研究所の「解剖学・生理学・神経病理学」の講義であり、この1924年の開設時から組み込まれ、担当者・講義名は変わりながらも、1930年代、40年代と毎年継続して開講されている。ただ、この時点から、注目すべき2つの特徴を見出すことができる。1つは、設立期のチューリッヒ治療教育セミナーの特徴が、チューリッヒ大学哲学学部Ｉに対し機関としては独立していながらも、密接な関わりを持ち、セミナーの学生は心理学や教育史等の哲学学部Ｉの講義を履修することができたことである。このようなチューリッヒ大学とチューリッヒ治療教育セミナーの密接な関係は、その後の週時表を見ても、変わることなく続いている。特にその成果が最も現れたものは、ハンゼルマンの「治療教育」の科目の位置づけである。このハンゼルマンの手による科目は、1924年では、セミナーの科目としてのみ位置づけられていたが、1925年のチューリッヒ大学私講師就任を受けて、治療教育の講義が1時間、大学で行われるようになっている（後にハンゼルマンの大学での開講科目が増加）。以後、1927年に「治療教育入門」と名称は変わるが、ハンゼルマンがチューリッヒ大学正教授に就任した1931年まで、

セミナーと大学に各1時間ずつ設定されていた(後には、さらに時間数が増加している)。このような治療教育科目の設定については、ハンゼルマン自身が指摘しているように[22]、後に社会活動を担う神学・法学・医学・教育学の一般学生の聴講生への影響が周到に考えられていた。すなわち、チューリッヒ治療教育セミナーの学生のみならず、チューリッヒ大学の一般学生への治療教育の啓蒙も意識されていたのである。この点については、現在我が国の様々な教員養成機関の課題となっている全ての学生への「特別支援教育科目」の必修化論議にも繋がるもので注目される。また、このような「治療教育」の大学の科目としての位置づけは、チューリッヒ大学における後の治療教育講座の獲得を視野に入れた側面もあわせ持っていた。

2つ目の特徴は、実践現場との密接なつながりである。1924年度夏学期の週時表においても、学校・施設訪問が5コマ設けられていた。さらに、この学校・施設訪問と結びつけて、週に7—12時間、セミナー演習が設けられ、その演習をハンゼルマン自身が担当していた。「治療教育セミナーの計画」によれば、演習の内容は次のようになっている[23]。

・治療教育文献の批判的講読
・生徒についての口頭と文書による報告の観察と演習入門
・生徒の活動についての学生の報告の聴聞
・学校を退学し、施設を退所した異常児についての報告の聴聞
・異常児を特別に考慮した市民法や刑法の報告の聴聞
・異常児の体操入門
・少年裁判所の公判への参加

このセミナー演習の課題として、ハンゼルマンは、教員養成の側面において残されている不備を補うこと、様々な教育の見解を調整すること、教育の多くの部分を内的に関連づけ1つの全体へと形づくること、理論と実践の裂け目の克服により、治療教育の生活課題や日常の課題との直接的なつながりを見いだすことを挙げている。そのため、週時表にも示されているように、このセミナー演習と密接に関連づけながら、週1日か2日、学校訪問(難聴児特殊学級)

や施設訪問(盲・聾児施設、肢体不自由児施設、てんかん児施設、精神薄弱児施設、精神病者観察室、矯正施設等)が行われているのである[24]。

このような実践現場との密な連携と教育実習の重視は、その後の週時表にも反映され、チューリッヒ治療教育セミナーにおける教員養成の大きな特徴でもあった。特に、1927年度夏学期の週時表をみると、木曜日の学校・施設訪問の前日の水曜日に、まとめてセミナー演習が設定され、より実質的な連携がはかられたことがわかる。

また、1927年度夏学期の週時表では、「治療教育入門」(2コマ)に加え、障害名を含んだ最初の講義である「児童の言語障害」(2コマ)、「思考と記憶」(2コマ)、「解剖学と生理学」(3コマ)など、治療教育に関連する専門科目が主流を占め、演習形式の講義が行われていた。手工労働については、1924年度夏学期に4コマ、1927年度夏学期には6コマ、1929年夏学期にはエッシャーによる「手先の熟練と工作」と名称を変えながら、科目が設定され続けている。また、1925年度の夏学期からは、リズム体操(シャイブラウアー(Scheiblauer, M.)担当)が導入され(1933年度夏学期には、担当はバーメルト)、ハンゼルマンの意向もあり、チューリッヒ治療教育セミナーの重要な科目の1つとして位置づけられていった。ここで、注目すべきは、手工労働やリズム体操等が重視されていることである。この点についても、ハンゼルマンは、治療教育教員養成の課題として、「手先の器用さの養成と労働学校原理の育成に最も大きな価値をおいている」[25]ことを指摘していたのである。

さらに、1925年度のオーバーホルツァーの「精神分析等」や1929年度の夏学期には、精神療法(ルッツ(Lutz, J.)担当)も開講されている。ハンゼルマンは、既に1924年の大学教授資格取得論文である「治療教育の心理学的原則」において、意識とともに無意識的側面が共に影響を与えるという精神分析理論の大きな功績を見て取っていた。ただ、フロイトによる性の「衝動理論」には否定的で、むしろアドラーの個人心理学に接近していたと考えられる[26]。ところで、ハンゼルマンの治療教育思想の中核に位置づく「発達抑制」(Entwicklungshemmung)概念の起源に関しても、既に、18世紀後半に、ペスタロッチ

が、貧困家庭における児童の発達、成長、健康の妨害（Hemmung）について語り[27]、また、20世紀初頭には、「脳の発達抑制」の概念も一部使用されていた[28]。ハンゼルマンの治療教育思想形成期に、「Entwicklungshemmung」概念を普及させたのは、フロイトの『精神分析入門』である。フロイトは、外的障害による「退行」との関わりにおいて、一定の発達段階上の機能的「固着」を意味するものとして、「Entwicklungshemmung」の概念を用いていた。ハンゼルマンは、この神経症の原因究明をはかる狭義の意味ではなく、様々な障害児の心理的生起の変質を包括する広義の意味でその概念を捉え直したのである。

　このようなハンゼルマンの問題関心のもと、精神療法が教員養成の科目に採用されたといえよう。

表4-1 チューリッヒ治療教育セミナー・週時表（1924年度夏学期）

| 時間 | 月曜日 | 火曜日 | 水曜日 | 木曜日 | 金曜日 | 土曜日 |
|---|---|---|---|---|---|---|
| 午前7時〜8時 | | 衛生技術 ゴンツェンバッハ （セミナー） | 衛生技術 ゴンツェンバッハ （セミナー） | | | |
| 8時〜9時 | 演習 | | 学校・施設訪問 | 国民学校論 シュテットバッハ （大学） | 演習 | 教育史 フライターク （大学） |
| 9時〜10時 | 演習 | 演習 | 学校・施設訪問 | 演習 | 演習 | 解剖学・生理学・神経病理学 ミンコウスキー （脳解剖研究所） |
| 10時〜11時 | | | 学校・施設訪問 | | | 児童心理学 ブレシュナー （セミナー） |
| 11時〜12時 | | | 学校・施設訪問 | | | 児童心理学 ブレシュナー （セミナー） |
| 午後2時〜3時 | | | 学校・施設訪問 | | 手工労働 ウルリッヒ （セミナー） | |
| 3時〜4時 | 一般教育学 リップス （大学） | | 一般教育学 リップス （大学） | | 手工労働 ウルリッヒ （セミナー） | |
| 4時〜5時 | 精神病理学 トラマー （セミナー） | | | 国民心理学 シンツ （大学） | 手工労働 ウルリッヒ （セミナー） | |
| 5時〜6時 | 精神病理学 トラマー （セミナー） | 実験心理学 ズッター （大学） | 解剖学・生理学・神経病理学 ミンコウスキー （脳解剖研究所） | 実験心理学 ズッター （大学） | 手工労働 ウルリッヒ （セミナー） | |
| 6時〜7時 | 治療教育 ハンゼルマン （セミナー） | 心理学 リップス （大学） | 心理学 リップス （大学） | 心理学 リップス （大学） | 治療教育 ハンゼルマン （セミナー） | |

（＊この年のマニュスクリプトは、講師名と講義名の順序が逆に記載されている）

表4-2 チューリッヒ治療教育セミナー・週時表（1925年度夏学期）

| 時間 | 月曜日 | 火曜日 | 水曜日 | 木曜日 | 金曜日 | 土曜日 |
|---|---|---|---|---|---|---|
| 8時〜9時 | シャイブラウアー リズム体操（セミナー） | 学校・施設訪問 | フライターク 教育史（大学） | シュテットバッハ 国民学校論（大学） | シャイブラウアー リズム体操（ホール） | フライターク 教育史（大学） |
| 9時〜10時 | ミンコウスキー 解剖学・生理学・神経病理学（セミナー） | 演習 | シャルフ セミナー演習（セミナー） | シャルフ 講義（セミナー） | シャイブラウアー リズム体操・講義（ホール） | フライターク 教育史（大学） |
| 10時〜11時 | ハンゼルマン セミナー演習（セミナー） | 演習 |  | 演習 | ハンゼルマン セミナー演習（セミナー） | フライターク 教育史（大学） |
| 11時〜12時 | トラマー 精神病理学（セミナー） |  |  |  | ハンゼルマン セミナー演習（セミナー） |  |
| 午後2時〜3時 | トラマー 精神病理学（セミナー） |  | オーバーホルツァー 精神分析等（セミナー） |  | 手工労働 |  |
| 3時〜4時 | トラマー 精神病理学（セミナー） |  | オーバーホルツァー 精神分析等（セミナー） |  | 手工労働 |  |
| 4時〜5時 |  |  | ミンコウスキー 解剖学・生理学・神経病理学（脳解剖研究所） | ミンコウスキー 解剖学・生理学・神経病理学（脳解剖研究所） | 手工労働 |  |
| 5時〜6時 | ゴンツェンバッハ 衛生技術（セミナー） | ズッター 実験心理学入門（大学） | ブレッシュナー 感情と知能（大学） | ズッター 実験心理学（大学） | ブレッシュナー 感情と知能（大学） |  |
| 6時〜7時 | 治療教育 ハンゼルマン（セミナー） | 心理学 リップス（大学） | 心理学 リップス（大学） | 心理学 リップス（大学） | 治療教育 ハンゼルマン（大学） |  |

表4-3 チューリッヒ治療教育セミナー・週時表(1927年度夏学期:3セメスター制になって3年目)

| 時間 | 月曜日 | 火曜日 | 水曜日 | 木曜日 | 金曜日 | 土曜日 |
|---|---|---|---|---|---|---|
| 8時〜9時 | シャイブラウアー リズム体操(ホール) | 手工労働 | シュテットバッハ 国民学校論(大学) | 学校・施設訪問 | シャイブラウアー リズム体操(ホール) | フライタークー 教育史(大学) |
| 9時〜10時 | ブリナー 青年援助(セミナー) | 手工労働 | ハンゼルマン セミナー演習(セミナー) | 学校・施設訪問 | 手工労働 | フライタークー 教育史(大学) |
| 10時〜11時 | ブリナー 青年援助(セミナー) | 手工労働 | ハンゼルマン セミナー演習(セミナー) | 学校・施設訪問 | 手工労働 | |
| 11時〜12時 | シュラーギンハウフェン 解剖学と生理学(大学) | シュラーギンハウフェン 解剖学と生理学(大学) | ハンゼルマン セミナー演習(セミナー) | 学校・施設訪問 | 手工労働 | ズッター 性格検査(大学) |
| 午後2時〜3時 | | シュラーギンハウフェン 解剖学と生理学(大学) | トラマー 精神病理学(大学) | 学校・施設訪問 | | |
| 3時〜4時 | ミンコウスキー 解剖学・生理学・神経病理学(脳解剖研究所) | ズィルバーシュミット 衛生学(大学) | トラマー 精神病理学(大学) | ズィルバーシュミット 衛生学(大学) | ミンコウスキー 解剖学・生理学・神経病理学(脳解剖研究所) | |
| 4時〜5時 | | | キストラー 児童の言語障害(セミナー) | | | |
| 5時〜6時 | | ブレッシュナー 思考と記憶(大学) | キストラー 児童の言語障害(セミナー) | ブレッシュナー 思考と記憶(大学) | ハンゼルマン 治療教育入門(セミナー) | |
| 6時〜7時 | | リップス 心理学(大学) | リップス 心理学(大学) | リップス 心理学(大学) | 治療教育入門 ハンゼルマン(大学) | |

表 4-4　チューリッヒ治療教育セミナー・週時表（1928 年度夏学期）

| 時間 | 月曜日 | 火曜日 | 水曜日 | 木曜日 | 金曜日 | 土曜日 |
|---|---|---|---|---|---|---|
| 8 時〜9 時 | | 学校・施設訪問 | シュテットバッハ国民学校論（大学） | 学校・施設訪問 | 手工労働 | フライターク教育学演習・労働学校（大学） |
| 9 時〜10 時 | ブリナー青年援助（セミナー） | 学校・施設訪問 | ハンゼルマンセミナー演習 | 学校・施設訪問 | 手工労働 | フライターク教育学演習・労働学校（大学） |
| 10 時〜11 時 | ブリナー青年援助（セミナー） | 学校・施設訪問 | ハンゼルマン発達抑制児の人格理解についての演習（大学） | | 手工労働 | ハンゼルマンセミナー演習 |
| 11 時〜12 時 | シュラーギンハウフェン解剖学と生理学（大学） | 学校・施設訪問 | ハンゼルマン発達抑制児の人格理解についての演習（大学） | シュラーギンハウフェン解剖学と生理学（大学） | 手工労働 | ハンゼルマンセミナー演習 |
| 午後2 時〜3 時 | | シュラーギンハウフェン解剖学と生理学（大学） | トラマー精神病理学（大学） | | | |
| 3 時〜4 時 | ミンコウスキー解剖学・生理学・神経病理学（脳解剖研究所） | ズィルバーシュミット衛生学（大学） | トラマー精神病理学（大学） | | ミンコウスキー解剖学・生理学・神経病理学（脳解剖研究所） | |
| 4 時〜5 時 | | | キストラー児童の言語障害（セミナー） | | | |
| 5 時〜6 時 | フライターク教育史（大学） | ブレッシュナー思考と記憶（大学） | キストラー児童の言語障害（セミナー） | ブレッシュナー思考と記憶（大学） | ハンゼルマン治療教育入門（セミナー） | |
| 6 時〜7 時 | フライターク教育史（大学） | リップス心理学（大学） | リップス心理学（大学） | リップス心理学（大学） | ハンゼルマン治療教育入門（大学） | |

表 4-5 チューリッヒ治療教育セミナー・週時表（1929年度夏学期）

| 時間 | 月曜日 | 火曜日 | 水曜日 | 木曜日 | 金曜日 | 土曜日 |
|---|---|---|---|---|---|---|
| 8時〜9時 | | 学校・施設訪問 | シュテットバッハ 国民学校論（大学） | | 学校・施設訪問 | フライターク 教育学演習・19世紀のイギリスの学校（大学） |
| 9時〜10時 | ブリナー 青年援助（セミナー） | カッツェンシュタイン 神経病理学・解剖学（大学） | ハンゼルマン セミナー演習 | カッツェンシュタイン 神経病理学・解剖学（大学） | 学校・施設訪問 | フライターク 教育学演習・19世紀のイギリスの学校（大学） |
| 10時〜11時 | ブリナー 青年援助（セミナー） | ブリナー 青年援助（セミナー） | ハンゼルマン 発達抑制児の人格理解についての演習（大学） | カッツェンシュタイン 神経病理学・解剖学（大学） | 学校・施設訪問 | ハンゼルマン セミナー演習 |
| 11時〜12時 | シュラーギンハウフェン 解剖学と生理学（大学） | ブリナー 青年援助（セミナー） | ハンゼルマン 発達抑制児の人格理解についての演習（大学） | シュラーギンハウフェン 解剖学と生理学（大学） | 学校・施設訪問 | ハンゼルマン セミナー演習 |
| 午後2時〜3時 | | シュラーギンハウフェン 解剖学と生理学（大学） | トラマー 児童期の精神病理学（大学） | エッシャー 手先の熟練と工作（セミナー） | | |
| 3時〜4時 | ミンコウスキー 解剖学・生理学・神経病理学（脳解剖研究所） | ズィルバーシュミット 衛生学（大学） | トラマー 精神病理学（大学） | エッシャー 手先の熟練と工作（セミナー） | | |
| 4時〜5時 | | | キストラー 児童の言語障害（セミナー） | エッシャー 手先の熟練と工作（セミナー） | | |
| 5時〜6時 | フライターク 教育史（大学） | ブレッシュナー 思考と記憶（大学） | キストラー 児童の言語障害（セミナー） | ルッツ 精神療法（大学） | ハンゼルマン 治療教育入門（セミナー） | |
| 6時〜7時 | フライターク 教育史（大学） | リップス 簡単な意識状態（大学） | リップス 簡単な意識状態（大学） | リップス 簡単な意識状態（大学） | ハンゼルマン 治療教育入門（大学） | |

(2) 後継者のモアによるチューリッヒ治療教育セミナー長就任（1940年）までの週時表とその特色〈ハンゼルマンのチューリッヒ大学治療教育講座正教授就任（1931年）以降〉

110―120頁にこの期間の週時表を呈示し、この期間の養成の特色について述べる。

この時期の週時表からは、次第に治療教育独自の科目が充実していく様を見て取ることができる。1931年度夏学期のカリキュラムでは、「図画」が2時間設定され、1932年度夏学期には、「特殊学校の学校衛生」や「特殊学校の教授学」など、学校教育を明確に意図した科目が設定されている。また、フランクによる「音声・発語教育」も、この年から毎年、設定されるようになっていく。さらに、ハンゼルマンの「治療教育入門」は、2時間とも大学で行われるようになる。これには、1931年、ハンゼルマンがチューリッヒ大学において、ヨーロッパで初めて治療教育学講座の教授に就任したことも影響している。

1933年度の大きな特徴は、メイヤーの福祉に関する科目が設定され、以後、その時間が確保されていったこと、冬学期から、ハンゼルマンの後継者であるモアが、セミナー演習を3時間担当し、セミナーの取り組みに関わりだしたことである。1934年度の冬学期には、ブンダーリィの「特殊学級授業の方法論と教授学」やクンツの「聾唖教育の固有の課題」等の科目が設定されている。

1935年度の夏学期からは、ハンゼルマンとモアが協力し合い、取り組みが進められていく。夏学期では、ハンゼルマンが、「演習」4時間（セミナー）、「発達抑制児の人格の理解」2時間（大学）、「治療教育入門」2時間（大学）に対し、モアが、「演習」4時間（セミナー）、「新しい心理学入門」2時間（セミナー）担当している。冬学期では、ハンゼルマンが「演習」3時間（セミナー）、「発達抑制児の対処の方法」2時間（大学）、「治療教育入門」1時間（大学）、「治療教育入門Ⅱ」1時間（大学）、「児童心理学」1時間（セミナー）に対し、モアが、「演習」2時間（セミナー）、「個々の事例（検査・観察・教育計画）」2時間（セミナー）、「新たな心理学の選択された章の講読」1時間（セミナー）担当している。実質的には、「施設訪問」等は、モアが担当しており、大学で講

義も行うハンゼルマンを補佐し、セミナーの指導に深く関わっていく。

　1936年度の夏学期の大きな特徴は、「施設訪問」5時間、「特殊学級実習」5時間、「教育相談実習」4時間と、実習の中身が明確に示され設定されていることである。「教育相談実習」も初めて行われている。1936年度の冬学期には、「検査演習」（セミナー）も7時間確保され、ズィドラーの「教育相談と観察学級」1時間（セミナー）、ハンゼルマンの「教育相談」1時間、モアの「発達抑制児の処置の演習」2時間等、発達抑制児の理解・観察・教育相談にも力が入っている。

　さらに、1938年度ではハンゼルマンが夏学期、「児童の世界像」1時間（大学）や冬学期、「教育困難の児童・青年」2時間（大学）、「学校の児童の心理学」1時間（大学）など、固有のテーマを取り上げた講義を行っている。

　以上のような治療教育固有の科目の充実には、特殊学級や特殊学校の整備が進み、内容に即した科目が求められた結果であるといえよう。

表 4-6　チューリッヒ治療教育セミナー・週時表（1931 年度夏学期）

| 時間 | 月曜日 | 火曜日 | 水曜日 | 木曜日 | 金曜日 | 土曜日 |
|---|---|---|---|---|---|---|
| 8時〜9時 | カッツェンシュタイン<br>神経系の解剖学・生理学・病理学<br>(脳解剖研究所) | ルッツ<br>精神病理学<br>(セミナー) | シュテットバッハ<br>国民学校授業の一般教授学<br>(大学) | 観察・個々の事例と理論<br>(セミナー) | 学校・施設訪問 | ハンゼルマン<br>セミナー演習 |
| 9時〜10時 | カッツェンシュタイン<br>神経系の解剖学・生理学・病理学<br>(脳解剖研究所) | ルッツ<br>精神病理学<br>(セミナー) | セミナー演習 | シャイブラウアー<br>リズム<br>(ホール) | 学校・施設訪問 | ハンゼルマン<br>セミナー演習 |
| 10時〜11時 | | ブリナー<br>青年援助<br>(セミナー) | ハンゼルマン<br>発達抑制児の人格理解についての演習<br>(大学) | シャイブラウアー<br>リズム<br>(ホール) | 学校・施設訪問 | |
| 11時〜12時 | シュラーギンハウフェン<br>解剖学と生理学<br>(大学) | ブリナー<br>青年援助<br>(セミナー) | ハンゼルマン<br>発達抑制児の人格理解についての演習<br>(大学) | シュラーギンハウフェン<br>人間の解剖学と生理学の基礎<br>(大学) | 学校・施設訪問 | |
| 午後2時〜3時 | | シュラーギンハウフェン<br>人間の解剖学と生理学の基礎<br>(大学) | キャラルド<br>児童・青年の検査方法の精神技術学入門<br>(精神技術学研究所) | エッシャー<br>手労働<br>(セミナー) | | |
| 3時〜4時 | | | キャラルド<br>児童・青年の検査方法の精神技術学入門<br>(精神技術学研究所) | エッシャー<br>手労働<br>(セミナー) | | |
| 4時〜5時 | | ヴィツィヒ<br>図画<br>(セミナー) | キストラー<br>言語障害児<br>(セミナー) | エッシャー<br>手労働<br>(セミナー) | | |
| 5時〜6時 | シャイブラウアー<br>教育史<br>(大学) | ヴィツィヒ<br>図画<br>(セミナー) | キストラー<br>言語障害児<br>(セミナー) | エッシャー<br>手労働<br>(セミナー) | ハンゼルマン<br>治療教育入門<br>(セミナー) | |
| 6時〜7時 | ハンゼルマン<br>治療教育入門<br>(大学) | ズィドラー<br>児童心理学<br>(セミナー) | ズィドラー<br>児童心理学<br>(セミナー) | クレズィ<br>精神療法<br>(大学) | ハンゼルマン<br>治療教育入門<br>(大学) | |

表 4-7 チューリッヒ治療教育セミナー・週時表（1932年度夏学期）

| 時間 | 月曜日 | 火曜日 | 水曜日 | 木曜日 | 金曜日 | 土曜日 |
|---|---|---|---|---|---|---|
| 7時〜8時 | ハンゼルマン セミナー演習 | ハンゼルマン セミナー演習 | ハンゼルマン セミナー演習 | ハンゼルマン セミナー演習 | 学校・施設訪問 | |
| 8時〜9時 | カッツェンシュタイン 神経系の解剖学・生理学・病理学（脳解剖研究所） | ルッツ 精神病理学（大学） | シュテットバッハ 現在の学校問題（大学） | キストラー 言語障害児（セミナー） | 学校・施設訪問 | ヴィツィヒ 図画（セミナー） |
| 9時〜10時 | カッツェンシュタイン 神経解剖学・生理学・病理学（脳解剖研究所） | ルッツ 精神病理学（大学） | カッツェンシュタイン 神経解剖学・生理学・病理学（脳解剖研究所） | キストラー 言語障害児（セミナー） | 学校・施設訪問 | ヴィツィヒ 図画（セミナー） |
| 10時〜11時 | | | ハンゼルマン 発達抑制児の理解（大学） | | 学校・施設訪問 | |
| 11時〜12時 | シュラーギンハウフェン 解剖学と生理学（大学） | ブラウン 特殊学校の学校衛生（セミナー） | ハンゼルマン 発達抑制児の理解（大学） | シュラーギンハウフェン 人間の解剖学と生理学の基礎（大学） | 学校・施設訪問 | |
| 午後2時〜3時 | エッシャー 手の熟練（セミナー） | シュラーギンハウフェン 人間の解剖学と生理学の基礎（大学） | | | | |
| 3時〜4時 | エッシャー 手の熟練（セミナー） | | ブリナー 青年法（セミナー） | | | |
| 4時〜5時 | エッシャー 手の熟練（セミナー） | ヴィツィヒ 図画（セミナー） | ブリナー 青年法（セミナー） | ハンゼルマン 治療教育入門（大学） | ヴンダーリィ 特殊学校の教授学（セミナー） | |
| 5時〜6時 | バーメルト リズム（セミナー） | ハンゼルマン 批評的講読（大学） | ハンゼルマン 治療教育入門（大学） | ハンゼルマン 治療教育入門（大学） | ルッツ 精神病理学（大学） | |
| 6時〜7時 | バーメルト リズム（セミナー） | ズィドラー 児童心理学（セミナー） | ズィドラー 児童心理学（セミナー） | | フランク 音声・発語教育（セミナー） | |

表4-8 チューリッヒ治療教育セミナー・週時表（1933年度夏学期）

| 時間 | 月曜日 | 火曜日 | 水曜日 | 木曜日 | 金曜日 | 土曜日 |
|---|---|---|---|---|---|---|
| 7時〜8時 | ハンゼルマン セミナー演習 | ハンゼルマン セミナー演習 | ハンゼルマン セミナー演習 | ハンゼルマン セミナー演習 | 学校・施設訪問 | 様々な行事 |
| 8時〜9時 | キストラー 言語障害児 （セミナー） | ルッツ 精神病理学 （大学） | カッツェンシュタイン 神経解剖学・生理学・病理学 （脳解剖研究所） | グリセバッハ 心理学演習 （大学） | 学校・施設訪問 | 様々な行事 |
| 9時〜10時 | カッツェンシュタイン 神経解剖学・生理学・病理学 （脳解剖研究所） | ルッツ 精神病理学 （大学） | カッツェンシュタイン 神経解剖学・生理学・病理学 （脳解剖研究所） | カッツェンシュタイン 神経解剖学・生理学・病理学 （脳解剖研究所） | 学校・施設訪問 | 様々な行事 |
| 10時〜11時 | シュラーギンハウフェン 人間の解剖学と生理学の基礎 （大学） | ブリナー 青年法 （セミナー） | ハンゼルマン 発達抑制児の理解 （大学） | シュラーギンハウフェン 人間の解剖学と生理学の基礎 （大学） | 学校・施設訪問 | 様々な行事 |
| 11時〜12時 |  | ブリナー 青年法 （セミナー） | ハンゼルマン 発達抑制児の理解 （大学） | ブラウン 特殊学校の学校衛生 （セミナー） | 学校・施設訪問 |  |
| 午後2時〜3時 |  | シュラーギンハウフェン 人間の解剖学と生理学の基礎 （大学） | エッシャー 手の熟練 （セミナー） | バウムガルテス 精神技術学入門 （セミナー） |  |  |
| 3時〜4時 | ヴィツィヒ 図画 （セミナー） |  | エッシャー 手の熟練 （セミナー） | バウムガルテス 精神技術学入門 （セミナー） |  |  |
| 4時〜5時 |  |  | エッシャー 手の熟練 （セミナー） | ハンゼルマン 治療教育入門 （大学） | ズィドラー 児童心理学 （セミナー） |  |
| 5時〜6時 | ズィドラー 児童心理学 （セミナー） | ハンゼルマン 治療教育入門 （大学） |  | ハンゼルマン 治療教育入門 （大学） | ルッツ 精神病理学 （大学） |  |
| 6時〜7時 | ヴィツィヒ 授業と教育の感覚心理学 （大学） | ハンゼルマン 批評的講読 （大学） | シュテットバッハ 現在の学校問題 （大学） |  | フランク 音声・発語教育 （セミナー） |  |

表4-9 チューリッヒ治療教育セミナー・週時表(1933年度冬学期)

| 時間 | 月曜日 | 火曜日 | 水曜日 | 木曜日 | 金曜日 | 土曜日 |
|---|---|---|---|---|---|---|
| 8時〜9時 | ハンゼルマン セミナー演習 (セミナー) | ハンゼルマン セミナー演習 (セミナー) | | ハンゼルマン セミナー演習 (セミナー) | | |
| 9時〜10時 | カッツェンシュタイン 児童期神経病理学領域の個々の実例講義 (脳解剖研究所) | モア セミナー演習 (セミナー) | | モア セミナー演習 (セミナー) | | |
| 10時〜11時 | | メイヤー 社会福祉、特に異常児支援 (セミナー) | ハンゼルマン 教育困難児の対処法 (大学) | ヴィツィヒ 図画 (セミナー) | | |
| 11時〜12時 | モア セミナー演習 (セミナー) | ルッツ 精神療法概要 (セミナー) | | | ツォリンガー 青年期の教育心理学 (大学) | |
| 午後2時〜3時 | 施設実践の諸問題 (セミナー) | シュラーギンハウフェン 解剖学の本質と人間の生理学 (大学) | | 様々な授業と特殊学級の研究報告 (セミナー) | | |
| 3時〜4時 | | | ブンダーリィ 精神薄弱児の特殊学級の教授法 (セミナー) | | | |
| 4時〜5時 | | | | | ルッツ 精神病理学 (大学) | |
| 5時〜6時 | バーメルト リズム体操 (セミナー) | シュラーギンハウフェン 解剖学の本質と人間の生理学 (大学) | シュラーギンハウフェン 解剖学の本質と人間の生理学 (大学) | ハンゼルマン 治療教育入門 II (大学) | ヴィス 心理学と生物学の境界領域の問題 (大学) | |
| 6時〜7時 | | グリゼバッハ 教育的考察における心理学の基本問題 (大学) | ハンゼルマン 治療教育入門 II (大学) | グリゼバッハ 教育的考察における心理学の基本問題 (大学) | | |
| 7時〜8時 | | | | | ハンハルト 素質病理学と遺伝病理学 (大学) | |

表 4-10 チューリッヒ治療教育セミナー・週時表（1934 年度冬学期）

| 時間 | 月曜日 | 火曜日 | 水曜日 | 木曜日 | 金曜日 | 土曜日 |
|---|---|---|---|---|---|---|
| 8時〜9時 | ハンゼルマン セミナー演習（セミナー） | ハンゼルマン セミナー演習（セミナー） | モア セミナー演習（セミナー） | ハンゼルマン セミナー演習（セミナー） | カッツェンシュタイン 中枢神経解剖学・生理学・病理学（脳解剖研究所） | |
| 9時〜10時 | モア 心理学演習（セミナー） | モア セミナー演習（セミナー） | メイヤー 福祉事業（セミナー） | ハンゼルマン 討論（セミナー） | カッツェンシュタイン 中枢神経解剖学・生理学・病理学（脳解剖研究所） | |
| 10時〜11時 | | バーメルト リズム体操（セミナー） | ハンゼルマン 発達抑制児の対処についての演習（大学） | ヴィツィヒ 図画（セミナー） | | |
| 11時〜12時 | ルッツ 精神療法（セミナー） | バーメルト リズム体操（セミナー） | | | | |
| 午後2時〜3時 | | バウムガールトン 精神技術学入門（セミナー） | | ズィドラー 児童心理学（セミナー） | 施設実践の課題（セミナー） | |
| 3時〜4時 | グリーゼバッハ 教育心理学演習（大学） | | | | | |
| 4時〜5時 | | ブンダーリィ 特殊学級授業の方法論と教授学（セミナー） | | クンツ 聾唖教育の固有の課題（セミナー） | | |
| 5時〜6時 | シュテットバッハ ペスタロッチ（大学） | ルッツ 児童精神病理学（大学） | | ハンゼルマン 治療教育入門 II（大学） | シュテットバッハ ペスタロッチ（大学） | |
| 6時〜7時 | ヴィツィヒ 教育心理学入門（大学） | | ハンゼルマン 治療教育入門 II（大学） | フランク 音声・発語教育（セミナー） | | |

表4-11 チューリッヒ治療教育セミナー・週時表（1935年度夏学期）

| 時間 | 月曜日 | 火曜日 | 水曜日 | 木曜日 | 金曜日 | 土曜日 |
|---|---|---|---|---|---|---|
| 7時〜8時 | ハンゼルマン セミナー演習（セミナー） | ハンゼルマン セミナー演習（セミナー） | カッツェンシュタイン 中枢神経系の解剖学・生理学・病理学（脳解剖研究所） | カッツェンシュタイン 一般解剖学・生理学（脳解剖研究所） | 施設訪問 | |
| 8時〜9時 | モア セミナー演習（セミナー） | ルッツ 精神病理学（大学） | | ハンゼルマン 治療教育の理論演習（大学） | 施設訪問 | |
| 9時〜10時 | | | | ハンゼルマン セミナー演習（セミナー） | 施設訪問 | |
| 10時〜11時 | | | ハンゼルマン 発達抑制児の人格の理解（大学） | バーメルト リズム体操（セミナー） | 施設訪問 | |
| 11時〜12時 | | | ハンゼルマン 発達抑制児の人格の理解（大学） | バーメルト リズム体操（セミナー） | 施設訪問 | |
| 午後2時〜3時 | アッシャー 手の熟練（セミナー） | | | | | |
| 3時〜4時 | | ブリナー 青年法（セミナー） | | | | |
| 4時〜5時 | | | モア 新しい心理学入門（セミナー） | | | |
| 5時〜6時 | シュテットバッハ 学校の諸問題（大学） | キストラー 言語障害児（セミナー） | | ハンゼルマン 治療教育入門（大学） | ルッツ 精神病理学（大学） | |
| 6時〜7時 | ヴィツィヒ 教育心理学と実践演習（大学） | | ハンゼルマン 治療教育入門（大学） | ブラウン 治療教育と学校医（セミナー） | フランク 音声・発語教育（セミナー） | |

表4-12 チューリッヒ治療教育セミナー・週時表（1935年度冬学期）

| 時間 | 月曜日 | 火曜日 | 水曜日 | 木曜日 | 金曜日 | 土曜日 |
|---|---|---|---|---|---|---|
| 8時〜9時 | ハンゼルマン セミナー演習（セミナー） | シュテットバッハ 新たな教育学の歴史（大学） | モア セミナー演習（セミナー） | ハンゼルマン セミナー演習（セミナー） | カッツェンシュタイン 中枢神経系（脳解剖研究所） | |
| 9時〜10時 | モア 個々の事例（検査、観察、教育計画）（セミナー） | | メイヤー 福祉事業（セミナー） | | | |
| 10時〜11時 | | バーメルト リズム体操（セミナー） | ハンゼルマン 発達抑制児の対処の方法（大学） | ヴィツィヒ 図画（セミナー） | モア セミナー演習（セミナー） | |
| 11時〜12時 | ルッツ 精神療法（セミナー） | | | | ツォリンガー 青年期の教育心理学（大学） | |
| 午後2時〜3時 | | | | 施設実践の課題と特殊学級訪問 | | |
| 3時〜4時 | | | | | | |
| 4時〜5時 | ブンダーリィ 特殊学級授業の方法論と教授学（セミナー） | ズィドラー 教育相談と観察学級より（セミナー） | モア 新たな心理学の選択された章の講読（セミナー） | | フランク 音声・発語教育（セミナー） | |
| 5時〜6時 | | ハンゼルマン 児童心理学（セミナー） | | ハンゼルマン 治療教育入門（大学） | ルッツ 児童精神病理学（大学） | |
| 6時〜7時 | | グリーゼバッハ 一般教育学（大学） | ハンゼルマン 治療教育入門Ⅱ（大学） | グリーゼバッハ 一般教育学（大学） | | |

表4-13 チューリッヒ治療教育セミナー・週時表（1936年度夏学期）

| 時間 | 月曜日 | 火曜日 | 水曜日 | 木曜日 | 金曜日 | 土曜日 |
|---|---|---|---|---|---|---|
| 7時〜8時 | | ブラウン 治療教育の生物学的医学的前提（セミナー） | | ブラウン 治療教育の生物学的医学的前提（セミナー） | 施設訪問 | |
| 8時〜9時 | ハンゼルマン セミナー演習（セミナー） | ルッツ 精神病理学（大学） | 特殊学級の実習 | キストラー 言語障害（セミナー） | 施設訪問 | |
| 9時〜10時 | | | | キストラー 言語障害（セミナー） | 施設訪問 | |
| 10時〜11時 | モア セミナー演習（セミナー） | モア 発達抑制児の理解の方法（セミナー） | | ハンゼルマン セミナー演習（セミナー） | 施設訪問 | |
| 11時〜12時 | ハンゼルマン 批評的講読（大学） | | | モア セミナー演習（セミナー） | 施設訪問 | |
| 午後2時〜3時 | | | 教育相談実習（セミナー） | | | |
| 3時〜4時 | モア 新たな心理学入門（セミナー） | ブリナー 青年法（セミナー） | | バーメルト リズム体操（セミナー） | | |
| 4時〜5時 | | | | | フランク 音声・発語教育（セミナー） | |
| 5時〜6時 | | ハンゼルマン 児童の世界像（大学） | | ハンゼルマン 治療教育入門（大学） | ルッツ 精神病理学（大学） | |
| 6時〜7時 | | | ハンゼルマン 治療教育入門（大学） | | | |

表4-14 チューリッヒ治療教育セミナー・週時表（1936年度冬学期）

| 時間 | 月曜日 | 火曜日 | 水曜日 | 木曜日 | 金曜日 | 土曜日 |
|---|---|---|---|---|---|---|
| 8時〜9時 | モア 発達抑制児の処置の演習（セミナー） | モア 検査演習（セミナー） | ハンゼルマン セミナー演習（セミナー） | カッツェンシュタイン 神経学的症例報告（脳解剖研究所） | ハンゼルマン セミナー演習（セミナー） | |
| 9時〜10時 | | | | 検査演習（セミナー） | モア 特殊心理学（セミナー） | |
| 10時〜11時 | メイヤー 社会労働 異常者援助（セミナー） | | ヴィツィヒ 図画（セミナー） | | モア 講読（セミナー） | |
| 11時〜12時 | ルッツ 精神療法（セミナー） | | | | ツォリンガー 青年期の教育心理学（大学） | |
| 午後2時〜3時 | フランク 言語障害（セミナー） | | | ヘップ 施設実践の課題（セミナー） | ブラウン ドイツの学校医の症例報告（セミナー） | |
| 3時〜4時 | モア セミナー演習（セミナー） | | | | モア セミナー演習（セミナー） | |
| 4時〜5時 | ブンダーリィ 特殊学級授業（セミナー） | ズィドラー 教育相談と観察学級（セミナー） | | ヴィツィヒ 理論的教育学と実践的教育学（大学） | ルッツ 児童期の精神病理学（大学） | |
| 5時〜6時 | ハンゼルマン 児童の性的特質（大学） | ハンゼルマン 教育相談（大学） | ヴィツィヒ 教育原理（大学） | ハンゼルマン 治療教育入門（大学） | シュテットバッハ ペスタロッチ（大学） | |
| 6時〜7時 | | グリーゼバッハ 倫理学（大学） | ハンゼルマン 治療教育入門II（大学） | グリーゼバッハ 倫理学（大学） | | |

118

表 4-15　チューリッヒ治療教育セミナー・週時表（1938 年度夏学期）

| 時間 | 月曜日 | 火曜日 | 水曜日 | 木曜日 | 金曜日 | 土曜日 |
|---|---|---|---|---|---|---|
| 7時〜8時 |  | ブラウン<br>治療教育の生物学的医学的前提<br>（セミナー） |  | ブラウン<br>治療教育の生物学的医学的前提<br>（セミナー） | モア<br>施設訪問 |  |
| 8時〜9時 | モア<br>新たな心理学入門<br>（セミナー） | ルッツ<br>精神病理学<br>（大学） | モア<br>講義2の実習<br>（セミナー） | キストラー<br>児童期の言語障害<br>（セミナー） | モア<br>施設訪問 | モア<br>理解の方法<br>（セミナー） |
| 9時〜10時 |  |  |  | キストラー<br>言語障害<br>（セミナー） | モア<br>施設訪問 |  |
| 10時〜11時 | モア<br>セミナー演習<br>（セミナー） | モア<br>セミナー演習<br>（セミナー） |  | ハンゼルマン<br>セミナー演習<br>（セミナー） | モア<br>施設訪問 |  |
| 11時〜12時 |  | ハンゼルマン<br>セミナー演習<br>（セミナー） | ハンゼルマン<br>批評的講読<br>（大学） |  | モア<br>施設訪問 |  |
| 午後2時〜3時 | ドゥーブス<br>手の熟練コース<br>（オエリコンの山腹の校舎） |  | ドゥーブス<br>手の熟練コース<br>（オエリコンの山腹の校舎） |  |  |  |
| 3時〜4時 |  | パーメルト<br>リズム体操<br>（スタジオ） |  | ヴォルファー<br>青年法<br>（セミナー） |  |  |
| 4時〜5時 |  |  |  |  | ルッツ<br>精神病理学<br>（大学） |  |
| 5時〜6時 | ハンゼルマン<br>児童期の心理学<br>（大学） | ハンゼルマン<br>児童の世界像<br>（大学） | 教育相談実習<br>（セミナー） | ハンゼルマン<br>治療教育入門 I<br>（大学） | フランク<br>音声・発語教育<br>（セミナー） |  |

表 4-16 チューリッヒ治療教育セミナー・週時表（1938年度冬学期）

| 時間 | 月曜日 | 火曜日 | 水曜日 | 木曜日 | 金曜日 | 土曜日 |
|---|---|---|---|---|---|---|
| 8時〜9時 | モア 処置方法（セミナー） | 特殊学級実習 | カッツェンシュタイン 中枢神経病理生理学（脳解剖研究所） | ハンゼルマン セミナー演習（セミナー） | ハンゼルマン セミナー演習（セミナー） | |
| 9時〜10時 | | | | | メイヤー 社会労働（セミナー） | |
| 10時〜11時 | モア セミナー演習（セミナー） | | ハンゼルマン 教育相談の実践の個々の事例の討議（セミナー） | ヴィツィヒ 図画（セミナー） | モア 新たな心理学：ヘーベルリン・クラーゲス（セミナー） | |
| 11時〜12時 | ルッツ 精神療法（セミナー） | | | | モア セミナー演習（セミナー） | |
| 午後2時〜3時 | フランク 言語障害（セミナー） | | ドゥーブス 手の熟練のコース（オエリコンの山腹の校舎） | ヘップ 施設実践の課題（セミナー） | ブラウンとドィヒラー 学校医の症例報告（セミナー） | |
| 3時〜4時 | モア セミナー演習（セミナー） | | | | | |
| 4時〜5時 | 様々な療育の個々の報告（セミナー） | 様々な療育の個々の報告（セミナー） | | ヴィツィヒ 理論的教育学と実践的教育学（大学） | ルッツ 児童期の精神病理学（大学） | |
| 5時〜6時 | ハンゼルマン 学校の児童の心理学（大学） | ハンゼルマン 教育困難の児童・青年（大学） | | ハンゼルマン 教育困難の児童・青年（大学） | フランク 音声・発語教育（大学） | |
| 6時〜7時 | | | | | | |

(3) 1940年の後継者のモアによるチューリッヒ治療教育セミナー長就任から、第二次世界大戦後すぐまでの週時表とその特色〈1940年以降〉

この期間の週時表を124―134頁に呈示し、この期間の養成の特色について述べる。

1940年度に入ると、より一層、ハンゼルマンとモアの担当科目（特にモアの担当科目）が増加していく。これは、1940年から、モアがハンゼルマンの後継として、セミナー長に就任したことと関わっている。夏学期では、ハンゼルマンが、「演習」3時間（セミナー）、「治療教育入門」2時間（大学）、「批評的講読」2時間（大学）、「幼児心理学」1時間（セミナー）に対し、モアは、「治療教育心理学」2時間（セミナー）、「理解の方法」2時間（セミナー）、「批評的講読」1時間（セミナー）、「検査演習」4時間（セミナー）、「施設訪問」4時間を担当している。この時から、モアの主著の名称でもある「治療教育心理学」の講義が組み込まれている。冬学期では、ハンゼルマンが、「演習」3時間（セミナー）、「治療教育理論」と「心理学演習」2時間（大学）、「治療教育実践の個々のケースの討議」2時間（大学）、「非病的な精神的葛藤について」1時間（大学）に対し、モアは、「処置の方法」2時間（セミナー）、「演習」1時間（セミナー）、「治療教育心理学Ⅱ部」2時間（セミナー）、「特殊学級実習」4時間を担当している。

1941年度夏学期からの特徴としては、モアがロールシャッハ検査等を取り入れ、検査演習を充実させていったことがある。また、ハンゼルマンの「治療教育入門」に対し、モアの「治療教育心理学」がセミナーの主要科目となっていった。

また、1942年の冬学期から、これまでの聾唖児、言語障害児に加え、精神薄弱と銘打った科目が初めて設定され、ボリィが、以後、精神薄弱児（者）教育に関する科目を担当していった。

チューリッヒ治療教育セミナーのカリキュラムは、その後、1945年度、1946年度と、第二次世界大戦時・第二次世界大戦後も、全く途絶えることな

く設定され、教員養成が続けられていることを看取することができる。このような状況は、他の欧米諸国と比較した時、驚くべき状況であったといえる。他の諸国は、戦火の拡大と共に、教育や教員養成を行えるような状況になかったのに対し、スイスでは、当時の社会情勢を思えばかなり充実した科目設定がなされ、間断なく治療教育教員養成がなされていたのである。このような事実からも、戦後の欧米の障害児教育の復興をスイスが主導したことが看取されるのであり、その中でも、国際治療教育学会を足場として、ハンゼルマンが果たした役割は大きかったといえよう。

チューリッヒ治療教育セミナーの特色は、このような基本的養成だけにとどまらない。次のような、治療教育の各分野における数日間から数週間に及ぶ特別コースが開催されていた[29]。

① 1924年7月／8月：労働原理入門のための手工コース（初級と上級）――治療教育セミナーの7人の学生と22人の聴講生の参加、2週間に2回開催。
② 1925年1月19日／2月28日：難聴児（者）の教員のための養成コース――15人の聴講生と5人の臨時聴講生、スイス難聴者協会との共同。
③ 1925年7月20日／8月1日：労働原理と工芸入門のための手工コース（鞆皮細工労働と籐芯細工労働）――10人の聴講生。
④ 1925年10月12日／10月17日：精神薄弱児教員のための継続教育コース――80人の聴講生、スイス精神薄弱児教育・保護協会との共同。
⑤ 1926年3月10日／3月24日：手工コース（工芸労働、並びに鞆皮細工労働、籐芯細工労働）――6人の聴講生。
⑥ 1926年4月19日／4月24日：聾児の教員のための継続教育コース――50人の聴講生と10人の臨時聴講生、スイス聾・難聴児教育協会と共同。
⑦ 1926年8月1日／8月14日：手工コース（彫刻）――6人の聴講生。
⑧ 1926年10月7日／10月9日：労働教育女子教員のための治療教育入門――218人の聴講生、スイス労働教育女子教員協会との共同。
⑨ 1926年11月：施設指導者のための継続教育（主要テーマ・発達抑制児の理解）――42人の聴講生、教育困難児協会との共同。

筆者が入手できたものは、1924年から1926年にかけての特別コースの概要のみであるが、そこから次のような点を見て取ることができる。
　第一は、この治療教育セミナーが、学生への指導・養成のみならず、現職の治療教育教員や施設指導者の継続教育の役割も果たしていた点である。
　第二は、この特別コースにおいても、やはり手工コース重視の姿勢を見ることができる。また、特別コースによっては、スイス精神薄弱児教育・保護協会等、各種の発達抑制児（者）協会など、各種障害者団体と共同の取り組みがなされている点も注目される[30]。
　さらに、チューリッヒ治療教育セミナーは、社会に開かれた諸活動も展開し、治療教育の文献貸出や予防のための宣伝・啓発、印刷サービス等の諸課題を担い、職業相談や保護者への面接相談も行っていた。
　このように、チューリッヒ治療教育セミナーは、治療教育の実践研究と教員養成、啓蒙活動に関わる総合的なセンター的機能を有していたのであり、このような機関を創りあげる上で、ハンゼルマンは中心的な役割を果たしていたのである。

表4-17 チューリッヒ治療教育セミナー・週時表（1940年度夏学期）

| 時間 | 月曜日 | 火曜日 | 水曜日 | 木曜日 | 金曜日 | 土曜日 |
|---|---|---|---|---|---|---|
| 8時〜9時 | モア 理解の方法 (セミナー) | ルッツ 精神病理学 (大学) | ブラウン 治療教育の生物学的医学的前提 (セミナー) | モア 検査演習 (セミナー) | モア 施設訪問 | |
| 9時〜10時 | モア 理解の方法 (セミナー) | ルッツ 精神病理学 (大学) | ブラウン 治療教育の生物学的医学的前提 (セミナー) | モア 検査演習 (セミナー) | モア 施設訪問 | |
| 10時〜11時 | モア 批評的講読 (セミナー) | ハンゼルマン セミナー演習 (セミナー) | ハンゼルマン 批評的講読 (大学) | モア 検査演習 (セミナー) | モア 施設訪問 | |
| 11時〜12時 | ハンゼルマン セミナー演習 (セミナー) | ハンゼルマン セミナー演習 (セミナー) | | | | |
| 午後2時〜3時 | | | | ヴォルファー 青年法 (セミナー) | | |
| 3時〜4時 | | バーメルト リズム体操 (スタジオ) | | | | |
| 4時〜5時 | フランク 音声・発語教育 (セミナー) | バーメルト リズム体操 (スタジオ) | | | ルッツ 精神病理学 (大学) | |
| 5時〜6時 | ハンゼルマン 幼児心理学 (セミナー) | ハンゼルマン 治療教育入門 (大学) | ハンゼルマン 治療教育入門 (大学) | モア 治療教育心理学 (セミナー) | | |
| 6時〜7時 | ナドレクツィニィ 言語発達とその障害 (セミナー) | | ナドレクツィニィ 言語発達とその障害 (セミナー) | モア 治療教育心理学 (セミナー) | | |

表 4-18 チューリッヒ治療教育セミナー・週時表（1940 年度冬学期）

| 時間 | 月曜日 | 火曜日 | 水曜日 | 木曜日 | 金曜日 | 土曜日 |
|---|---|---|---|---|---|---|
| 8時〜9時 | モア<br>処置の方法<br>（セミナー） | 特殊学級実習 | カッツェンシュタイン<br>中枢神経系病理生理学<br>（脳解剖研究所） | ハンゼルマン<br>セミナー演習<br>（セミナー） | ヘップ<br>施設実践の課題<br>（セミナー） | |
| 9時〜10時 | モア<br>処置の方法<br>（セミナー） | 特殊学級実習 | カッツェンシュタイン<br>中枢神経系病理生理学<br>（脳解剖研究所） | ハンゼルマン<br>セミナー演習<br>（セミナー） | ヘップ<br>施設実践の課題<br>（セミナー） | |
| 10時〜11時 | モア<br>セミナー演習<br>（セミナー） | 特殊学級実習 | ハンゼルマン<br>治療教育理論と児童心理学演習<br>（大学） | ハンゼルマン<br>セミナー演習<br>（セミナー） | モア<br>治療教育心理学・Ⅱ部<br>（大学） | |
| 11時〜12時 | ルッツ<br>精神療法<br>（セミナー） | 特殊学級実習 | | メイヤー<br>社会労働<br>（セミナー） | モア<br>治療教育心理学・Ⅱ部<br>（大学） | |
| 午後2時〜3時 | | | | | | |
| 3時〜4時 | ブラウン<br>治療教育の生物学的医学的前提<br>（セミナー） | | | バーメルト<br>リズム体操<br>（スタジオ） | | |
| 4時〜5時 | フランク<br>音声・発語教育<br>（セミナー） | バーメルト<br>リズム体操<br>（スタジオ） | | バーメルト<br>リズム体操<br>（スタジオ） | ルッツ<br>児童・青年期の心的理解・Ⅱ部<br>（大学） | |
| 5時〜6時 | ハンゼルマン<br>非病的な精神的葛藤について<br>（大学） | ハンゼルマン<br>治療教育実践の個々のケースの討議<br>（大学） | ハンゼルマン<br>治療教育実践の個々のケースの討議<br>（大学） | | | |

表4-19 チューリッヒ治療教育セミナー・週時表(1941年度夏学期)

| 時間 | 月曜日 | 火曜日 | 水曜日 | 木曜日 | 金曜日 | 土曜日 |
|---|---|---|---|---|---|---|
| 8時〜9時 | モア 治療教育心理学 (セミナー) | ルッツ 精神病理学 (大学) | モア 理解の方法 (セミナー) | モア 検査演習 (セミナー) | モア 施設訪問 | |
| 9時〜10時 | モア 治療教育心理学 (セミナー) | ルッツ 精神病理学 (大学) | モア 理解の方法 (セミナー) | モア 検査演習 (セミナー) | モア 施設訪問 | |
| 10時〜11時 | モア セミナー演習 (セミナー) | ハンゼルマン セミナー演習 (セミナー) | ハンゼルマン 第一印象の心理演習 (大学) | モア 検査演習 (セミナー) | モア 施設訪問 | |
| 11時〜12時 | ハンゼルマン セミナー演習 (セミナー) | ハンゼルマン セミナー演習 (セミナー) | | | モア 施設訪問 | |
| 午後2時〜3時 | | | | | | |
| 3時〜4時 | | バーメルト リズム体操 (スタジオ) | | ヴォルファー 青年法 (セミナー) | | |
| 4時〜5時 | フランク 音声・発語教育 (セミナー) | バーメルト リズム体操 (スタジオ) | | ヴォルファー 青年法 (セミナー) | ルッツ 精神病理学 (大学) | |
| 5時〜6時 | キストラー 児童期の言語障害 (セミナー) | ハンゼルマン 治療教育入門 (大学) | ハンゼルマン 治療教育入門 (大学) | ブラウン 治療教育の生物学的医学的前提 (セミナー) | モア ロールシャッハ検査入門 (大学) | |
| 6時〜7時 | キストラー 児童期の言語障害 (セミナー) | | | ブラウン 治療教育の生物学的医学的前提 (セミナー) | | |

表4-20 チューリッヒ治療教育セミナー・週時表（1942年度夏学期）

| 時間 | 月曜日 | 火曜日 | 水曜日 | 木曜日 | 金曜日 | 土曜日 |
|---|---|---|---|---|---|---|
| 8時〜9時 | ルッツ<br>精神病理学<br>(大学) | ハンゼルマン<br>治療教育理論<br>演習<br>(大学) | ブラウン<br>治療教育の生物学的医学的前提<br>(セミナー) | モア<br>セミナー演習<br>(検査実習)<br>(セミナー) | モア<br>施設訪問 | |
| 9時〜10時 | ルッツ<br>精神病理学<br>(大学) | ハンゼルマン<br>治療教育理論<br>演習<br>(大学) | ブラウン<br>治療教育の生物学的医学的前提<br>(セミナー) | モア<br>セミナー演習<br>(検査実習)<br>(セミナー) | 施設訪問 | |
| 10時〜11時 | モア<br>セミナー演習<br>(セミナー) | | ハンゼルマン<br>第一印象の心理演習<br>(大学) | モア<br>セミナー演習<br>(検査実習)<br>(セミナー) | モア<br>施設訪問 | |
| 11時〜12時 | モア<br>セミナー演習<br>(セミナー) | ハンゼルマン<br>示唆と教育<br>(大学) | | | モア<br>施設訪問 | |
| 午後2時〜3時 | フランク<br>音声・発語教育<br>(セミナー) | | | | | |
| 3時〜4時 | ハンゼルマン<br>セミナー演習<br>(セミナー) | バーメルト<br>リズム体操<br>(スタジオ) | | ヴォルファー<br>青年法<br>(セミナー) | | |
| 4時〜5時 | ハンゼルマン<br>セミナー演習<br>(セミナー) | バーメルト<br>リズム体操<br>(スタジオ) | ヴォルファー<br>青年法<br>(セミナー) | | ルッツ<br>精神病理学<br>(大学) | |
| 5時〜6時 | | キストラー<br>児童期の言語障害<br>(セミナー) | ヴォルファー<br>青年法<br>(セミナー) | | | |
| 6時〜7時 | ハンゼルマン<br>児童心理学入門<br>(大学) | キストラー<br>児童期の言語障害<br>(セミナー) | モア<br>ロールシャッハ検査の試行<br>(大学) | | ルッツ<br>児童期・青年期の精神疾患<br>(大学) | |

表 4-21　チューリッヒ治療教育セミナー・週時表（1942 年度冬学期）

| 時間 | 月曜日 | 火曜日 | 水曜日 | 木曜日 | 金曜日 | 土曜日 |
|---|---|---|---|---|---|---|
| 8時〜9時 | モア 治療教育心理学Ⅱ（セミナー） | ハンゼルマン 新たな治療教育文献の批評的講読（大学） | カッツェンシュタイン 中枢神経系の病理生理学（脳解剖研究所） | 特殊学級実習 | ルッツ 精神療法（11月20日から開始）（大学） | |
| 9時〜10時 | モア 治療教育心理学Ⅱ（セミナー） | ハンゼルマン 治療教育理論演習（大学） | ブラウン 治療教育の生物学的医学的前提（セミナー） | 特殊学級実習 | ヘップ 施設実践の課題（セミナー） | |
| 10時〜11時 | メイヤー 社会労働（セミナー） | | モア 治療教育の処置方法（大学） | 特殊学級実習 | ヘップ 施設実践の課題（セミナー） | |
| 11時〜12時 | ルッツ 精神療法（11月20日から開始）（セミナー） | ハンゼルマン 共同社会への教育（大学） | | | | |
| 午後2時〜3時 | ドイヒラー 学校医療の症例報告（セミナー） | | | モア セミナー演習（11月13日から）（セミナー） | ボリィ：精神薄弱者教育の課題（10月9日〜11月6日）・アマン：聾唖者教育の課題（1943年の1月8日〜1月29日）（セミナー） | |
| 3時〜4時 | ハンゼルマン セミナー演習（セミナー） | バーメルト リズム体操（スタジオ） | | モア セミナー演習（11月13日から）（セミナー） | ボリィ：精神薄弱者教育の課題（10月9日〜11月6日）・アマン：聾唖者教育の課題（1943年の1月8日〜1月29日）（セミナー） | |
| 4時〜5時 | ハンゼルマン セミナー演習（セミナー） | バーメルト リズム体操（スタジオ） | | | ルッツ 児童・青年期の精神疾患（大学） | |
| 5時〜6時 | フランク 音声・発語教育（セミナー） | モア 発達抑制の要因としての素質と環境（セミナー） | | | | |
| 6時〜7時 | ハンゼルマン 反社会的なこと（大学） | | | | | |

表 4-22 チューリッヒ治療教育セミナー・週時表（1943 年度夏学期）

| 時間 | 月曜日 | 火曜日 | 水曜日 | 木曜日 | 金曜日 | 土曜日 |
|---|---|---|---|---|---|---|
| 8時〜9時 | ルッツ 精神病理学（大学） | ハンゼルマン 新たな児童心理学の文献の批評的講読（大学） | ブラウン 治療教育の生物学的医学的前提（セミナー） | モア 検査実習（セミナー） | モア 施設訪問 | |
| 9時〜10時 | ルッツ 精神病理学（大学） | ハンゼルマン 新たな児童心理学の文献の批評的講読（大学） | ブラウン 治療教育の生物学的医学的前提（セミナー） | モア 検査実習（セミナー） | モア 施設訪問 | |
| 10時〜11時 | モア セミナー演習（セミナー） | バーメルト リズム体操（スタジオ） | モア 治療教育心理学Ⅰ部（大学） | モア 検査実習（セミナー） | モア 施設訪問 | |
| 11時〜12時 | モア セミナー演習（セミナー） | バーメルト リズム体操（スタジオ） | | | モア 施設訪問 | |
| 午後2時〜3時 | フランク 音声・発語教育（セミナー） | | | | | |
| 3時〜4時 | モア 治療教育の理解の方法（セミナー） | | | | | |
| 4時〜5時 | モア 治療教育の理解の方法（セミナー） | キストラー 児童期の言語障害（セミナー） | ヴォルファー 青年法（セミナー） | | ルッツ 精神病理学（大学） | |
| 5時〜6時 | ハンゼルマン 児童・青年の性的発達と発達上の問題（大学） | キストラー 児童期の言語障害（セミナー） | ヴォルファー 青年法（セミナー） | | モア 治療教育入門（大学） | |
| 6時〜7時 | ハンゼルマン 児童・青年の性的発達と発達上の問題（大学） | | | | ルッツ 児童期・青年期の精神疾患（大学） | |

表4-23 チューリッヒ治療教育セミナー・週時表（1943年度冬学期）

| 時間 | 月曜日 | 火曜日 | 水曜日 | 木曜日 | 金曜日 | 土曜日 |
|---|---|---|---|---|---|---|
| 8時〜9時 | モア 治療教育の処置方法（セミナー） | ハンゼルマン 治療教育理論演習（重度障害児・教育不可能児の個々の事例の批評）（大学） | モア 治療教育心理学・Ⅱ部（大学） | 特殊学級実習 | モア 治療教育診断と教育計画（個々の事例の演習）（大学） | |
| 9時〜10時 | モア 治療教育の処置方法（セミナー） | ハンゼルマン 新たな児童心理学の文献の批評的講読（大学） | モア 治療教育心理学・Ⅱ部（大学） | 特殊学級実習 | モア 治療教育診断と教育計画（個々の事例の演習）（大学） | |
| 10時〜11時 | メイヤー 社会労働（セミナー） | ヘップ 施設実践の課題（セミナー） | ドイヒラー 社会医学的症例報告：随時、ヴォルファー青年法の実践的演習（セミナー） | 特殊学級実習 | バーメルト リズム体操（スタジオ） | |
| 11時〜12時 | ルッツ 精神療法（セミナー） | ヘップ 施設実践の課題（セミナー） | | | バーメルト リズム体操（スタジオ） | |
| 午後2時〜3時 | フランク 音声・発語教育（セミナー） | ボリィ 精神薄弱者教育の課題（セミナー） | | | カッツェンシュタイン 中枢神経系の病理生理学（脳解剖研究所） | |
| 3時〜4時 | モア 治療教育の理解の方法（セミナー） | ボリィ 精神薄弱者教育の課題（セミナー） | | | カッツェンシュタイン 中枢神経系の病理生理学（脳解剖研究所） | |
| 4時〜5時 | モア 治療教育の理解の方法 | アマン 聾唖児教育の課題（セミナー） | | | ルッツ 児童・青年期の精神疾患（大学） | |
| 5時〜6時 | | キストラー 児童期の言語障害（セミナー） | | | | |
| 6時〜7時 | ハンゼルマン 児童・青年の性的発達と発達の問題（大学） | | | | | |

表 4-24　チューリッヒ治療教育セミナー・週時表（1944 年度夏学期）

| 時間 | 月曜日 | 火曜日 | 水曜日 | 木曜日 | 金曜日 | 土曜日 |
|---|---|---|---|---|---|---|
| 7時〜8時 | | | | ブラウン 治療教育の生物学的医学的前提（セミナー） | 施設訪問 | |
| 8時〜9時 | ルッツ 精神病理学（大学） | ハンゼルマン 演習：運命分析理論入門（大学） | モア 治療教育心理学Ⅰ（セミナー） | ブラウン 治療教育の生物学的医学的前提（セミナー） | 施設訪問 | |
| 9時〜10時 | ルッツ 精神病理学（大学） | ハンゼルマン 演習：運命分析理論入門（大学） | ブラウン 治療教育の生物学的医学的前提（セミナー） | 半日実習 | 施設訪問 | |
| 10時〜11時 | モア 治療教育入門（セミナー） | モア 治療教育の理解の方法（大学） | バーメルト リズム体操（スタジオ） | 半日実習 | 施設訪問 | |
| 11時〜12時 | モア 治療教育入門（セミナー） | モア 治療教育の理解の方法（大学） | | | 施設訪問 | |
| 午後2時〜3時 | フランク 音声・発語教育（セミナー） | | | | | |
| 3時〜4時 | モア 治療教育の理解の方法（セミナー） | | ヴォルファー 青年法（セミナー） | モア 半日実習についてのセミナー演習（セミナー） | | |
| 4時〜5時 | モア ロールシャッハ検査の試行（大学） | | ヴォルファー 青年法（セミナー） | モア 半日実習についてのセミナー演習（セミナー） | ルッツ 精神病理学（大学） | |
| 5時〜6時 | ハンゼルマン 人間の自我（精神遺伝的考察・治療教育の考察）（大学） | | ヴォルファー 青年法（セミナー） | | | |
| 6時〜7時 | ハンゼルマン 人間の自我（精神遺伝的考察・治療教育の考察）（大学） | | | | ルッツ 児童期・青年期の精神疾患（大学） | |

表4-25 チューリッヒ治療教育セミナー・週時表（1944年度冬学期）

| 時間 | 月曜日 | 火曜日 | 水曜日 | 木曜日 | 金曜日 | 土曜日 |
|---|---|---|---|---|---|---|
| 8時〜9時 | モア 治療教育心理学Ⅱ（セミナー） | ハンゼルマン 教育相談（個々の事例と構成）（大学） | カッツェンシュタイン 中枢神経系の精神病理学（脳解剖研究所） | 特殊学級実習 | モア 治療教育の処置方法（大学） | |
| 9時〜10時 | モア 治療教育の処置方法（セミナー） | ハンゼルマン 教育相談（個々の事例と構成）（大学） | カッツェンシュタイン 中枢神経系の精神病理学（脳解剖研究所） | 特殊学級実習 | モア 治療教育の処置方法（大学） | |
| 10時〜11時 | メイヤー 社会労働（セミナー） | ヘップ 施設実践の課題（セミナー） | モア セミナー演習（セミナー） | 特殊学級実習 | | |
| 11時〜12時 | ルッツ 精神療法（セミナー） | ヘップ 施設実践の課題（セミナー） | | | | |
| 午後2時〜3時 | シャイブラウアー 発達抑制児のリズム教育（ホール） | アマン 聾唖児教育の課題（セミナー） | ボリィ 精神薄弱者教育の課題（セミナー） | ルヒジンガー 音声・発語の病理・治療・衛生（大学） | | |
| 3時〜4時 | シャイブラウアー 発達抑制児のリズム教育（ホール）（セミナー） | アマン 聾唖児教育の課題（セミナー） | ボリィ 精神薄弱者教育の課題（セミナー） | ルヒジンガー 音声・発語の病理・治療・衛生（大学） | | |
| 4時〜5時 | ドイヒラー 学校医療の症例報告（セミナー） | モア 不良（大学） | | | ルッツ 児童・青年期の精神疾患（大学） | |
| 5時〜6時 | ハンゼルマン 反抗について（大学） | モア 不良（大学） | | | | |
| 6時〜7時 | ハンゼルマン 反社会的なもの（大学） | | | | リッケンバッハ スイスの社会的保護（大学） | |

表 4-26　チューリッヒ治療教育セミナー・週時表（1945 年度夏学期）

| 時間 | 月曜日 | 火曜日 | 水曜日 | 木曜日 | 金曜日 | 土曜日 |
|---|---|---|---|---|---|---|
| 8時〜9時 | ルッツ 精神病理学（大学） | ハンゼルマン 演習：人格理解のためのサイコグラムと他の簡単な様式（大学） | カッツェンシュタイン 治療教育の医学的生物学的前提（脳解剖研究所） | モア 検査実習 | 施設訪問 | |
| 9時〜10時 | ルッツ 精神病理学（大学） | ハンゼルマン 演習：人格理解のためのサイコグラムと他の簡単な様式（大学） | カッツェンシュタイン 治療教育の医学的生物学的前提（脳解剖研究所） | モア 検査実習 | 施設訪問 | |
| 10時〜11時 | モア 治療教育入門（セミナー） | モア 治療教育の理解の方法（大学） | バーメルト リズム体操（スタジオ） | モア 検査実習 | 施設訪問 | |
| 11時〜12時 | モア 治療教育入門（セミナー） | モア 治療教育の理解の方法（大学） | | | 施設訪問 | |
| 午後2時〜3時 | フランク 音声・発語教育（セミナー） | | | | | |
| 3時〜4時 | モア 治療教育の理解の方法（セミナー） | | ヴォルファー 青年法（セミナー） | モア 半日実習についてのセミナー演習（セミナー） | | |
| 4時〜5時 | モア ロールシャッハ検査の試行（大学） | | ヴォルファー 青年法（セミナー） | モア 半日実習についてのセミナー演習（セミナー） | ルッツ 精神病理学（大学） | |
| 5時〜6時 | ハンゼルマン 人間の自我（精神遺伝的考察・治療教育の考察）（大学） | | ヴォルファー 青年法（セミナー） | | | |
| 6時〜7時 | ハンゼルマン 人間の自我（精神遺伝的考察・治療教育の考察）（大学） | | | | ルッツ 児童期・青年期の精神疾患（大学） | |

第 4 章　ハンゼルマンと設立期のチューリッヒ治療教育セミナーの相関

表 4-27 チューリッヒ治療教育セミナー・週時表（1946 年度夏学期）

| 時間 | 月曜日 | 火曜日 | 水曜日 | 木曜日 | 金曜日 | 土曜日 |
|---|---|---|---|---|---|---|
| 8 時〜9 時 | ルッツ<br>精神病理学<br>（大学） | ハンゼルマン<br>演習：新たな<br>治療教育文献<br>の批評的講読<br>（大学） | （7：30〜9：00）<br>ブラウン<br>治療教育の医<br>学的生物学的<br>前提<br>（セミナー） | 特殊学級実習 | 施設訪問 | |
| 9 時〜10 時 | ルッツ<br>精神病理学<br>（大学） | ハンゼルマン<br>演習：プロ・<br>ユーベントゥー<br>テの憲章<br>（大学） | ブラウン<br>治療教育の医<br>学的生物学的<br>前提<br>（セミナー） | 特殊学級実習 | 施設訪問 | |
| 10 時〜11 時 | モア<br>治療教育入門<br>（セミナー） | ハンゼルマン<br>治療教育のコ<br>ロキウム<br>（セミナー） | （9：30〜11：00）<br>モア<br>治療教育入門<br>（セミナー） | 特殊学級実習 | 施設訪問 | |
| 11 時〜12 時 | モア<br>治療教育入門<br>（セミナー） | モア<br>セミナー演習<br>（セミナー） | | | 施設訪問 | |
| 午後2 時〜3 時 | フランク<br>音声・発語教育<br>（セミナー） | バーメルト<br>リズム体操<br>（スタジオ） | | ルヒジンガー<br>音声・発語の病<br>理・治療・衛生<br>（大学） | | |
| 3 時〜4 時 | モア<br>治療教育の理<br>解の方法<br>（セミナー） | バーメルト<br>リズム体操<br>（スタジオ） | ヴォルファー<br>青年法<br>（セミナー） | ルヒジンガー<br>音声・発語の<br>病理・治療・<br>衛生<br>（大学） | | |
| 4 時〜5 時 | モア<br>ロールシャッ<br>ハ検査の試行<br>（大学） | モア<br>治療教育の理<br>解とロール<br>シャッハ検査<br>の試行<br>（大学） | ヴォルファー<br>青年法<br>（セミナー） | | ルッツ<br>精神病理学<br>（大学） | |
| 5 時〜6 時 | ハンゼルマン<br>児童期の怠惰<br>について<br>（大学） | モア<br>治療教育の理解<br>とロールシャッ<br>ハ検査の試行<br>（大学） | | | フランク<br>音声・発語教<br>育<br>（セミナー） | |
| 6 時〜7 時 | ハンゼルマン<br>児童・青年の<br>社会意識の本<br>質・発達・混乱<br>（大学） | | | | ルッツ<br>児童期・青年<br>期の精神疾患<br>（大学） | |

## 第3節 ハンゼルマンの治療教育教員養成思想とチューリッヒ治療教育セミナーの相関

　チューリッヒ治療教育セミナーの養成内容に影響を与えたのは、次のようなハンゼルマンの治療教育教員養成に関する見解である。

　第一は、ハンゼルマンにおける発達抑制理念に基づく治療教育教員養成の考え方である。ハンゼルマンの治療教育思想の中核に位置づく発達抑制理念は、ハンゼルマンの治療教育教員養成の考え方に大きな影響を与えている。ハンゼルマンは、『チューリッヒ治療教育セミナー』の論稿の中でも、発達抑制の論を展開している[31]。ハンゼルマンにとって、発達抑制とは、1. 感覚欠損（弱視、近視、難聴）、2. 一般的精神薄弱、3. 様々な要因による精神病理（ヒステリーやてんかん等）であり、各々の永続的な精神生活の侵害は、単なる知覚の欠損ではなく、全精神生活の永続的な変化である。そのために、特別な授業や教育は避けて通ることはできないとされる。

　例えば、精神薄弱児においては、通常の学校活動の単なる量的な教材の減少ではなく、全く新しい方法や目標が提示されなければならない。精神薄弱児は、数の計算や読み書きよりも、特に生活することや労働することを学ばなければならないという[32]。その前提として、ただ、精神薄弱児においてだけではなく、まず、指導者自らが主知主義から解放され、時代精神の一面的な理解賛美から、人格の基底としての感情生活にも新たな価値を置くことが必要とされた。ハンゼルマンにおいては、思考と感情、行動は、たえず絡み合い、解き放つことができない3つの統一体であり、発達が抑制されない時は、この3つの統一体は、調和的である。しかし、その発達が慢性的に抑制される外的内的要因が生じ、3つの統一体は、人格的に変化するという。

　ハンゼルマンにとって、このような感覚欠損児、精神薄弱児、精神病理の子どもの全人格的理解やこの把握した全人格への対応の方法を教授することがチューリッヒ治療教育セミナーの中心的課題であった。心理学や病理学の講義

と共に、治療教育学という新たな学問の定式化とそれに基づく講義の導入によって、このことが可能になったのである。

この時代の多くの補助学校並びに特殊学校においては、主知主義に基づき、一般教育の方法を模倣した授業が導入され、軽度の障害児以外は、教育効果が望めない状況にあった。従って、治療教育家の間には、悲観主義・宿命論が支配し、学校拒否の観点から、治療教育の対象が限定されることになった。その上、当時の経済的実利主義の思潮と優生学の議論の隆盛は、障害児（者）の存在価値そのものに疑念の目も向けられた。ハンゼルマンによれば、1931年当時、スイスでは、約5万人の児童・青年が、治療教育を受けられずに放置され、専門家には、早期発見・早期治療を実施する学問的前提が欠如していたという[33]。ハンゼルマンは、このような状況を克服し、障害児（者）に実質的な教育・保護を保障するために、一般の教育とは異なった特殊な教育・保護を求める基準として、発達抑制の捉え直し・拡充をはかり、教員養成にも組み込んだのである。

第二は、運動原理への着目とリズム体操に基づく治療教育教員養成の考え方である。

ハンゼルマンは、運動原理に対し何を求めるかと問いかけ、まず、発達との関連を指摘している[34]。ハンゼルマンにとっては、受容―同化―排出の一連の過程が重要であり、授業や教育の課題とは、計画的に目標を意識して、この受容―同化―排出を導くことであった。人間は、社会的存在であり、受容したもの、同化したものを活用し、行為（排出）に移さなければならないが、これまで、教育学においては、受容や同化に対し、十分に強化する方法が得られているが、第三の過程である排出については、十分顧慮されてこなかったという[35]。

ハンゼルマンは、運動原理において、この行為の在り方について言及している。行為は、計画的な目標を意識した運動であり、運動の制御であるという。例えば、待つことができる意味で、子どもが1日の多くの時間、静かに座り続け、ただ受け入れているような状況が学校の理想像ではないことが指摘される。「活動原理」によって根拠づけられる「子どもの活動化」が重要であり、この

ようなものとして、手先の器用さの授業、体操や書写、描画、休み時間の自由な運動、運動遊びが挙げられている。

ここで重要なことは、ハンゼルマンが、ただ単に、表現教育を表現技術や運動様式の意味だけで捉えていないことである。

ハンゼルマンにとっては、知ることからできることへ、知識から応用へと到達しようとする気持ち（気分）の促進こそが重要なのである。このような気持ちが、多くの者に欠如していることから、まさに感情の教育、意欲の教育こそが、運動原理に求められ、このような教育目標が、児童期に設定されなければならないという[36]。

そこで、ハンゼルマンが着目したのは、バラウックマン（Brauckmann, K.）の難聴児の理論と実践やシャイブラウアー（Scheiblauer, M.）の聾啞児の授業の試み、ヤクエス・ダルクローゼ（Jaques-Dalcroze, E.）の理論であった。チューリッヒ治療教育セミナーの講師でもあるシャイブラウアーが指摘するように[37]、ヤクエス・ダルクローゼの理論は、リズム表現に関するものであったが、ハンゼルマンによって運動理論が加えられ、治療教育全体への教育方法に拡充されたのである。ハンゼルマンのリズム体操の考え方で評価されるのは、知的障害児の運動の不器用さ等の指摘であり、このような状況を改善するために、リズム体操が取り入れられた。

ハンゼルマンは、教員養成において、このようなリズム体操の模範を習得する必要性にも言及している[38]。さらに、この点についての教師の適性に目を向ける必要性まで指摘しているのである。このようなリズム体操を重視する考え方によって、1927年からチューリッヒ治療教育セミナーに「リズム体操」の講義が設けられることになる。

第三は、労働教育に基づく治療教育教員養成の考え方である。ハンゼルマンは、1912年から4年余り、ドイツのフランクフルトにおけるシュタインミューレ労働教育コロニー・観察施設の施設長として実践を展開して以来、労働教育重視の姿勢を持ち続けていた。ハンゼルマンの軽度・中度知的障害者に対する労働観は次のようなものであった。すなわち、彼らは、主に農業・園芸

に適しているとする先入観が長く治療教育界を支配したが、彼らにとっては農業・園芸が必ずしも最適な職種ではなく、わずかに小農で永続的な補助がなされる限りにおいて当てはまるとされた[39]。ここで、ハンゼルマンは、農業・園芸そのものの価値を否定したのではなく、その教育的価値は十分認識されていた。むしろ、ハンゼルマンは、軽度・中度知的障害者が「遠い見通し」を持たねばならない農業・園芸という職種の困難性とその経営形態に左右される彼らの状況を踏まえ、この職種における周到な配慮の必要性を主張したのである。さらに、当時の手工業の状況にも着目し、これまでの伝統的な知的障害者に対する労働観の再考を求めていた。確かに、マイスター精神が支配している限り、軽度・中度知的障害者は、裁縫業や修理業等の見習いとして、職を得ることができたが、工場労働の拡大と機械化による大量生産が手工業者を圧迫し、見習いとしての彼らの就業基盤を奪っていった。従って、軽度知的障害者は、工場における機械労働の就業への準備もなされなければならないと、ハンゼルマンは主張する。その際、「精神を磨耗させる機械労働に強引に近づける」問題を看過することはできないとしつつも、「人間が、機械の主人となり、その奴隷とはならないように精神を使用する」ことに希望を見いだそうとしている。このような様々な労働の教育に備えるため、治療教育学が、素材とそれを取り扱う際の感情の生起――粗いもの、硬いもの、重いもの、輝くものへの興味、あるいは革の臭い、木材・金属に対する偏向、水に触ること・投げること・スコップで掘ること、切ること・分解すること・組み立てることへの喜び等を解明する必要性があると主張している[40]。

　このような労働教育理解をすすめる治療教育の講義が開設されるとともに、手先の器用さの養成と労働学校原理の育成のための1年を通しての特別講義も開設されたのである。

## おわりに

　本章によって、ハンゼルマンがチューリッヒ治療教育セミナーの設立と設立後の教員養成内容のあり方に密接に関わっていることを詳細に跡づけることができた。また、ハンゼルマンの治療教育教員養成思想の特色として、ハンゼルマン独自の発達抑制理念に基づく養成の見解、運動原理に基づく養成の見解、労働教育に基づく養成の見解を指摘することができた。特に、ハンゼルマンの治療教育教員養成における理論と実践の統一の考え方や十分な実習期間の確保、実習におけるセミナーと施設との連携、実習中のセミナーにおける演習の設定等の実習重視の考え方、一般学生への啓蒙を意図した「治療教育科目」の設定等は、教員養成機関のあり方を考える上で注目される。


註)
1) 現在、ドイツでは、「Behindertenpädagogik（障害児教育）」という用語も使用されているが、スイスでは歴史的に用いられてきた「Heilpädagogik（治療教育）」の用語の使用頻度が高い。
2) スイスにおける学問的に基礎づけられた理論に基づく本格的な治療教育教員養成は、1912年のクラパレードによるジュネーブのルソー研究所（後のジュネーブ大学）が最初で、続いて、1924年にハンゼルマン等によりチューリッヒに治療教育セミナーが、1934年にはフリブール大学治療教育研究所が設立された。スイスの治療教育教員養成をリードしたのは、このジュネーブのルソー研究所、チューリッヒ治療教育セミナー、フリブール大学治療教育研究所の3機関であり、このことは、1959年のスイス治療教育教員養成機関連盟（VHpA）の結成において、当初この3大学が提携し連盟を結成したことからも見て取ることができる。
3) ハンゼルマンの治療教育思想の形成に特に大きな影響を与えた実践は、これまで検討を

加えたドイツのシュタインミューレ労働教育コロニー・観察施設の実践、スイスのアルビスブルーン田園教育舎の実践とこのチューリッヒ治療教育セミナーの実践である。

4) Montalta, E. (1984) : 25 Jahre Verband der Heilpädagogischen Ausbildungsinstitute der Schweiz (VHpA), Luzern.

5) Dohrenbusch, H. (1990) : Heinrich Hanselmann als Universitätdozent und Leiter des Heilpädagogischen Seminars Zürich. In Heese, G. u.a. (Hrsg.) Über Hanselmann nachdenken. Ein Kolloquium über das Werk Heinrich Hanselmanns im Zentenarjahr 1985, Zürich, Ss.22-41.

6) ハンゼルマンは、Hanselmann, H. (1925): Das Heilpädagogische Seminar Zürich. In Lesch, E. (Hrsg.) Bericht über den Zweiten Kongress für Heilpädagogik in München, Berlin.1924, Ss.15-20. など幾つかのチューリッヒ治療教育セミナーについての論稿をまとめている。当時、ハンゼルマンが記したと考えられる Plan des heilpädagogischen Seminars (H.P.S.) など幾つかのマニュスクリプトをチューリッヒ大学の Hoyningen-Süess, Urs. 教授から入手することができた。

7) 最初に中心となってチューリッヒ治療教育セミナーの設立を進めたのは、J.ヘップであり、ハンゼルマンは、第2回の予備会議からの参加となる。第1回予備会議は、1919年6月24日に開かれ、出席者は、教師のP.エグリンガー、教師のE.ボスハルト、チューリッヒてんかん児施設の施設長である R.グローブ、特殊学級教師の K.ヤウクスと J.ヘップであった (Vgl. Dohrenbusch, H. (1990) : Heinrich Hanselmann als Universitätdozent und Leiter des Heilpädagogischen Seminars Zürich. In Heese, G. u.a. (Hrsg.) Über Hanselmann nachdenken. Ein Kolloquium über das Werk Heinrich Hanselmanns im Zentenarjahr 1985, Zürich, S.32.)。

8) ハンゼルマンは、1912年から4年余り、ドイツのフランクフルト・アム・マイン近郊の「シュタインミューレ労働教育コロニー・観察施設」の施設長として教育実践に取り組んでいたが、1916年にスイスの青少年問題に大きな役割を果たしていたチューリッヒの「プロ・ユーベントゥーテ財団」が、フランクフルトからハンゼルマンを招聘した。ハンゼルマンは、5年間、この財団の本部長として、スイスの児童保護事業の諸施策の改善に努めた。

9) Montalta, E. (1984) : a.a.O., Ss.30-31.

10) Dohrenbusch, H. (1990) : a.a.O.,S.36.

11) Plan des heilpädagogischen Seminars (H.P.S.), Ms.

12) Hanselmann, H. (1925) : a.a.O., Ss.15-20.

13) Hanselmann, H. (1928) : Über heilpädagogische Ausbildung. In Z.f.Kinderfor. 34, H.2, 1928, Ss.113-124.

14) Richtlinien für die Schaffung eines heilpädagogischen Seminars,Ms. ; Plan des heilpäd-

agogischen Seminars (H.P.S.), Ms. ; Heilpädagogisches Seminar Zürich Stundenplan, Ms.
15) Hanselmann, H. (1925) : a.a.O., S.16.
16) dito., S.17.
17) dito.
18) アルビスブルーン田園教育舎とハンゼルマンとの関わりについては、前章で詳述している。
19) Hanselmann, H. (1925) : a.a.O., S.18.
20) このハンゼルマンの Die psychologischen Grundlagen der Heilpädagogik. という大学教授資格取得論文は、1930年の『治療教育入門』や1941年の『特殊教育理論の基礎』ほど注目を集めてこなかったが、ハンゼルマンの発達抑制理念を究明する上で極めて重要な論文である。
21) 筆者が可能な限り入手したハンゼルマンの手による1924年から1946年までのマニュスクリプト (Heilpädagogische Seminar Zürich Stundenplan, Ms.) を紹介している。
22) Hanselmann, H. (1925) : a.a.O., S.17.
23) Plan des heilpädagogischen Seminars (H.P.S).
24) Hanselmann, H. (1928) : a.a.O. ,S.115.
25) dito., S.116.
26) Hanselmann, H. (1997) : Die psychologischen Grundlagen der Heilpädagogik, Zürich, (1924 Habilitationsschrift), S.37 und Ss.56-57.
27) ペスタロッチは、『ノイホーフだより』の「人類の友及び保護者への依頼──山荘で貧困児童に教育と仕事とを授ける施設の後援を乞うために」の論稿において、一般的な発達上の問題として、「Hemmung」概念を用いた ( Spranger,E. u.a. (Hrsg.) (1927) : Pestalozzi Sämtliche Werke. Bd.1, Berlin, S.138.＜邦訳、長田新編 (1960)『ペスタロッチ全集』1巻 平凡社 244頁＞)。
28) Begemann, E. (1970) : Die Erziehung der soziokulturell benachteiligten Schüler, Hannover, S.32.
29) Hanselmann, H. (1928) : a.a.O., S.119-120.
30) Hanselmann, H. (1925) : a.a.O., S.18.
31) dito., S.19.
32) dito.
33) Hanselmann, H. (1932) : Was ist Heilpädagogik? Arbeiten aus dem Heilpädagogischen Seminer, H.1, Zürich, S.3.
　このような状況に対して、スイスでは、約1万2000人の障害児（者）に限り、治療教育処置がなされていた（盲児施設─200人、聾唖児施設─900人、弱視児施設─50人、難聴児施設─200人、精神薄弱児（者）施設─1800人、特殊学級─3700人、言語治療学級─100人、てんかん児（者）施設─400人、教育困難児施設─5000人）(Vgl. dito. , Ss.2-3.)。

34) Hanselmann, H. (1934) : Über das Bewegungsprinzip als Unterrichts-und Erziehungshilfe. In Schweizerische Lehrerzeitung 79 Jahrgang, Nr.8, S.93.
35) dito., S.94.
36) dito.
37) Scheiblauer, M. (1945) : Die Musikalisch-Rhythmische Erziehung im Dienst der Heilpädagogik. In Festschrift zum 60 Geburtstag von Prof. Dr.Heinrich Hanselmann, Zürich, S.94.
38) Hanselmann, H. ($^7$1966 ($^1$1930)) : Einführung in die Heilpädagogik, Zürich, S.524.
39) dito., S.182.
40) dito., Ss.181-182.

第 5 章

# チューリッヒ治療教育セミナーとジュネーブ・ルソー研究所、フリブール大学治療教育研究所の設立過程の比較

## はじめに

　スイスにおいて、学問的に基礎づけられた理論を前提とする本格的な治療教育教員養成が開始されたのはいつの頃であろうか？　この点については、ハンゼルマンも、ジュネーブのルソー研究所の教員養成が初めての取り組みであることを指摘している[1]。

　筆者は、第4章において、ハンゼルマンの治療教育教員養成思想との関連で、チューリッヒ治療教育セミナーの設立過程を詳細に跡づけたが、この時期から第二次世界大戦後にかけて、スイスの治療教育教員養成をリードしたのは、ジュネーブのルソー研究所（後のジュネーブ大学教育科学部）とチューリッヒ治療教育セミナー、フリブール大学治療教育研究所の3養成機関であった。このことは、1959年の治療教育教員養成機関連盟の結成において、当初この3大学が提携し連盟を結成したことからも伺うことができる。

　本章では、この3治療教育教員養成機関の設立過程に焦点をあて、その比較を通して、スイスの大学レベルの治療教育教員養成の設立期の特色を明らかにすることを目的とする。

## 第1節　ジュネーブにおけるルソー研究所の設立過程

　モンタルタは、スイスにおいて、治療教育（学）が独立した教育や研究の学科として認められる以前にも、治療教育教員養成が、既に長く行われてきたことを指摘している[2]。それは、修道院やカトリック修道会により、社会奉仕活動の修道士に対してなされた取り組みであった。さらに、スイス施設制度協会やスイスのプロ・インファーミスやプロ・ユーベントゥーテ、プロ・セネクテューテのような専門団体、各州の社会奉仕活動部門、多くの他の私的あるい

は公共の組織等によっても、養成・研修の試みがなされた。

　このような状況では、優れた治療教育教員を育成することは困難であった。クラパレードの自伝には、ジュネーブの障害児の特殊学級を担当した治療教育教員がおかれた困難な諸状況と専門的な知識を求める切実な願いが示されている。また、チューリッヒでも同様で、当初チューリッヒ治療教育セミナーの設立に向けて主導的役割を担ったヘップも、このような問題状況を認識していた。

　このような治療教育の実践現場からの要請を受け、スイスの3つの地域で大学レベルの治療教育教員養成が開始されるのである。

　このスイスで最初の大学レベルの治療教育教員養成は、1912年、ジュネーブにおいて、エドワード・クラパレード[3] (1873―1940) という1人の医師によって、基礎づけられた。

　ここで、まず、クラパレードの経歴を見てみることにしよう。

　1899年、クラパレードは、ジュネーブ大学に戻り、そこでテオドール・フルールノワ（Flournoy, Th.）の実験心理学の研究室に通った。そして、1899年から知覚についての実習コースを行うこの実験室で、私講師として勤めた。1901年に、彼は、フルールノワと一緒に、今日尚存在している雑誌『心理学誌』[4]を創刊した。それと並んで、彼は、医学・精神病クリニックで、神経症の事例を担当し、不在の内科医の代理を行った。その私的な小部屋で、彼は、長年精神疾患の患者を治療し、外来患者の診察室で、1920年まで続ける無報酬の精神療法による診察を担当した。

　クラパレードは、進路選択において、診療のための神経学・実験研究・動物心理学の3つの方向性を考えていたが、新しい研究領域である教育学の基礎科学の1つとしての教育心理学、教育への応用心理学が彼の心を捉えた。こうして、クラパレードは、彼の広範な関心領域の中で、将来の中心となる研究領域を見つけたのである。

　1889年以来実験心理学の教授であったフルールノワは、1904年に、この実験心理学講座の指導者にクラパレードを任命した。クラパレードは、1908年、「科学学部」に統合される心理学の臨時教授となり、1915年に、フルールノ

ワの後継者として正教授となった。その際、フルールノワは、「科学哲学」の教授に任命された。この時期、クラパレードは、教育心理学の課題に集中的に取り組み始め、彼が自伝で「マウディッド学派」と呼んだ「ジュネーブ学派」の門弟として、ジュネーブのギムナジウムの授業や教育の問題について考察を深めていったのである。さらに、当時の治療教育教員が置かれた問題状況が、クラパレードによるジャン・ジャック・ルソー研究所設立の要因となった。クラパレードは、自伝[5]で、人生のこの時期を詳細に記述している。

　既にジュネーブでは、1898年に、精神薄弱児や肢体不自由児という遅れた子どもの特殊学級が創設されていた。しかし、担当した教員は、十分な特別の養成をほとんど受けておらず、そのため、信念がぐらつき、孤独を感じていたという。この教員は、クラパレードに相談を持ちかけた。クラパレードは、ブリュッセルに滞在し、デモール（Demoor, J.）やドクロリー（Decroly, O.）の学校を訪問することによって、臨時の情報を得、それに基づき、ジュネーブの特殊学級の教員の願いに応えるためにいくつかの報告を行っている。そのことにより、ジュネーブの教育局は、改善の提案を行うために当時の特殊学級の授業の状況についての報告を求め、1901年にクラパレードは、ジュネーブの医師団に対し学校制度の分化を主張した。

　教育心理学（児童心理学や発達心理学）は、医師と教師、教育者の密接な共同のもとに成り立ちうるという認識から、クラパレードは、1906年に、フルールノワが退任した実験心理学研究所で、教師育成のための教育心理学のセミナーを組織した。当時、ジュネーブには教員セミナーは存在せず、ただ、若干の特別コースと実習によって教師となる状況で、クラパレードは、開催したセミナーでこの不備を埋め、教員養成の取り組みを開始したのである。

　しかし、ジュネーブ大学学内の反対派の抵抗にあい、この取り組みは1年で終わった。

　このような中、クラパレードは、大学や行政から独立した私的な特別研究所を設立することを決断する。

　クラパレードは、ジュネーブ大学のピエレ・ボベット（Bovet, P.）教授の協

力を得、財政的にも設立を支援するアドルフ・フェリーレ（Ferriere, A.）やオーガスト・レマィトレ（Lemaitre, A.）等多くの友人と共に、1912年10月に「ジャン・ジャック・ルソー研究所（教育科学学院）」を設立するのである。この研究所開設の折には、当時、新教育・障害児教育を進めたドクロリーやケルケンシュタイナー（Kerschensteiner, G.）、モンテッソリー（Montessori, M.）、ケイ（Key, E. K. S.）、ホール（Hall, S.）、ユング（Jung, C. G.）等65名に及ぶ国際後援委員会による協力が得られたのである。

彼は、自伝で記述しているように、次の理由から、彼の教員養成所に、「ジャン・ジャック・ルソー研究所」の名称を与えた。それは、クラパレードが、ルソーの「エミール」に、彼の教員養成の理想があるとし、教育者が、生徒を愛することを学ぶためには、まず第一に、生徒をよく知り、続けて観察する必要性があると考えたことによる。

この研究所は、教員養成の専門学校の機能と研究・情報のセンター的機能を併せもっていた。プログラムは、児童・教授・教育の3部門に分かれ、児童部門の講義の中には、実験心理学や児童心理学と共に、異常児教育（病理学・臨床医学・心理学・教育法）が組み込まれていた。また、「子どもの家」を中心とする附属学校も設立され、モンテッソリー・メソッドやドクロリー・メソッドによる実習等も行われていた。この研究所は、クラパレードとピエレ・ボベットの指導のもと、急速に拡大し発展を遂げ、スイスの様々な州の学生や他国の学生も入学したが、国家がこの研究所を公的に認め財政援助するまでには、時間を要した。1929年に初めてこの研究所はジュネーブ大学に統合され、クラパレードの積年の望みがかなえられることになった。財政的には、ロックフェラー財団が支援を行い、研究所の様々なサービスが整えられていったのである。

クラパレードは、1912年の研究所の設立によって、スイスの全フランス語圏の教員、治療教育教員、心理士の最初の大学レベルの教員養成を行った。クラパレードの理念は、その後、フランス語圏を越えて、ドイツ語圏スイスにも影響を与えていった。多くのドイツ語圏スイスの教育者が、ジュネーブでその基本養成を受け、その後、ジュネーブで培った思想的所産を、スイス各州の公

的な指導的ポストにおいて具現化していった。今日、特に「ジュネーブの心理学」の称号で、その世界的名声が拡がっていることは、ピアジェ（Piaget, J.）の出版物やベルベル・インヘルダー（Inhelder, B.）の研究と関係があるが、その状況においても、「心理学」の用語使用において、それはより広範な意味で捉えられ、教育学や治療教育学も含まれているのである。それには、このようなクラパレードの捉え方が如実に反映されているといえよう。

## 第2節　フリブール大学治療教育研究所の設立過程

　フリブール大学治療教育研究所[6]の設立には、1927年にスイス・カリタス連合[7]の「児童・青年保護専門グループ」に集まった神学者・医者・教育学者達が影響を与えていく。
　ルツェルンのスイス・カリタス本部の当時の指導者であったキスリング（Kissling, W.）は、この専門家グループの結集を促した。その一員であったスパイヒ（Speich, R.）博士が、1928年11月13日のチューリッヒにおけるスイス・カリタス連合年次集会で、異常な児童・青年の授業や教育的保護の領域における差し迫った課題について報告を行った。その報告の中で、スパイヒ博士は、治療教育教員養成を目的とするスイス・カトリックにおける「治療教育中央センター」の創設を提案した。さらに、スパイヒ博士は、治療教育観察所の設置、外来の教育相談所の設置、施設を退所した児童・青年の継続保護の整備を訴えた。
　フリッツ・シュピーラー（Spieler, F.）医学博士は、スパイヒ博士の提案を、スイス・カトリックにおける治療教育の「マグナカルタ」と称している。こうして、アントンの編集者であったシュピーラー、スイス・カリタス連合の会長であったマウル（Maur, A.D.）、ルツェルンのカリタスセンターの指導者であったキスリング博士が中心となり、1929年から1930年にかけて、スパイヒ博士が望んだ「治療教育中央センター」にあたる「ルツェルン治療教育研究所」の

設立に向けた取り組みが開始された。

1932年に、最初の研究所委員会が、フックス（Fuchs, A.）博士（議長）、シュピーラー医学博士、ストッカー（Stocker, J.）指導者、ファイゲンヴィンター（Feigenwinter, M.-E.）、キスリング博士、ボルジンガー（Borsinger, H.-V.）博士（秘書・記録係）というメンバーで開かれた。ルツェルン研究所は、スイス・カリタス連合や1932年に設立されたスイス・カトリック施設連盟により支援されることになり、この最初の研究所委員会も、このような支援団体のメンバーにより構成されていた。

この新しく設立される研究所にとって、実力のある指導者を見つけることが重要な課題であった。しかし、スイス国内では適切な人材が見当たらず、ドイツ・フライブルグのカリタス連合とのつながりで、リーナス・ボップ（Bopp, L.）教授[8]が候補として挙がった。ボップは、カトリック教に基づく治療教育学を体系化し、『一般治療教育』の著書を刊行しており、当時ドイツ語圏の治療教育界で著名な人物であった。

しかし、彼はドイツ・フライブルグで大学の正教授を務めており、招聘は困難であった。この時点で、スイス・フリブール大学が関わってくるのである。ボップ教授の推薦により、ルツェルンの研究所委員会は、数年来ボップ教授のもとで治療教育の研究を進めていたヨーゼフ・シュピーラー（Spieler, J.）博士を、ルツェルンの新しい治療教育研究所の指導者に任命した。その際、ルツェルンには大学がないため、同じカトリック教区のフリブールのカントン教育局（全州議会議員ヨーゼフ・ピラー（Piller, J.）博士）とフリブール大学の哲学学部との折衝により、ヨーゼフ・シュピーラー博士は、1932年から、当面の資格付与の理由により、フリブール大学の私講師として治療教育の講義を行うことが可能となった。さらに、1934年には、フリブール大学哲学学部に所属する治療教育セミナーが設立され、1935年4月29日から最初の1年コースが開講された。この1935年には、フリブール大学において1つの講座（まず臨時教授、後に正教授）を得ることもでき、カトリック教区における最初の治療教育教員養成機関の基盤は、ルツェルンよりも、フリブールに置かれることになる。

このような経緯をもつフリブール大学治療教育研究所の養成コースは、1946年以降、治療教育教員養成を分散させ、カトリック教区のルツェルン州やヴァレー州における特別の養成コースを組織し実施するようになる。ルツェルン州では、5コースが、ヴァレー州では9コースが実施されたのである。

　この治療教育研究所の発展にとって特に重要な役割を担ったのは、1947年のフリブール市中心部での治療教育・精神科診療部の開設であった。それは、フリブール市とフリブール州（カントン）の障害青年のためのサービスセンターや治療教育教員のための実習センターとして構想された。フリブール大学の治療教育研究所は、1948年から哲学学部の自立した教育・研究所として公的に認められる。さらに、ゾロトゥルン司教区の一般司祭であったグスタフ・リシバッハ（Lisibach, G.）博士（1956—1967）のもと、1956年12月12日に、治療教育研究所の支援組織である「クラトリウム」（初代会長（1956—1967）：グスタフ・リシバッハ博士）が設立された。その後継者は、フリブール大学の名誉評議員であったフリッツ・シュピーラー（Spieler, F.）医学博士であった（1967—1974）。フリブール大学治療教育研究所が、現在のペトルス・カニス・ガッセ21に建設されたこと（1960年12月1日に落成式）は、この「クラトリウム」の支援による。この建設により、これまでの哲学学部の場所をめぐる懸案も解決した。治療教育研究所が「クラトリウム」の所有であることから、研究と教員養成の両面において、一定の自立性を確保することができたのである。このような動きにも、カトリック教を基盤とした治療教育教員養成の特色が現れているといえよう。

　1934年以来、カトリック教によるスイス治療教育教員養成機関の拠点として、多くのディプロムの交付、治療教育教員の研修、スイスの様々な地域での継続教育が行われてきた。特に、フリブール大学治療教育研究所の大きな特徴は、『治療教育とその隣接領域誌』[9]という季刊誌を有するとともに、様々なプロジェクト研究もなされ、ドイツ語、フランス語、イタリア語、英語で、相当数の出版物が刊行されることによってスイス治療教育界に大きな影響を与えたことである。

## 第3節　主要3治療教育教員養成機関の設立過程の比較

　このチューリッヒ治療教育セミナーとジュネーブ・ルソー研究所、フリブール大学治療教育研究所の3治療教育教員養成機関の設立過程には、以下のような相違がみられた。

　第一は、設立に関わったメンバーの相違である。ジュネーブのルソー研究所は、クラパレードという教養豊かなヒューマニズム溢れる医師の個人的イニシアティヴによって設立されたのに対し、第4章で指摘されたように、チューリッヒ治療教育セミナーの設立を進めたのは、施設・学校等の教育実践経験に裏打ちされセミナーを構想する教育者グループであった。さらに、フリブール大学治療教育研究所の設立に関しては、上述したように、カトリック教関係者の力に依る所が大きかった。この図式は表5-1のように捉えられよう。

　第二は、これらの機関と大学の関係の相違である。ジュネーブでは、最初の大学内でのクラパレードによる教員養成の試みが失敗し、大学や教育行政と対峙する中から、ルソー研究所が設置されていく。一方、チューリッヒ治療教育

表5-1　治療教育教員養成機関の設立の比較

| 治療教育教員養成機関 | 設立に寄与した人物・組織 |
| --- | --- |
| ジュネーブ・ルソー研究所 | 支援者はいたが実質的には1人、医師（クラパレード） |
| チューリッヒ治療教育セミナー | グループ、教育者や教育行政官（アルトヘル、ヘップといった盲・聾児施設の指導者、特にハンゼルマンの役割が重要） |
| フリブール大学治療教育研究所 | グループ、カトリック教関係者（スイス・カリタス連合の児童保護専門グループの神学者・医者・教育者、特に、スパイヒ博士、スイス・カリタス連合会長のキスリング博士が重要） |

（＊筆者作成）

セミナーでは、第4章で指摘したように、チューリッヒ治療教育セミナー連盟と大学との共同の話し合いが重ねられていった。チューリッヒ大学医学部と哲学学部Ⅰが新たな養成施設の引き受けに関心をもっていたが、連盟は、理論的な内容や方法で各々の学部の指揮下におかれ実践的養成が軽視されることを懸念していた。この点については、当時の大学における教員養成の問題と治療教育学の学としての自立性の問題があったと考える。この当時、大学の教員養成一般において、大学のアカデミックな性格から、実践との遊離が見られた。また、当時治療教育学自体、学問的に未熟で、哲学学部や医学部に吸収されることにより、治療教育学の自立性にとって妨げとなるという考えがあったといえよう。こうして、チューリッヒ治療教育セミナーは、教育局長のモウソンの決定により、大学とは独立した教育施設となった。しかし、セミナーの学生は、チューリッヒ大学での相応する講義や演習への参加が認められていた。さらに、セミナーの指導者であるハンゼルマンがチューリッヒ大学の治療教育講座の正教授に任命されることにより、チューリッヒ大学とチューリッヒ治療教育セミナーの緊密な連携がはかられたのである。

　フリブール大学治療教育研究所の場合、既述したように、当初、ルツェルン治療教育研究所としてルツェルンで取り組みが展開されたが、大学という学問的基盤を得るため、同じカトリック教区であるフリブールのフリブール大学に基盤を移すことになった。このように、当初から、フリブール大学に所属していたが、財政面の独立性は確保していた。このことにより、研究と教員養成の自立が可能になったといえよう。

　以上のように、スイス治療教育教員養成をリードした3機関の設立期を比較してみると、チューリッヒ治療教育セミナーの独自な側面が見出される。すなわち、教育者・施設指導者・行政官等によるチューリッヒ治療教育連盟やその後のチューリッヒ治療教育特別委員会の存在により支援基盤が強固であったことやチューリッヒ治療教育セミナーの指導者であるハンゼルマンがチューリッヒ大学の正教授となり、セミナーと大学の良好な関係のもと相互の影響関係が維持され、相互の学生の教育を実り豊かなものにしたことである。その中心に

ハンゼルマンは存在し、実践と結びながら自らの治療教育思想を深めつつ治療教育教員養成に力を注ぐことにより、スイスの治療教育教員養成の進展に大きな役割を果たしたのである。

註)
1) Hanselmann, H. (1928): Über heilpädagogische Ausbildung. In Z.f.Kinderfor. 34, H.2, S.115.
2) Montalta, E. (1984): 25 Jahre Verband der Heilpädagogischen Ausbildunginstitute der Schweiz (VHpA), Ss.11-13.
3) 長尾十三二監(1988)『新教育運動の生起と展開』明治図書の「スイス」の章で、森田伸子が新教育の主導者としてクラパレードのことに言及している。また、E．クラパレード著、原聡介・森田伸子訳(1987)『機能主義教育論』明治図書とこの訳書の解説が注目される。ただ、両者とも、クラパレードの治療教育実践・研究者としての側面については、ほとんどふれられていない。
4) Archives de Psychologie であり、研究誌として重要な役割を果たしていく。
5) Claparede, E. (1941): Autobiographie. In Archives de Psychologie, XXVIII, Ss.145-181.
6) 筆者は、二度、フリブール大学治療教育研究所を訪ね、一度目は、3ヶ月間、研究所内にあるゲストハウスに住み研究活動を行い、二度目は、10ヶ月間、文部科学省在外研究員として、フリブール大学治療教育研究所において研究活動を行った。その間、U．ヘーベルリンやG．ブレスから資料収集・情報収集を行った。
7) 春見静子が、一連の論文で、カトリック教会におけるカリタス及びカリタス連合(体)と社会福祉の関係を明らかにしている。

春見によれば、カリタスは、キリスト教社会福祉活動と同義に捉えられることもあるが、組織として、「ドイツでは1895年、フライブルグの教区司祭であったロレンツ・ウエルトマンが主だった関係者を集めてカリタス・コミュニティをつくり、1895年、ケルンで開かれた第2回大会で、彼の主導のもとにドイツ・カリタス連合体が誕生した。本部は彼の教区のあるフライブルクに置かれた。1916年、ドイツ司祭会議はこのカリタス連合を教会の慈善活動の連合体として正式に認め、各州に教区カリタスの支部をつくることが承認された」。同様のカリタス連合体は、ドイツ以外でも、スイス(1920年)、アメリカ(1922年)、

フランス（1947年）とつくられ、1950年には、これら各国のカリタスのさらなる連合体として、カリタス・インターナショナルがローマにつくられたという（春見静子（2002）「カリタスと社会福祉」『ソフィア 西洋文化ならびに東西文化交流の研究』50（2） 上智大学 240頁）。このように、カリタス連合体は、キリスト教の価値観を基本理念として結成されている公認の非営利の公益団体で、キリスト教文化が中心の欧米で、今も尚、活発な社会福祉活動を行い、大きな影響力を保持している。特に、「ドイツ、オーストリア、スイスのドイツ語圏のカリタス（カトリック社会福祉団体）は、三国関係を結んでいて、情報を交換したり、共同の活動も行っている」（春見静子（2007）「ドイツ・カリタス連合体の研究（V）——ヨーロッパ連合の中でのドイツ・カリタス連合体の課題と展望」『カトリック社会福祉研究』長崎純心大学・長崎純心大学短期大学部 50頁）。

8) リーナス・ボップは、ドイツでカトリック神学に基づく治療教育思想の体系化に努めた人物で、フリブール大学治療教育研究所の設立にも少なからず影響を与えている。ボップは、1887年、ドイツのリンムバッハに生まれ、フライブルグ大学（フライブルグは、ドイツ（市のみ）とスイス（市と州）両者に存在し、日本ではしばしば混同される。スイスのフライブルグの場合、ドイツ語圏とフランス語圏が市と州に混在していることから、「フライブルグ」というドイツ語表現と「フリブール」というフランス語表現が用いられている。本書では、スイスについては、「フリブール」の表現を用い、このドイツの「フライブルグ」と区別している）においてカトリック神学を学び、1912年、学位を授与された。1921年、私立大学教師として勤務した後、1924年、ドイツのブライブルグ大学において、司牧神学並びに教育学の正教授になる（Vgl. Langenohl, H.（1966）: Bopp. In : Enzyklopädisches Handbuch der Sonderpädagogik, S.425.）。このような経歴が示すように、ボップは、カトリック神学の立場から教育の意味づけを行い、1928年、『カトリック教派の教育の固有の意味』（Bopp, L.（1928）: Die erzieherischen Eigenwerte der katholischen Kirche, Freiburg.）という論稿を提出し、1930年には、『一般治療教育学』（Bopp, L.（1930）: Allgemeine Heilpädagogik, Freiburg.）の著作により、治療教育の学としての体系化に努めた。ボップによる治療教育の第一の関心事は、日常の殉教におけるキリストの継承において、「成長していくこと」の循環に存在している。即ち、成長途上の人間は、そのことによって神の子であることの恩恵を得、キリストの原罪へと編入されるという。このように、ボップにおいて、「Heil」は「治療」として解されるよりも、目標像として、キリスト教の「救済の確信」や「救済の獲得」として理解される。そして、子どもの救済意志がすべての教育の基礎行為であり、それはまた、教育学や治療教育学の源泉であることが示される。ブライディック（Bleidick, U.）は、ボップの著作にエーゲルスドルファーの論述の引用箇所があることから、規範的教育学の価値体系がその哲学的基盤に位置づけられていることを指摘している（Vgl. Bleidick, U.（³1978）: Pädagogik der Behinderten. Grundzüge einer Theorie der Erziehung behinderter Kinder und Jugend-

licher, Berlin, S.157.)。エーゲルスドルファーは、「真理」や「価値」を教育の基礎的要素として取り上げ、教育学の目標規定や原則において価値理論を必要とし、その場合、陶冶財の基準が、永久的価値や不変的妥当性によって規定されている（Vgl. Eggersdorfer, Franz Xaver (⁵1950) : Jugendbildung Allgemine Theorie des Schulunterrichts., München.)。一方、ボップにおいても、1930年の主著『一般治療教育学』にみられるように「価値の実現」という1つの思考形式からすべての定理は演繹され、治療教育の症例に従い、教育に対峙するもの、即ち、価値受容性の障害（Wertsinnhemmung）が導き出されている。そこから、妨げられた価値受容性や価値意志（Wertwillen）を高めることが治療教育の目的として規定された。このようなボップの治療教育思想は、価値の概念を基軸とした演繹的な規範的体系において生み出されているといえる。アリストテレス主義・トマス主義・スコラ主義が想起される古代の哲学は、いわゆる根本規定である存在の特質・固有性において、「単一性」「真理」「善」を挙げているが、エーゲルスドルファーは、この基礎的前提から、教育の基準に対して価値の序列を導きだした。その場合、享楽や利益といった自然的な価値を最下位に位置づけ、権利の正当性や公の幸福のための学問や芸術の文化的財産において実現される精神的価値をこの享楽や利益よりも高く位置づけた。それは、個人的なものに帰する限りにおいて、人格を育成する教育の目標とされ、また、それが社会的助成において追求される場合、家族・国家等の社会教育の目標とされた。そして、道徳的美点や敬神において形づくられる道徳上の宗教的価値が頂点に位置づけられ、それは、理論的・宗教的教育目標とされた。このようなエーゲルスドルファーによる価値の実在論及び価値の序列は、ボップにおいても明確に貫かれている。即ち、障害児の場合には、より強固に生物的・経済的・実利的価値が存しているが、それにとどまることなく、それを乗り越えて初めて、治療教育は倫理的・審美的・宗教的価値に向かうことができるとされた。その場合、この発達は、「段階に従い」、下位の価値や善さに対する意識が発達するがゆえに最も高い宗教的・倫理的価値意識が豊かになるとされた。このように、ボップが価値の実在論に着眼し、「価値の段状の体系」を創り出した根拠として、彼が障害のある子どもの教育に取り組んだがゆえに、より強くその障害の実在性を意識したと考えられる。ボップは、現象学的観点を基準にする場合、現象や症状の基礎となるより深い本質に注目することにより、欠陥傾向における固有の本質的特性を理解しようとし、この「深い本質」を「価値」の概念で表した（Bopp, L. (1930) : A11gemeine Heilpädagogik, Freiburg, S.64.)。このように、ボップは価値の実在論を基底にもつことにより、救済の方法に目を向け、有機的心的構造を解明する病理学の部分的導入を可能にした。そして、それらを総合化することから、価値受容性の障害をもつ要救済児童（Heilzögling）の類型論を提出するに到る（Bopp, L. (1958) : Heilerziehung aus dem Glauben. zugliche eine theologische Einführung in die Pädagogik überhaupt, Freiburg, Ss.2-4.)。そして、この価値受容性や価値意志の障害をもつ要救済児童の喚起や強化に、治療教育の目標が存在するとされた。このよ

うに、身体的精神的領域に及ぶと考えられる価値受容性及び価値意志の障害は、障害児の援助の必要性の基準となっており、ボップの意味する治療教育は、医学的修復よりも、まず、価値障害に対してより高い価値能力の獲得をめざす教育的取り組みにあった。このようなカトリック神学による規範的教育学の影響下にあるボップの治療教育学は、「救済の教育学」及び「価値実現を志向する教育学」として捉えることができるが、このような捉え方は、救済意志及び価値実現の目標において、教育学と治療教育学は共通であることを示している。即ち、ボップが指摘するように「治療教育学は深められた一般教育学」であり、治療教育学の対象と教育学の対象の境界の設定は、望ましいものではない。そこにはただ、非障害児と障害児において、価値受容性や価値意志の展開を充実させるうえでの相違が存するのであり、治療教育（学）はまさしく教育（学）に他ならないのである。このような治療教育学の教育学としての位置づけで評価されるボップの治療教育学も、さらに理論的検討をすすめれば、価値受容性及び価値意志の障害によって、治療教育学の固有の対象領域が獲得されているか問われなければならない。即ち、阻なわれた価値受容性をどの程度までより大きな価値能力や価値意志に導くか、また、このような教育によりどの程度まで実際的なものになりうるかという課題が設定される。ボップの治療教育思想の体系化は、その主著名が示すように、すべて一般的な理論への拡がりを求めていく。つまり、あらゆる障害児グループの教育の枠を越えた理論を描写する性格のものである。確かに、このような一般的治療教育学は、より理論的な価値を追求するが、その一方で肢体不自由児教育学、聴覚障害児教育学、知的障害児教育学等のより実践的な価値を追求する専門的治療教育学をも包括するものでなければならない。しかしながら、一般的治療教育学において、このような観点が視野からはずされる場合、その概念の拡がりによって、具体的な教育措置を見過ごす危険性を有している。ボップによる価値実現の理論においても、真にこの指摘が当てはまるのであり、学校実践を支える調整に関し、具体的に価値をどのように実現するのか明確に示されていない。即ち、価値を高める場合、ただ原則や目的だけでなく、むしろ実行可能な教育手段が必要だが、肢体不自由児・聴覚障害児・知的障害児等において、価値の序列に従い、善さという価値をどのように教育的に組織するのか、十分に展開されていないのである。このようにボップの治療教育思想は、価値の概念を設定することにより教育目標の規定には成功したが、教育方法の展開と遊離し、スローガンとしての位置づけに留まっているといえる。この点に、筆者が研究対象として取り上げてきたハンゼルマンとの決定的な相違が見られる。ハンゼルマンの治療教育の関心は、むしろ、治療教育実践の中にあり、治療教育の施設実践、大学における治療教育教員養成、相談所の開設など、実践を創り出しながら治療教育思想の深化に努めていったのである。このようなボップの価値実現の理論を継承し、その学派を形成しているのが、シュピーラーとモンタルタである。このようなボップの後継者達の理論は、神学に裏打ちされた価値哲学の体系を基底にもつことにより、経験科学的に習得される諸知見を教育学の領域に組み込み

構造化することを困難にしている。当時、1つの学的勢力を形成したカトリック神学による規範的治療教育学の学派においては、「救済の教育学」及び「価値実現を志向する教育学」として把えられることにより、「深められた教育学」として、治療教育学の教育学上の位置づけが明確化された意義が存する一方、治療教育の実践の構造化の困難さ及び目標像と分離した教育方法論の設定が認められたのである。

9) Vierteljahresschrift für Heilpädagogik und ihre Nachbargebiete (VHN).

終章

ハンゼルマンにおける
治療教育思想の特質

## はじめに

　「発達」と「発達抑制」の概念は、ハンゼルマンの治療教育思想の中心に位置づく鍵概念である。主だったハンゼルマン研究者は、ハンゼルマンの「受容―同化―排出」過程として特徴づけられる生物学的発達器官モデルを、ハンゼルマンにおける典型的な発達モデルとして捉えてきた。特に、1960年代以降、ドイツ語圏の障害児教育学界に影響力のあったブライディックにより、このハンゼルマンの発達モデルは、「生物心理学に基づく素質要因のイデオロギー的過大視が見られ、全く時代遅れのものである」と捉えられた[1]。ミュルナーが指摘するように[2]、このブライディックの解釈以降、ハンゼルマンの「発達」及び「発達抑制」の概念について、否定的な理解が定着していく。一方、唯物論に基づくヤンツェンは、その見地から、むしろハンゼルマンの生物学的発達器官モデルを評価していた[3]。このような各論者におけるハンゼルマンの「発達」及び「発達抑制」概念の捉え方には、いくつかの問題点が認められる。

　第一は、当時最も普及していたハンゼルマンの主著である『治療教育入門』(1930)[4]と『特殊教育理論の基礎』(1941)[5]の一部の分析に偏り、論者の立場によりハンゼルマンの見解が恣意的に取り上げられていたことである。各々の著作が刊行された時期や背景の相違を把握するとともに、『治療教育入門』発刊前の著作であり『治療教育入門』以上に、「発達」及び「発達抑制」概念について詳述されている『治療教育の心理学的原則』(大学教授資格取得論文)[6]と発達抑制概念導入をはかった障害観及び人間観が示されている『正常―異常とは何か』[7]の論稿の検討が不可欠なのである。この2つの論稿を検討することにより、ハンゼルマンの治療教育思想の特色を明らかにすることができると考える。

　第二は、当時の時代背景や学問状況をふまえず、現代的視点からのみ評価を下す問題である。当時の時代的制約をふまえた上で、歴史的文脈の中で捉え直

す必要があるといえよう。

　第三は、ハンゼルマンの治療教育思想から、「発達」及び「発達抑制」の概念だけを切り離して捉えようとする問題である。この概念と理念は、これまで言及してきたように、当時のハンゼルマンの実践と密接に関わっており、ハンゼルマンの「援助」や「保護」概念と関連させ、捉え直す必要がある。

　本章では、この『治療教育の心理学的原則』の論稿を中心的な検討資料とし、『治療教育入門』等の著作と比較しながら、ハンゼルマンの発達思想や発達抑制思想の展開過程を明らかにする。続いて、ハンゼルマンが何故、発達抑制の概念を導入したかを指摘し、ハンゼルマンの発達抑制思想の基底にある人間観を明らかにする。さらに、ハンゼルマンの発達抑制思想と特殊教育・保護思想の関連について述べながら、ハンゼルマンの治療教育実践と結びつく彼の発達抑制思想の意義を指摘する。

## 第1節　正常―異常の理論の否定と発達抑制概念の導入
　　　　―大学教授資格取得論文『治療教育の心理学的原則』
　　　　の持つ意味―

　ハンゼルマンは、『治療教育入門』（1930年）において、「異常児教育の理論」を否定し、「治療教育学は、個人的要因並びに社会的要因によって、身体的精神的発達が、永続的に抑制されている全ての児童の教授・訓育・保護の理論である」と規定している[8]。この治療教育学の捉え方の特徴は、1）正常―異常による理論を明確に否定したこと、2）正常―異常の捉え方に代わるものとして発達抑制概念を導入したこと、3）身体的精神的発達が永続的に抑制されていると捉えられたこと、4）発達抑制児の教授・訓育に保護を加えたこと、にある。このようなハンゼルマンの発達抑制に基づく治療教育学の捉え方に対し、ブライディックは、生物学的色彩が強いことや教育の位置づけが弱いことを指摘し、「治療教育学は、発達抑制児の教育理論である」とした後継者のモアの理解を、ハンゼルマンの生物学的色彩を弱める努力をしたとして評価するのである[9]。果たして、このような評価が妥当か、詳細な検討を加えることに

する。

　1930年の『治療教育入門』等と比較しあまり注目されてこなかったが、1924年にハンゼルマンの治療教育思想を理解する上で重要な位置を占める論文が提出される。それは、『治療教育の心理学的原則』という論文であり、チューリッヒ大学においてヨーロッパで最初の治療教育領域の教授資格が認可された論文である。ハンゼルマンの心理学理解に影響を与えたリップスが、ハンゼルマンにチューリッヒ大学の教授資格を与えるために申請を行った。リップスはブント（Wundt, W.）の下で研究を行い、1911年にチューリッヒ大学に招聘されていた。ハンゼルマンは、この大学教授資格取得論文を、治療教育の理論の第一部として計画していたのである。実は、1930年に出版された『治療教育入門』は、「実践の部」と付記されており、この大学教授資格取得論文との明確な関連づけが示されず、1941年にハンゼルマンの理論書とされる『特殊教育理論の基礎』が出版されているのである。このようなハンゼルマン自身の位置づけから見ると、ハンゼルマンにとって、『治療教育入門』は、実践について記そうとした「啓蒙書」であり、むしろ、この『治療教育の心理学的原則』こそ、実践の部の『治療教育入門』につながる理論書として位置づけられるといえよう。

　この『治療教育の心理学的原則』の論文は、大学教授資格取得論文にもかかわらず、長く出版されることはなかった。ホイニンゲン・スウェスによれば、政治的理由も影響したという[10]。すなわち、ハンゼルマンの学問としての特殊教育学の立場は、北の隣国であるドイツの国家社会主義の政治的関心やスイス当局の学問の政策的雰囲気に合致するものではなかった。70年以上がたって、ようやく1997年に出版されることになった。

　この論文は、第1章「教育理論一般の原則としての人間の精神生活の本質について」、第2章「治療教育の心理学的原則」、第3章「結語」で構成されている。ハンゼルマンは、第1章において、学問認識、特に心理学の認識の課題に取り組んでいる[11]。ハンゼルマンにとって、教育の可能性は、精神生活の存在によって基礎づけられ、これを究明する学問こそが「教育学の基礎科学」でも

ある心理学であった。第2章は、論文名同様、「治療教育の心理学的原則」となっており、この論文の中核的な位置を占めている[12]。

ハンゼルマンは、この大学教授資格論文で、心理学の歴史を辿りながら、まず、実験心理学に対し、批判を加えている[13]。第一は、実験心理学における心的生起の主知主義の側面や知覚の側面の強調である。それに対し、ハンゼルマンの発達モデルは、「分かち難い心的生起の統一性」に基づくものとなっている。ハンゼルマンにとって、主知主義への傾斜は、人間精神を限定して見ることになり、人間がその発達において他者に依存する社会的存在である点を軽視させるという。第二は、実験心理学における知能に関する側面への限定により、人間の意識の本質を一面的に見ることである。ハンゼルマンの発達モデルにおいては、意識の全体状況から出発し、思考は感情や意志と分かち難く結びついている。このような実験心理学に見られる人間の意識の一面的理解は、逆に感情に重きをおく精神分析の理論にもあてはまるという。ただ、ハンゼルマンは、意識とともに無意識的側面が共に影響を与えるという精神分析理論の大きな功績も見ていた。むしろ、ハンゼルマンの精神分析への批判は、その衝動理論に向けられており、ハンゼルマンは、性に人間の行為の唯一の衝動を見るフロイトの衝動理論を拒否していたのである。

心理学は、一方で、その対象を「因果性の観点」に基づき考察しなければならないが、ハンゼルマンの心理学理解には、「遺伝学の観点」も含まれていた。第一は、人間の精神生活に固有な構造の解明であり、この解明は生物学的に導き出された。第二は、人間の発達過程を描写する課題であり、実験心理学的思考は避けられ、その原則は、解釈学的に解き明かされる認知的要素、情緒的要素、意志的要素が相互に影響を与えるものとして捉えられていた。

ハンゼルマンは、既述したブライディックによる指摘以来、生物学者としてのレッテルを貼られてきたが、このようなレッテルづけによる解釈は、ハンゼルマンが人間の行為における生物学的に与えられる原則と人間の発達過程における解釈学的な心理学による解明の可能性を明確に区別したことを見落としていたといえる。

彼は、この論文において、リップスの心理学を継承し、精神発達を「単純な意識から複雑な意識への進歩」として把握するとともに、一定の時点までの経験が、常にその最近接の進歩の原則を形成することを主張する。この貧弱さが絶えず残り続ける状態を、「発達抑制」(Entwicklungshemmung) と規定し[14]、①個々の知覚グループ（視覚・聴覚）の永続的欠損による心理的生起の変質、②個々の精神生活の領域（思考・感情・意志）の永続的減少と上昇による心理的生起の変質、の2種類に区分している[15]。また、治療教育学は、「発達能力が、何らかの形で抑制されても、廃棄されることのない児童を教育する理論」[16]として定義づけられ、既にこの論文で、発達抑制概念が、治療教育学の中核に位置づけられていたのである。そして、このような発達抑制児を計画的に社会に編入することが、治療教育の目的とされた。

　この論文において、ハンゼルマンが引用したリップスは、心理学を意識及び意識体験の経験科学であるとし、主体的自我を意識的現象と把握する「自我心理学」の提唱者でもあった。また、リップスは、ブントの内容心理学に対し、ブレンターノ (Brentano, F.) の作用心理学を継承する「オーストリア学派」に属し、作用としての知覚を出発点として、現象学的分析を試みていた。ハンゼルマンは、シュタインミューレの教育実践の経験から、リップス等における自我の能動的要因と経験的諸側面を重視する心理学に接近したと考えられる。また、ハンゼルマンには、連合心理学の要素主義を排し、発達心理学的見地から、精神生活の全体像の究明を求めたクリューガー (Krueger, F.) の「全体性心理学」[17]の影響も認められる。この心理学は、第一次世界大戦以降、次第に勢力を失っていったゲシュタルト心理学に代わり、ドイツ心理学の主流派を形成していた。確かに、精神生活の全体性を重視する点において、ゲシュタルト心理学と類似の様式を有しているが、①ゲシュタルト心理学の自然科学的手法に対し、ディルタイ等に影響を受けた解釈学的手法を用いたこと、②単に、知覚・記憶の形態のみならず、身体と心を統一した形態を把握しようとしたこと、③発達心理学的見地を導入し、質的な構造の変化を重視した認識論的発達論を提起したことがその差異として認められる。このようなリップスやクリューガー

等の影響は、ハンゼルマンの治療教育学が、全体性志向の諸科学との結合を生む契機となった。

　ところで、「発達抑制」（Entwicklungshemmung）概念の起源に関して、既に、18世紀後半に、ペスタロッチが、貧困家庭における児童の発達、成長、健康の妨害（Hemmung）について語り[18]、また、20世紀初頭には、「脳の発達抑制」の概念も一部使用されていた[19]。ハンゼルマンの治療教育思想形成期に、「Entwicklungshemmung」概念を普及させたのは、フロイトの『精神分析入門』である。フロイトは、外的障害による「退行」との関わりにおいて、一定の発達段階上の機能的「固着」を意味するものとして、「Entwicklungshemmung」の概念を用いていた[20]。ハンゼルマンは、この神経症の原因究明をはかる狭義の意味ではなく、様々な障害児の心理的生起の変質を包括する広義の意味で、その概念を捉え直した。しかし、実質的には、このフロイトの精神分析よりも、アドラーの個人心理学が、ハンゼルマンの治療教育思想に多くの刺激を与えたのであり、後の『治療教育入門』」の引用文献の１つとして、アドラーの文献が挙げられている。ハンゼルマンは、シュタインミューレの教育実践において、才能の乏しさを有する者の感情を揺さぶり、意志の確立をはかろうとした。この感情生活、意志生活究明の学問的根拠として、彼は、個人心理学を求めたのである。

　周知のように、19世紀中葉以降、自然主義、実証主義、科学主義の隆盛の下、心理学、生物学、社会学等多くの個別諸科学が生み出されるとともに、その反動として、1880―90年代に胎動した「実証主義への反逆」[21]の動きが、1920―30年代に展開された。ハンゼルマンは、まさに、「時代の子」として、この転換期を迎えつつあった諸派の心理学の影響下にあったといえよう。

　ハンゼルマンが、1920年代に、このような実証主義への反逆を志向する心理学に接近した要因には、既述した教育実践との密接な関わりとともに、当時の障害児（者）排除の思潮に対する批判的見解が存在した。この点を詳細に見ることにより、ハンゼルマンの治療教育思想を支える卓越した人間観を捉えることができる。ハンゼルマンは、1925年のチューリッヒ大学私講師公開講義、

『誰が正常なのか？』(1928年に雑誌に論文として掲載)において、正常―異常概念に関する諸問題に本格的に取り組んでいるが、既に、この1924年の大学教授資格取得論文で、正常、非正常、異常等の概念を取り上げていたことは注目される。

ハンゼルマンは、まず、「我々が知るあらゆる治療教育の定義において、正常―異常の対概念が非常に重要な役割を持ち、治療教育学が、ほとんど異常児の教育の理論である」[22]問題を指摘する。しかし、ヘンツ（Henze, W.）の異常児の捉え方に見られるように、多くが明確な尺度となっているわけではなく、曖昧なまま使用されていること、デモールのように、定義なく異常児の用語が使用され、正常と健康、異常と病気が同一視されていることを指摘している。

ショルツ（Scholz, L.）のように明確な定義づけを行っているケースでは、精神的な平均の大きな群から区別されるものを異常とし、量として統計的に捉えられている。この場合、精神的なものの一定の特徴のみが測定され全体としての精神が捉えられていないゆえに、心理学の分類の目的において制限されているという。また、何故異常という用語が選択されているかが明確ではなく、異常の用語は法律等に反する意味にのみふさわしく、目的論的な概念であるともいう。

さらに、ハンゼルマンは、正常―異常概念が価値を含む目的論的な概念であるという見解からも、このような対概念の使用について反証の論を展開している[23]。人間の一般的な目標設定には、自己維持や自己展開、社会の共同体への適応等があるが、このような一般的な目標への適応は、唯一のポイントというよりも、幅のあるものであり、行為や行為のつながりの絶対的な尺度を示すことができない。また、戦争や大災害等が全ての人間集団の再配分や再調整を強いるように、適応の対象である人間集団の像自体が、以前と比べて、全体的に変化する見せかけのようなものである。従って、以前上位だったことが今日下位にうつり、以前正常と思われたことが適応条件の全体的な変化によって、今日、異常となりうるとされる。このように、ハンゼルマンにおいては、正常―異常概念の目的論的な捉え方自体にも問題があり、子どもの分類手段として拒

否されるのである。

　当時実践的にも流布し、多くの研究者も用いていたこの「正常―異常」の捉え方を否定し、それに代わるものとして、ハンゼルマンは、発達抑制概念を提起するのである[24]。ハンゼルマンは、「発達能力が妨げられる時に、発達抑制について述べることができる」と指摘しているが、ここで重要なことは、この妨げが持続するものとして捉えられていることである。一方、一時的な妨げは、発達混乱として捉えられている[25]。この論文で、ハンゼルマンは、いくつかの発達抑制を捉える視点を設定している。第一は、後の論文でも展開される認知と感情、意志の関連の視点である。ハンゼルマンは、発達抑制児においても、認知活動と感情、意志が、低い発達段階で分かつことができない統一したものとして関連していることを指摘している。すなわち、精神薄弱児においても、認知面の弱さだけでなく、感情の乏しさや意志の弱さが見られるという。第二は、発達抑制と人間社会の関連の視点である。ハンゼルマンは、人間の精神生活の発達は、個人的存在を超え、教育など人間社会の役割と結びついていることを指摘している。発達抑制児の生活状況は、発達抑制によっても引き起こされる「自然的孤立」の状態として示される。従って、治療教育は、計画的に、発達抑制児を可能な限り人間社会に編入することを目標とするという。ハンゼルマンは、この論文では、治療教育学を、その発達能力が何らかの形で抑制された子どもの教育の理論と捉えており、その意味では、教授・訓育・保護の理論として、教育の概念に加え新たに保護の概念を導入した『治療教育入門』とは異なっている。

　このようなハンゼルマンの捉え方には、今日でも意義のある視点が内包されている。第一は、正常―異常の捉え方に、上位・下位という価値の序列化があるため、それを否定し適応条件の変化による価値の相対化を指摘している点である。その根底には、障害のある子どもたちへの否定的な価値づけを否定し、その存在価値を認めるという姿勢が見受けられる。また、適応条件の変化、社会の変化によっては、価値の変化を生むという可能性も見出すことができる。第二は、発達抑制児の状況を認知・感情・意志の関連から総合的に捉え、彼ら

終章　ハンゼルマンにおける治療教育思想の特質　167

の社会への編入を目標としたことである。あくまで、障害のある子どもを社会へ編入するために、教育（のちに保護が加わる）を具体的に展開する尺度として発達抑制の概念が導入されたのである。

　この大学教授資格取得論文において既に展開されていた「正常―異常」の二分立による捉え方への批判とそこに見られるハンゼルマンの人間観は、1925年のチューリッヒ大学私講師公開講義、『誰が正常なのか？』に集約し言及されている。ハンゼルマンは、当時、学問領域のみならず、日常会話においても、配慮なく用いられていた「正常―異常」の人間の分類手段を取り上げ、その反証の論を次のように展開している。

　第一に、実験心理学などは、統計的な数値によって、機械的に、「標準値」としての静的な正常の像を描き出し、最終的にその尺度より上位か下位に人間を分類し、価値づける結果を招いた[26]。

　第二に、スペンサー（Spencer, H.）、シュテルン（Stern, W.）等の「適応の理論」は、正常の１つの像として、広範な影響力を持つに至った。スペンサーは、適応の概念によって、身体の存在形態や行動様式のみならず、精神的なもの（特に価値的なもの）すべてを解釈しようと試みた。また、シュテルンは、差異心理学において、正常性の概念を検討し、正常は、規範の用語に由来すること、規範は、客観的な価値を実現しようとする目的的な概念であること、さらに、この一般的な目的に適応するものが正常であるとシュテルンは指摘した。その結果、シュテルンにとって、非正常は、「下位正常」を意味し、さらに、「下位正常」は、「劣等なもの」と同義に用いられた[27]。

　ハンゼルマンによれば、このような正常性は、既に妥当した範囲よりも、より高い価値を生み出すことはなく、独自な存在である個々の人間には、社会の平均的人間像への同化に対する反作用が存在する。また、すべての人間は、老化や疾病により、その適合性から逸脱する側面をも有している。従って、この正常の概念の自己解決をはかれば、「正常は、正常ではないもの」という結論に達し[28]、その区分自体の無意味性が指摘された[29]。

　確かに、ハンゼルマンの指摘は、当時の実証主義・適応主義の心理学の一面

を示唆している。19世紀後半以降、産業社会化が進展するとともに、個人の自己保存能力の問題は、直接に、産業社会への適応能力の問題に還元された。スペンサー、シュテルン等によるこの社会への適応基準を求める諸研究は、その価値基準から逸脱する者をふるいにかける必要性があり、進化思想に基づく「変種理論」と安易に結合することになった[30]。

このように、当時の実証主義・適応主義の心理学は、その基底に、障害児（者）排除の思想的傾向を有していたがゆえに、ハンゼルマンは、「実証主義への反逆」を志向する心理学に接近したと考えられる。その結果、否定的価値を包含する異常概念を明確に拒否し、それに代わるものとして、「発達抑制」概念を導入したのである[31]。当時の多くの治療教育関係者の理論と実践が、障害児（者）排除の思潮に揺らぎ染まっていく中、ハンゼルマンは、あくまでも障害児（者）を援助し、社会に編入することを第一義とする理論と実践を貫いていった。確かに、ブライディックをはじめ他の論者が指摘するように、この発達抑制の捉え方自体は、当時の歴史的制約下における問題が認められるが、障害者と健常者の人間的価値の共通性を意識した中に、ハンゼルマンの卓越した治療教育思想を見ることができる。

## 第2節　治療教育実践の展開と発達抑制概念の導入の相関

これまでの各章において、ドイツ語圏における治療教育の発展に多大な影響を与えたハンゼルマンの代表的な治療教育実践と治療教育思想の関連を明らかにした。その結果、見出されたことは、発達抑制児の社会への編入をはかるために、治療教育実践の内実を豊かにしようとしたハンゼルマンの姿勢であり、そのために、彼の発達抑制の捉え方が大きな影響を与えていた事実である。様々なドイツ語圏のハンゼルマン研究において、一部の著書のみを取り上げ、現代的視点から否定的評価が下されてきたが、むしろ、ハンゼルマンのこのような先駆的創造的実践に裏づけられた発達抑制による治療教育思想として、そ

の全体像を捉え直し評価すべきであると筆者は考える。

　ハンゼルマンとモア[32]の後継者であり、彼らと深い関わりをもったシュネーベルガーは、2人との人間的接触の経験から、各々の人物像を示しながら、異なった社会との関係・治療教育への貢献について述べている[33]。ここで、注目されるのは、ハンゼルマンが具体的世界や可能な行為へ方向づけられた人間であり、彼の学問的研究は変えなければならない現実への明確な関連づけなくして存在しないという指摘である。また、ミュルナーは、ハンゼルマンの理論に対し、「経験を圧縮したもの」と特徴づけている[34]。このような指摘からも、ハンゼルマンの治療教育実践と思想を関連づけて見る必要があり、その結果、新たなハンゼルマンの発達抑制による治療教育思想の特色を見出すことができるといえよう。

　このような発達抑制による治療教育思想が顕著に示されたものに、後の『治療教育入門』の治療教育学の定義から位置づけられた保護重視の姿勢がある。

　ハンゼルマンは、『治療教育入門』(1930) の主著において、①治療教育学が、若い学問であり、未だ多くの未整理の事実資料が存在すること、②それが、心理学、医学、教育学、社会学等、様々な研究領域に由来すること、③この構成する諸科学が、深刻な時代精神の危機に直面していることを指摘し、諸科学が次のように転換しつつある状況を示した[35]。即ち、当時、人間のあらゆる活動領域において、一面的な主知主義の弊害と感情生活の荒廃が見られたことから、医学では、「純粋な自然科学的方法」による物理・化学的研究や内分泌の研究等に留まらず、患者の人格に関する全体的考察が求められた。また、心理学では、全体的認識と関連して、個人心理学・性格学が、さらに、社会学では、援助と人格を基本とした「経験的社会学」が重視され、「科学と世界観の重なり」を考察する教育学においても、児童と教師の人格を基本とした類似の転換が要請された。ハンゼルマンは、このような人間の精神生活の究明をはかる全体性志向の諸科学の成果を集積する中から、治療教育学を体系化し、この学問の対象を以下のように規定している[36]。

　「治療教育学は、個人的要因並びに社会的要因によって、身体的精神的発達

が、永続的に抑制されている全ての児童の教授・訓育・保護の理論である。1. 感覚欠損と感覚劣弱（盲児、弱視児、聾児、難聴児、盲聾児）、2. 中枢神経の発達抑制（軽度・中度・重度の精神薄弱児）、3. 神経症、精神病の諸様態、肢体不自由、環境欠陥（教育困難児）」

　この定義では、1924年の大学教授資格取得論文と比較し、発達抑制児の対象が拡大されると共に、新たに、発達抑制の社会的要因が指摘され、また、教育の分化と保護の追加が生じているのである。

　確かに、ハンゼルマンにおいて障害が重度化するに従い、発達の抑制が強まるという基本認識から、特に、重度の発達抑制児は、追加された保護の対象に位置づけられるという一面があったことも否定できない。これが、筆者も指摘する歴史的制約下の発達の捉え方の限界であるが、このような発達理解も、当時、時代精神の危機的状況下にあった治療教育の実践上の問題との関連において捉えられなければならない。

　既に指摘したように、この時代の多くの補助学校並びに特殊学校においては、主知主義に基づき、一般教育の方法を模倣した授業が導入され、軽度の障害児以外は、教育効果が望めない状況にあった。従って、治療教育家の間には、悲観主義・宿命論が支配し、学校拒否の観点から、治療教育の対象が限定されることになった。ハンゼルマンは、このような状況を克服し、障害児（者）に実質的な教育・保護を保障するために、一般の教育とは異なった特殊な教育・保護を求める基準として、発達抑制概念の捉え直し・拡充をはかったのである。

　当時の成果がコンパクトにまとめられた1931年のチューリッヒ大学教授就任公開講義『治療教育とは何か？』において、ハンゼルマンは、治療教育学を「発達抑制児（者）の理解とその教授・訓育・保護による処置の理論」と定義し、発達抑制理念を2領域に構造化している[37]。

　第一に、「理解」の課題では、発達及び発達抑制の観点に基づく精神的生起の調査を目的とする諸科学の研究が設定された。ハンゼルマンは、この課題の中心問題として素質—環境問題を取り上げ、「治療教育学の未来を切り開く本質的部分は、環境の研究にある」[38]ことを大いなる期待を持って述べている。

また、2つの極端な見解、即ち、悲観主義をもたらす遺伝論と遺伝子作用を完全に否定するワトソン（Watson, J. B.）の行動主義を批判し、「素質と環境の所産」を究明する必要性を指摘している。その際、人格を形成する原動力としての「自我」の要因が、素質・環境要因の上位におかれ、この自我の本質と意味内容を追求する課題が設定された[39]。ハンゼルマンは、この究明過程において、単なる実験による科学的観察よりも、援助者の倫理的観点を踏まえた教育的観察を求めているが、この観点には、シュタインミューレの教育実践以来、実践的関心を持ち続けたハンゼルマンの意思が十分に反映されている。

　第二に、「処置」の課題では、精神的生起の意味と価値の探求、さらには、教授・訓育・保護の目標の基礎づけが設定された[40]。ハンゼルマンは、実践家が、諸知識の学問上の解明を待つことができずに、発達抑制児（者）の処置に責任を負わなくてはならない苦境を指摘し、教育学による「援助」の意味内容の究明と、障害児（者）排除の思潮に対峙する社会学による「苦しみ」と「同情」の理論の解明を求めた。この基底には、一貫して、障害児（者）援助の姿勢を貫くハンゼルマンのスイス的ヒューマニズムの精神が看取される。

　スイスでは、最も高められた愛の精神は、弱い国民を援助する姿勢にこそ認められ、我欲を捨て、正しい同情心を育成することが、スイス国民の素養とされた[41]。ハンゼルマンの思想の根底には、この精神主義と平均的人間像に抗する個人主義、さらに、抑圧からの解放を求める自由主義を特色とする「スイス的精神」が息づいている[42]と考えられる。

　ブライディックは、このように治療教育学を教授・訓育・保護の理論と捉えたハンゼルマンよりも、治療教育学を教育の理論と明確に位置づけたモアを評価していた。しかし、既述したように、ハンゼルマンは、1924年の『治療教育の心理学的原則』では、治療教育学を教育の理論と規定していた。1930年の『治療教育入門』において、新たに保護の概念を追加したのである。ここで、注目すべきは、この2つの論稿の間で取り組まれた様々なハンゼルマンの治療教育実践である。プロ・ユーベントゥーテ財団の本部長としての児童保護事業の展開や教育困難児のためのアルビスブルーン田園教育舎の創設、施設実践と

密接な関連をもったチューリッヒ治療教育セミナーにおける教員養成等がなされ、彼の治療教育思想の形成に大きな影響を与えた。ハンゼルマンは、このような治療教育実践を通して、むしろ、教育という一時期の取り組みに限定することなく、生涯にわたる援助の必要性をふまえ、治療教育学の理論化をはかったと考える。ハンゼルマンにおいては、保護と青年援助が治療教育の上位概念と捉えられており、この保護の概念には、発達抑制者や発達混乱者に対する教育の代理としての支援の意味とともに、義務を負う社会の責任をも包括させていたのである。この保護の概念を導入することにより、発達抑制者に対する様々な専門家・機関の協働に基づく生涯にわたる支援という現代にも通じる視座が獲得されていたといえよう。このような生涯にわたる支援の視座が彼の思想の基軸をなしていたことにより、ハンゼルマンは、治療教育の分野だけでなく、一般教育における生涯教育の分野でも高く評価されたのである。

註）

1) Bleidick, U. ³1978（¹1972）: Pädagogik der Behinderten, Berlin, Ss.134-139.
2) Mürner, Ch. (1985) : Die Pädagogik von Heinrich Hanselmann, Luzern, S.24.
3) Jantzen, W. (1978) : Behindertenpädagogik Persönlichkeitstheorie Therapie, Köln, Ss.80-97.
4) Hanselmann, H. (1930) : Einführung in die Heilpädagogik, Zürich.
5) Hanselmann, H. (1941) : Grundlinien zu einer Theorie der Sondererziehung (Heilpädagogik), Zürich.
6) Hanselmann, H. (1924) : Die psychologischen Grundlagen der Heilpädagogik, Zürich (Habilitationsschrift).
7) Hanselmann, H. (1928) : Wer ist normal? In Schweizerische Pädagogische Zeitschrift, 38.Jg., Heft10/11, Ss.251-259 und Ss.283-287. (einer Antrittsvorlesung von 1925)
8) Hanselmann, H. (⁷1966（¹1930）): Einführung in die Heilpädagogik, Zürich, Ss.11-12.
9) Bleidick, U. ³1978（¹1972）: Pädagogik der Behinderten, Berlin, Ss.139-141.

10) Hoyningen-Suess, Urs. : Einführung. In : Hanselmann, H. 1997 (1924, Habilitationsschrift) : Die psychologischen Grundlagen der Heilpädagogik, Zürich, S. Ⅵ.
11) Hanselmann, H. (1997) (1924, Habilitationsschrift) : Die psychologischen Grundlagen der Heilpädagogik, Zürich, Ss.11-29.
12) dito., Ss.31-100.
13) dito., S.37. und Ss.56-57.
14) dito., S.60.
15) dito., Ss.79-80.
16) dito., S.70.
17) 藤永保他編『新版心理学事典』平凡社　517-518 頁 / Mürner, Chr. : a.a.O., S.11 参照。
18) ペスタロッチは、『ノイホーフだより』の「人類の友及び保護者への依頼──山荘で貧困児童に教育と仕事とを授ける施設の後援を乞うために」の論稿において、一般的な発達上の問題として、「Hemmung」概念を用いた (Spranger, E. u.a. (Hrsg.) (1927) : Pestalozzi Sämtliche Werke. Bd.1, Berlin, S.138. ＜邦訳、長田新編 (1960)『ペスタロッチ全集』1 巻　平凡社　244 頁＞)。
19) Begemann, E. (1970) : Die Erziehung der soziokulturell benachteiligten Schüler, Hannover, S.32.
20) Freud. S. (1917) : Vorlesung zur Einführung in die Psychoanalyse, Frankfurt, S.267.（丸井清泰訳 (1959)『フロイト選集第 1 巻　精神分析入門（下）』日本教文社　145 頁）
21) 生松敬三 (1979)『現代を読む座標──1920-30 年代思想の意味』西田書店　18 頁参照。生松は、S. ヒューズからこの用語を引用し、1920-30 年代の諸科学の転換を考察している。
22) Hanselmann, H. 1997 (1924, Habilitationsschrift) : Die psychologischen Grundlagen der Heilpädagogik, Zürich, S.31.
23) dito., S.31.
24) dito., S.60.
25) dito., S.61.
26) Hanselmann, H. (1928) : Wer ist normal? In Schweizerische Pädagogische Zeitschrift, 38. Jg., Heft10/11, Ss.251-254.
27) dito., Ss.254-257.
28) dito., S.258.
29) dito., S.287.
30) Vgl. Spencer, H. (1895) : The Principles of Psychology, New York, Vol.Ⅱ-1, pp. 283-286 und pp.615-616, Vol.Ⅱ-2, pp.560-563/Stern, W. ($^3$1921 ($^1$1911)) : Die differentielle Psychologie in ihren methodischen Grundlagen, Leipzig, Ss.156-157.
31) ハンゼルマンは、『治療教育の心理学的原則』(1924) に続き、後の『治療教育入門』

(Hanselmann, H. (⁷1966 (¹1930)) : Einführung in die Heilpädagogik, Zürich, S.11.) におい
ても、この導入の根拠を示している。

32) モアは、1899年7月27日、父ヤコブ・モア（Jakob Moor）、母マリー（Marie）との間の5人兄弟の長男としてスイスのバーゼルで生を受け、そこで義務教育を受けた後、1917年から1920年にかけて、バーゼル大学で数学、理論物理学 I を学び、1920年から1922年にかけて、バーゼル大学の天文学研究所の助手となった（Vgl. Schneeberger, F. (1966) : Moor, P. In : Heese, G und Wegener, H (Hrsg.) Enzyklopädisches Handbuch der Sonderpädagogik., Berlin, Ss.2201-2202.)。このように当初の彼は、教育とは異質の世界に属していたが、中等学校での2年の教授活動を経て、地域の歴史研究、哲学研究に関心を向け、急速に教育の世界に導かれていったのである。彼は、ヘーベルリン（Häberlin, P.）の講義の受講を契機として、ハンゼルマンの存在を知り、1929年、チューリッヒのHeilpädagogik 研究室に進路を取る。1926年には、エマ（Emma Niethammer）と結婚している。その後、障害児の教育実践への情熱から、妻と共同でケッチェンドルフ精神病児福祉施設及びハンゼルマンが創設したアルビスブルーン田園教育舎の観察施設の指導を引き受けるが、1933年、再びチューリッヒに戻って心理学研究と教育学研究に精力を注ぎハンゼルマンの助手となり、1935年、『治療教育の援助における責任』の論文によって哲学博士の学位を受けるのである。この頃から、モアは、ハンゼルマンのチューリッヒ治療教育セミナーの運営を支援し、講義も担当するようになっていく。さらに、1940年、ハンゼルマンの後任として Heilpadagogik 研究室の主任及びチューリッヒ治療教育セミナーのセミナー長となり、1942年、『治療教育心理学の理論的基礎づけ』の論文により大学の教授資格を得、1951年には、チューリッヒ大学における治療教育講座の正教授となる。そして、1977年8月16日、長い闘病生活の後、マイレンで死去した。

このようなモアの研究基盤に関して、彼の共同研究者であったシュネーベルガー（Schneeberger, F.）は、①数学によって洗練された概念の導出、②教育実践による刺激、③哲学によって方向づけられた研究姿勢の3つの特色を指摘しているが、特に、教育実践の刺激は、モアを日々拡大しつつあった治療教育の実際領域の体系化に向かわせ、心理学への関心を喚起した点で重要である。モアは、1942年の大学教授資格の論文により、心理学に拠る理論の発端を獲得しているが、その集約的成果は、1951年（1巻）及び1958年（2巻）の『治療教育心理学』(Moor, P (1951).: Heilpädagogische Psychologie Bd. I : Grundtatsachen einer allgemeinen pädagogischer Psychologie, Bern. Derselbe (1958) : Heilpädagogische Psychologie Bd. II : Pädagogische Psychologie der Entwicklungshemmungen., Bern. 1巻では、一般の教育心理学が取り扱われ、2巻においてその治療教育への適用が試みられている）という膨大な2巻の著作に結実している。彼は、その第1巻の序において、現代の心理学をその教育的有効性について分析し、人間の内的安定に関する成果を総括することを主張しているが（Vgl. Moor, P. (²1960): Heilpädagogische Psychologie Bd. I : Grundtatsachen einer allgemeinen pädagogischer Psychologie, Bern.,S.7)、これは、盲児、聾児、肢体不自由児、精神薄弱児に関する十分な心理学がこれまで存在し得なかったことから、「一般の教育心理学の基礎的事実」を探求することにより、障害児の教育的理解に結びつく心理学的要素を構成することが可能であると考えたことに拠る。

それは、以下のような内容となっている（Vgl. Moor (²1960), a.a.O., S.26）。

A．教育的働きかけ（Pädagogischer Zugriff）の要因
  Ⅰ．生に関わる要因（目的に即して説明される）
    1．Stern, W.（『一般心理学』）
    2．Adler, A.（『神経質性格について』）
  Ⅱ．技術的要因（原因に即して説明される。）
    1．Watson, P.（行動主義）
    2．Köhler, W.（ゲシュタルト心理学）
    3．Dewey, J.（『人間的自然』）
    4．Freud, S.（『精神分析入門』）
  Ⅲ．道徳的要因（機能的に理解される）
    1．Künkel, F.（個人心理学）
    2．Häberlin, P.（『精神と衝動』）
  Ⅵ．精神的要因（意味が理解される）
    1．Spranger, E.（『生の諸形式』）
    2．Hartmann, N.（『精神的存在の問題』）
    3．Jaspers, K.（『世界観の心理学』）
B．教育的自制（Pädagogische Zurückhaltung）の要因
    1．Jung, C. G.（分析的心理学）
    2．Klages, L.（『心情に対立するものとしての精神』）
    3．Häberlin, P.（『哲学の価値』）
    4．Binswanger, L.（『人間の現存在の根本形式と認識』）

以上のように、モアは、教育学に適合する要素を心理学に拠り選択し、治療教育学に関して何が有効かを「生」の哲学が混在した教育心理学から導き出してくるのである。

ハンゼルマンの後継者としての立場にあるモアは、師への配慮から Entwicklungshemmung の概念を受け継いでいるが、その生物学的発達理解に関し修正を加えている。そして、ハンゼルマンの治療教育の定義の中で重要な位置を占めた対象理解の3つの主柱の1つである保護の概念を放棄し、教育的に意味を持つ発達を重視するのである。モアは、これまで「人間の精神の部分的要因」が、教育的行為に対して全体像を示し得なかったことから、「本質的な教育に関わる総合的観点」を2つの概念によって示唆している。すなわち、発生的構造的なものとしての「発達」（Entwicklung）と、動的静的なものとしての

「人格」(Charakter)である。モアは、これらの概念を「内的安定」(Inneren Halt)というより広義の概念に統合することにより、体系的論理の展開を可能にしたとされる(Vgl. Moor($^2$1960), a.a.O., Ss.224-225)。この「内的安定」は、「生」の課題の認識や発見及び成長を可能にする人間の内的状態であるが、「活動的生における安定」(Halt im tätigen Leben)と「受容的生における安定」(Halt im empfangenden Leben)の表裏一体の2側面として把えられている。

この理解の背後には、人間の「生」は、一方で活動的に導かれ、他方、外から受容的に影響を及ぼされているという「生」の認識が存在するのである。モアにとっての教育の課題は、この「内的安定」の構成であるが、このような教育は、「内的安定」のより広範な意味における環境の外的作用の影響である。この人格の内的成長に関わる外的作用を、モアは、「外的安定」(ÄuBeren Halt)と名づけたのであり、方法において「外的安定」の強さが、「内的安定」の多様性と深さを規定するのである。モアは、「外的安定」を、①「生」に関わる環境として与えられる「外的世界」(Umwelt)、②道徳的なものとして課されている「共同世界」(Mitwelt)、③神から約束されている「内的世界」(Heimat)の3層に区分し、第一の層は、生物学的社会学的な課題、第二の層は、教育学的課題、第三の層は、神学の課題と規定している。まず、第一の層である「外的世界」においては、「受容的生における安定」の構成要素として「情緒」と「形象」が取り上げられ、体験により応答する存在がめざされる一方、「活動的生における安定」の構成要素として、「衝動」と「才能」が抽出され、「生」の技能としての能力の獲得が期されるのである。また、第二の層である「共同世界」においては、「受容的生における安定」の構成要素として「理想」と「決意」が取り上げられ、「生」の導きにおける実現がはかられる。一方、「活動的生における安定」の構成要素として、「理解」と「意図」が抽出され、道徳的精神的な「生」の導きを支える意志の永続的確立がめざされる。さらに、第三の層である「内的世界」は、真に心の依り所として把えられているが、「受容的生における安定」の構成要素として「感動」と「憧憬」(Sehnsucht)が取り上げられ、「生の内容」の満たされた存在として位置づけられる。一方、「活動的生における安定」の構成要素としては、「喜び」「驚き」「愛情」「信頼」が抽出され、「生の内容」の摂取がはかられるのである(この箇所の内容は、(Moor, P.($^2$1960): a.a.O., S.265)の表、及び(dito., S.267とS.305)の2つの図に、より簡潔にまとめられている。この「内的安定」が危機に立ち、また、永続的に危機に置かれることによって特徴づけられる治療教育の状況において、「外的安定」による「内的安定」の補完が特に強調されている。

このようなモアの安定概念に対して、一般心理学においては、「一定の状況の圧迫に対する心理的構造の安定」、及びその相対物である「心的不安定さ」として把えられている。しかし、モアの場合、この不安定さを、意志の薄弱や心の貧困として認識するのである。例えば、聾児においては、「話しかけられる存在(Angesprochen Sein)の障害、また、そ

こから導かれる意志や充実する存在の成熟における障害、さらに、その相互作用における障害」が重視され、そこから、知能や表象の発達の障害が生じるとされる（Moor, P. (1958)：Heilpädagogische Psychologie Bd.Ⅱ：Pädagogische Psychologie der Entwicklungshemmungen., Bern, S.341）。この各種障害と内的安定に関わる内容は、モアの『治療教育心理学』2巻において、精神薄弱（253-338頁）、聾（339-400頁）、盲（401-436頁）、身体障害（437-459頁）の箇所で詳述されている。モアによる治療教育の中心的課題は、このように発達障害児に存在する「苦悩」にかかわらずその「生」は如何にして充実した「生」に導かれるのか、すなわち、発達障害児の制限された「生」の可能性に対して教育が何を示唆しうるのかを明らかにすることであるが、この「内的安定」を構成する困難な課題は、教育者自身による以下の配慮によって成し遂げられる（Moor, P. (1965)：Heilpädagogik. Ein Pädagogisches Lehrbuch, Bern, Ss.11-15.）。

①単なる障害による現象よりも、発達障害児の人間存在自体をまるごと理解する。
②発達障害児との「出会い」による共通体験の状況を把握する。
③そのために、教育者は、対象児を認識し見抜き評価する力量を絶えず育て上げていく。

以上のように、モアの理論は、教育者の自己教育の要求に通ずるものがあり、また、治療教育が「内的安定」の危機的状況に対処する深められた教育学であることを明確にした点で重要な意味を持つと言える。ベッシェルは、モアが現存する心理学の調整及び「内的安定」を基盤にした独自の教育心理学を構想することにより、人間の全体像を把握し、発達障害児の教育的意義を喚起した点を評価している（Beschel, E. ($^3$1965)：Der Eigencharakter der Hilfsschule, Weinheim, Ss.100-101.）。一方、批判的合理主義の立場に立つブライディックは、「モアのHeilpädagogische Psychologieは、経験的に偏見なく研究する心理学者を決して満足させることはできないであろう」と述べ（Bleidick, U. ($^3$1978)：Pädagogik der Behinderten. Grundzüge einer Theorie der Erziehung behinderter Kinder und Jugendlicher, Berlin, S.143.）、彼の理論の限界性を強調している。

以上、モアの理論体系を考察した結果、次のようなことが指摘される。まず第一に、モアが、治療教育の教育的重要性を喚起することから、チューリッヒ学派における発展の先導的役割を果たしたことが評価される。また、治療教育の中心的課題が、教育によって障害を治療するよりも、障害児の人間性の充実をはかる中に存在することを主張しえた点が、第二の意義として認められる。これには、ハンゼルマンが主に活躍した時代からモアがドイツ語圏で影響を及ぼす第二次世界大戦後の時代への学問的背景の変化——心理学・教育学等の発展と治療教育（学）の拡充——が影響を与えているといえる。

一方、このような理論的成果と合わせて、以下の諸問題が指摘される。第一に、その理論は、「生」の哲学の主張が広範に導入されることにより、形而上学的規範的性格を有する結果となり、教育現実との教育科学的相互関係を成立させ得なかった。第二に、その体系化の過程において、心理学と教育学の学理論上の構造認識が不十分であり、障害児教育

学における「学の自律性」を確立していない。第三に、ハンゼルマンの治療教育の中核にあった保護の概念を放棄し、教育学化をすすめたことである。むしろ、この教育学化により、障害のある子どものライフサイクルに即し支援をはかるという視点が後退した側面があったことは否めない。以上、モアの理論体系をふまえ、ハンゼルマンに始まるチューリッヒ学派の発展過程を辿ると、モアにおいては、治療教育の理論化に重点が置かれているが、ハンゼルマンのような実践と理論を統一したダイナミックな治療教育思想の構築が見られないことが明らかとなる。

33) Schneeberger, F. (1992) : Über die Beziehung von Hanselmann und Moor zur Öffentlichkeit. In Vierteljahresschrift für Heilpädagogik und ihre Nachbargebiete 61, Ss.181-196.
34) Mürner, Ch. (1990) : Vom Umgang mit Theorie-Elemente einer Metatheorie bei Heinrich Hanselmann, In : Heese, G.u.a. : Über Hanselmann nachdenken, Zürich, S.140.
35) Hanselmann, H. ($^4$1966 ($^1$1930)) : Einführung in die Heilpädagogik, Zürich, Ss.12-23.
36) dito., Ss.11-12.
37) dito., Ss.7-8.
38) dito., S.9.
39) dito., S.12.
40) dito., S.15.
41) 遠藤盛男 (1987)『スイス国民学校の制度史研究』風間書房　161頁参照。
42) 前原寿 (1975)「スイス・デモクラシーと教育に関する研究（その一）——スイス・デモクラシーの特質について」『東北大学教育学部研究集録』第6号　1-21頁参照。

補章

スイスの治療教育(学)の
現状と課題

## はじめに

　これまで論述してきたハンゼルマンの実践と理論等の影響のもと、スイスの治療教育（学）は、どのような展開を見せ、現在どのような状況にありどのような課題を抱えているのであろうか？

　これまでの海外の障害児教育、特別ニーズ教育研究において、スイスに関するものは少ない。これは、何故であろうか。この要因を探ることにより、スイス治療教育研究のパースペクティブが浮かび上がってくる。周知のように、1291年、ハプスブルグ家の圧政からの解放を求めた「独立」「自治」「相互援助」「調停」並びに「団結」を誓った農民同志の盟約書は、スイス・デモクラシーの基盤を形成し、1830年の旧体制の復活や1847年の激しい宗教戦争を経て、1848年にスイスは、「自由における責任」「信頼と相互理解」「精神的独立に基づく建設的批判」等のスイス・デモクラシーを貫く連邦国家として誕生した。現在、スイスは、面積4.1万km$^2$で、ほぼ日本の九州にあたる国土に787万人が住み（2010年12月現在—Schweizerische Eidgenossenschaft Federal Statistical office（2011）：Switzerland's population, Neuchatel vgl.）、準州（半州）を含む26の州（Kanton：カントン）で構成されているが（図補-1参照）、このようなスイス・デモクラシーのもと様々な権限が連邦から州・地方自治体（Gemeinde：ゲマインデ）に移されている。このことは、教育や治療教育にもいえ、連邦の学校教育法も連邦レベルの教育省も存在せず、教育の管轄権は個々の州・地方自治体（市町村）が有しているのである。そして、個々の州・地方自治体における政治的経済的文化的背景の相違が、まさに、スイスの教育システム、治療教育システムの多様性を特徴づけてきた。従って、スイスの治療教育の全体像を捉えるには多くの困難が生じてくるのである。

　また、スイスは多言語国家であり、70％のドイツ語圏、25％のフランス語圏、5％のイタリア語圏に大きく分かれ（少数言語としてロマニッシュ語も存在）、隣

国のドイツ、フランス、イタリアの影響を少なからず受けている。この影響関係を踏まえながら、スイス的特色を明らかにする必要がある。特に、複雑なケースは、フリブール州（ドイツ語ではフライブルグ州、ドイツにもフライブルグという都市があるため、ここでは、フランス語の表記を用いている）、ヴァレー州（ドイツ語ではヴァリス州）等で、同じ州でありながら、フランス語圏とドイツ語圏に分かれ、治療教育システムに差異が見られるのである。このように、スイスの治療教育の多様性は、他の欧米諸国の様相と少し異なっている。確かに、他の諸国の特別ニーズ教育を理解する場合においても、国家の構想を明らかにするだけではなく、各州、各地方自治体の状況を踏まえていく必要があるが、スイスでは、州、地方自治体の状況の把握こそ第一義であるといえる。ただ、スイスにも、多様な治療教育システムに影響を与えるいくつかの共通項が存在する。それは、連邦障害保険法（Bundesgesetz über die Invalidenversicherung：IVG）とスイス各州間教育局長会議（Schweizerische Konferenz der kantonalen Erziehungsdirektoren：EDK）の存在である。補章では、我が国において、部分的な見聞や実践研究報告を除いては、筆者の論稿以外ほとんど示されていないスイス治療教育（学）の全体像を示し、その現状と課題について述べることにする。ただ、現在、連邦障害保険のこの分野からの撤退等スイスは大きな変革期にあり、2007年以降の最新の情勢についてもふれながら、スイスの治療教育（学）の新たな動きについても述べていきたい。尚、スイスでは、この分野を指す用語として、「治療教育（学）」（Heilpädagogik）の用語が最も多く使用されている。しかし、ケースによっては、特殊教育（学）（Sonderpädagogik）、障害児教育（学）（Behindertenpädagogik）の用語も使用され、近年、EDK等の公的文書では、特殊教育（学）の用語が用いられている。また、国際的な影響を受けて、「特別ニーズ教育」の用語も各所で使用されつつあるが、補章では、ハンゼルマンとの連続性とスイス全体の実情もふまえ、公的規定等必要なケース以外は、「治療教育（学）」の用語を使用する。

（財団法人自治体国際化協会（2006）『スイスの地方自治』44頁）

図補-1　スイス州区分図

表補-1　州の概況（2003年）

| 州名 | | 州都 | 人口(千人) | 面積(km²) | 郡数 | 市町村数 | 連邦加入年 |
|---|---|---|---|---|---|---|---|
| チューリッヒ州 | ZÜRICH | チューリッヒ | 1,249.9 | 1,728.8 | 12 | 171 | 1351年 |
| ベルン州 | BERN | ベルン | 952.0 | 5,958.7 | 26 | 400 | 1353年 |
| ルツェルン州 | LUZERN | ルツェルン | 353.2 | 1,493.5 | 5 | 107 | 1332年 |
| ウリ州 | URI | アルトドルフ | 35.1 | 1,076.6 | 0 | 20 | 1291年 |
| シュヴィーツ州 | SCHWYZ | シュヴィーツ | 134.9 | 908.3 | 6 | 30 | 〃 |
| オプヴァルデン半州（準州） | OB-WALDEN | ザルネン | 33.1 | 490.5 | 0 | 7 | 〃 |
| ニトヴァルデン半州（準州） | NID-WALDEN | シュタンス | 39.0 | 276.1 | 0 | 11 | 〃 |
| グラルス州 | GLARUS | グラルス | 38.5 | 685.2 | 0 | 29 | 1352年 |
| ツーク州 | ZUG | ツーク | 103.6 | 238.8 | 0 | 11 | 〃 |
| フリブール州 | FREIBURG | フリブール | 246.7 | 1,670.8 | 7 | 202 | 1481年 |
| ゾロトゥルン州 | SOLOTHURN | ゾロトゥルン | 246.8 | 790.7 | 10 | 126 | 〃 |
| 都市バーゼル半州 | BASEL-STADT | バーゼル | 186.7 | 37.1 | 0 | 3 | 1501年 |
| 地方バーゼル半州 | BASEL-LANDSCHAFT | リースタル | 264.4 | 517.5 | 5 | 86 | 〃 |
| シャフハウゼン州 | SCHAFFHAUSEN | シャフハウゼン | 74.0 | 298.5 | 6 | 34 | 〃 |
| 外アッペンツェル半州 | APPENZELL AUSSERRHODEN | ヘリザウ | 53.0 | 242.8 | 3 | 20 | 1513年 |
| 内アッペンツェル半州 | APPENZELL INNERRHODEN | アッペンツェル | 15.0 | 172.5 | 0 | 6 | 〃 |
| ザンクトガレン州 | ST.GALLEN | ザンクトガレン | 457.3 | 2,025.6 | 14 | 90 | 1803年 |
| グラウビュンデン州 | GRAUBÜNDEN | クール | 186.9 | 7,105.2 | 14 | 208 | 〃 |
| アールガウ州 | AARGAU | アーラウ | 560.7 | 1,403.7 | 11 | 231 | 〃 |
| トゥールガウ州 | THURGAU | フラウエンフェルト | 231.8 | 990.9 | 8 | 80 | 〃 |
| ティチーノ州 | TESSIN/TICINO | ベリンツォーナ | 317.3 | 2,812.5 | 8 | 238 | 〃 |
| ヴォー州 | WAADT/VAUD | ローザンヌ | 639.1 | 3,212.1 | 19 | 382 | 〃 |
| ヴァレー州 | WALLIS/VALAIS | シオン | 285.0 | 5,224.5 | 13 | 160 | 1815年 |
| ヌーシャテル州 | NEUENBURG/NEUCHATEL | ヌーシャテル | 167.0 | 803.1 | 6 | 62 | 〃 |
| ジュネーブ州 | GENF/GENÈVE | ジュネーブ | 424.0 | 282.2 | 0 | 45 | 〃 |
| ジュラ州 | JURA | ドゥレモン | 69.1 | 838.6 | 3 | 83 | 1979年 |

（財団法人自治体国際化協会（2006）『スイスの地方自治』43頁改変）

## 第1節　治療教育思想をめぐって

　スイスの治療教育思想を検討する上で、まず「スイス的精神」なるものを見ておく必要があろう。スイスでは最も高められた愛の精神は、弱い国民を援助する姿勢にこそ認められ、我欲を捨て、正しい同情心を育成することがスイス国民の素養とされてきた。この精神主義と平均的人間像に抗する個人主義、抑圧からの解放を求める自由主義を特色とするスイス誕生時に端を発する精神が今尚息づいているのであり、この精神はペスタロッチやハンゼルマンをはじめ、多くの教育思想家に影響を与えてきたのである。

　ここで、各言語圏をふまえた治療教育思想の状況をみることにする。まず、イタリア語圏は、教育的インテグレーションさらには教育的インクルージョンが最も進んでいるとされ、スイスでは、イタリアに隣接しているティチーノ州一州に限定されているために、スイス全土への影響力は限定的である。しかし、教育的インテグレーションさらには教育的インクルージョンの思想をめぐって、各学校や各治療教育研究所等の実践研究の場から、先進的な提起がなされてきた。また、フランス語圏においては、ピアジェの発達心理学を受け継いだインヘルダー等により、ジュネーブ大学を中心として、障害児心理学などを基盤とした治療教育研究、教育的インテグレーションさらには教育的インクルージョンの思想が提起されている。特に、ジュネーブは、国際機関が集中し、スイスの他州の状況とは異なり、スイス人の言葉を借りれば、「独自の趣き」を有している。隣接するフランスのみならず、北欧やイギリス、アメリカ合衆国等の特別ニーズ教育の最先端の情報が入り、治療教育研究・実践が展開されることにより、独特の位置を占めているといえる。ただ、スイスの一州でもあり、スイスの多数派はドイツ語圏であること、スイス自体が保守的性格を有していることから、ジュネーブの治療教育思想の影響力は限定的であった。その中で、歴史的にも、比較的多数派のドイツ語圏に治療教育思想を体系化している論者

を見いだすことができる。ハンゼルマンとモアの時代には、いわゆる「チューリッヒ学派」が、スイスの治療教育界のみならず、ドイツをはじめとした近隣諸国の障害のある子どもたちの教育をリードしていたが、この2人の巨星亡き後は、フリブール大学のヘーベルリン（Haeberlin, U.）とバーゼル大学のコビー（Kobi, E.）等がスイスにおいて大きな影響力を保持していた[1]。ヘーベルリンは、モアの弟子でもあり、精神科学的教育学に拠る治療教育学を思想的基盤としていたが、1980年の『治療教育学における学理論の転換』の論稿を境に、1980年代から批判的合理主義に傾き、その立場から治療教育学を構築している。この転回に影響を与えたのは、当時ドイツ語圏の障害児教育の学の自立性論議に多大な影響を与えていたブライディックであった[2]。このような転回を可能にしたのは、批判的合理主義のその基本理念にある。ヘーベルリン自身治療教育の本質を宗教性に求め、価値に導かれた科学としての治療教育学を追い求めているのであり[3]、批判的合理主義におけるこのような規範性の追求と事実性の追求の分離が、プラグマティックな実践への積極的関与を導いたことは確かである。それは、フリブール大学における障害児のインテグレーション研究に関するプロジェクトへの関与とそれをまとめた『学習障害児のインテグレーション』『共同』『幼稚園と普通学校における治療教育の補助』等の著書の刊行[4]に結実する。

　一方、コビーは、小学校教師や1962年から1964年にかけての児童施設・クリニックにおける臨床治療教育士としての取り組み、1964年から1965年にかけての学校心理士としての取り組み、1965年から1972年にかけてのカントン教員養成所における心理学と教育学の教員としての取り組み等、教育実践や教育相談の諸活動を展開し、1972年にバーゼル大学の特殊教育学心理学研究所の教官となってここを拠点に研究実践活動に取り組んでいた。コビーの治療教育学の特徴は、特にボルノウの実存哲学の影響を強く受け、精神科学的教育学を基底に置きながら、治療教育学の体系化をはかったことにある。その成果は、『教育学と治療教育学の関係について』『治療教育の理論形成におけるモデルとパラダイム』『治療教育学の基本的課題』『治療教育の現存在様式』『現代に

おける障害の存在』等の著作[5]に結実している。彼の代表的著作である『治療教育学の基本的課題』でも、治療教育学を主観的学問として位置づけ、人間存在の本質が究明されると共に、目的論の課題として規範性の問題が取り扱われている。

　このような治療教育思想家2人に対し、長年、ルツェルンにあるスイス治療教育中央研究所の所長をつとめたビューリー（Bürli, A.）は、プラグマティックな障害児教育研究を進めていった。『障害児の学校統合』等の著作でスイスの障害児の教育的インテグレーションの現状について紹介するとともに、ヨーロッパ各国の状況にも目を配り、『イタリア、イングランド、デンマークにおける障害児教育について』をはじめ多くの著作[6]を刊行し、スイスで著名な治療教育研究者であった。また、ビューリーが所長をしていたスイス治療教育中央研究所は、今日まで『スイス治療教育誌』[7]『視点』の雑誌や数々の書籍を刊行し、スイスの治療教育の研究や実践についての情報の収集伝達に大きく寄与してきた。さらに、ビューリーは、若手研究者と共にOECD等に積極的に関わるなど、スイスという地の利を生かし、国際的にも活躍した。近年は、各州間教育局長会議の中心メンバーとして、スイスの治療教育政策づくりにも取り組んでいた。このビューリーとともに、OECDプロジェクトでスイスに関する報告を行ったフリブール大学治療教育研究所のブレス（Bless, G.）は、スイスの新進気鋭の研究者で、カナダにおける障害児の教育的インテグレーションの取り組みに学びながら『インテグレーションの有効性』[8]等の著作で、スイスの障害児の教育的インテグレーションの現状を分析するとともに理論化へ向けての作業を進めていった。また、スイス治療教育中央研究所の所員であったストゥルニー・ボッサルト（Sturny-Bossart, G.）は、スイスの治療教育、教育的インテグレーションの現状と課題を紹介し[9]、現在は、ルツェルンの中央スイス教育大学の学校治療教育教員養成に携わり、教育的インクルージョンについて精力的に研究を進めている。さらに、ハンゼルマンが活躍したチューリッヒの状況を見逃すことはできない。チューリッヒ大学哲学学部の特殊教育研究室のホイニンゲン・スウェス（Hoyningen-Süess, Urs.）は、既述したよう

に、ハンゼルマン研究[10]をまとめた後、特殊教育の専門性の確立のための理論化を進め、スイスを代表する研究者となった。近年、このチューリッヒ大学哲学学部の特殊教育研究室に、ドイツから、客員教授としてフォイザー（Feuser, G.）が招聘された。周知のように、元ドイツ教育学学会会長であったクラフキーの弟子のフォイザーは、ドイツにおいて教育的インテグレーションを推進した代表的人物として知られており、筆者も、別稿においてフォイザーの外的多様化、内的多様化の教育的インテグレーション理論を紹介している。フォイザーは、2005年まで、ブレーメン大学の教授として、ドイツの教育的インテグレーション・インクルージョン、教授学の研究を進め、『障害児教育学誌』[11]等の雑誌の論稿や数々の著書を刊行している。フォイザーは、フリブール大学の機関誌である『治療教育とその隣接領域』[12]に、教育的インクルージョンについて論稿を掲載しており、今後の動向が注目される。

　さらに、チューリッヒ教育大学教授のホーレンベガー（Hollenweger, J.）[13]は、WHO（世界保健機関）のICF（国際生活機能分類）の紹介と評価への活用、IEP（個別教育プログラム）の作成、障害学生へのカウンセリング問題など、現代的諸問題に取り組み、「特別ニーズ教育発展のための欧州機関」のスイス代表やWHOのICFについての障害リファレンスグループのメンバー、欧州特別ニーズ教育ジャーナルの編集委員、スイスにおける治療教育に関する教職のEDK承認委員会の議長をつとめている。

　以上のように、現在の治療教育研究者の関心は、主にドイツの影響を受けた思弁的治療教育思想よりも、北欧、北米等の特別ニーズ教育理念とその実践体系に向けられており、特に、スイスの置かれた位置からも、今後一層情報交流の進むEU諸国との結びつきが強くなると考えられる。後にも指摘するように、保守的とされてきたスイスにも様々な変化が生じ、治療教育思想の有り様も変化していくと考えられる。

## 第2節　連邦障害保険法の特色と課題

　スイス憲法[14]の前文には、「国民の強さは、弱者の福祉によってはかられる」とある。さらに、スイス憲法第8条は、以下のように規定され、「法の下の平等」規定に障害項目が含まれている。
　　第2項：何人も、出身、性別、年齢、言語、社会的地位、生活様式、宗
　　　　　教、世界観、政治信条、身体的精神的心理的障害により差別されない。
　　第4項：法律は、障害のある人の不利益を取り除く措置を講ずる。
　このスイス憲法の規定には、スイス的精神が明確に反映されている。このような憲法の規定が具現化されたものが、スイスの障害のある人の福祉や教育の有り様に大きな影響を及ぼしてきた「連邦障害保険法（Eidgenossische Invalidenversicherung Gesetz）」の存在であった。既に、1925年12月に、スイス国民は、憲法34条を取り入れた提案に賛同し、この決議によって連邦評議会は、老人保険法とともに、障害保険法を導入するように勧告した。その後、34年を経て、1959年6月19日にこの法律は連邦議会で議決され、1960年1月1日から施行された。この後、法律を全面改正するのではなく、日本と同じように、部分的修正を重ねている（1968年、1987年、2003年、2004年等）[15]。
　本節では、この流れを追いながら、現代的課題を明らかにし、最新の連邦障害保険の特殊教育分野からの撤退に向けての動きについても言及する。
　この保険は、強制加入の一般国民保険であり、それを基礎に、使用者の保険料と連邦及び州・地方自治体（市町村）の負担金で、身体的精神的障害のある全ての人の社会的統合を進める様々な施策の資金が賄われてきた。特に、連邦障害保険法第8条では、障害のために国民学校に就学できない子どもに対し特殊学校での教育を支援することが明示され、特殊学校の整備・拡充に大きな役割を果たしてきた。しかしながら、連邦障害保険法は、次のような問題を有していた。

第一は、制定当時の医学的障害規定が残されていた点である。その結果、現在の障害理解との乖離が随所に見られた。IQ75以下の精神遅滞児、全盲児、矯正両眼視力0.3以下の弱視児、聾児、40％以上の聴力損失を有する難聴児、重い言語障害のある児童、他の身体的精神的不健全さのために国民学校の就学が不可能か、あるいは就学が求められない子どもを特殊学校の対象とすることが明記されていた。このような1950年代の医学的障害に基づく分類規定が影響力を保持していた点は、2002年の学校教育法施行令22条の3の改正以前の日本の障害規定と類似している。ただ、IQ75以下の精神遅滞児は、我が国の中度・重度の知的障害児に相当し、スイスではIQ75以上の軽度精神遅滞児は、学習障害児の範疇に含められていた。さらに、連邦障害保険法第19条では、特殊学校就学の財政援助の基準が示され、実際の各学校の運営状況に関わりなく、個人の授業日数につき、35スイスフランの授業分担金が、さらに寄宿制特殊学校において、滞在日数につき、35スイスフランの支出分担金が認められていた。例えば、ルツェルン州の聴覚障害児寄宿制学校に就学する7歳の重度聴覚障害児のケースでは、日々の総費用350スイスフランの内、連邦障害保険による授業分担金35スイスフラン、連邦障害保険による支出分担金35スイスフラン、州の通例の分担金25スイスフラン、地方自治体の通例の分担金25スイスフラン、親の負担12スイスフランとなっていた。残りの200スイスフラン余りは、連邦障害保険とルツェルン州の欠損分担金により補充された。

　第二は、連邦障害保険法の管轄が社会保険省であるため、特殊学校が国民学校の対象外と規定され、福祉の範疇に含まれていた点である。そのため、特殊学校に私立学校、半私立学校的性格が与えられ、公立学校教育としての位置づけを極めて曖昧なものにしてきた。このような問題点をふまえ、いくつかの州でこの理解に変更が加えられ、その結果、以下の2つのモデル（図補-2）に分化していた。

A. 国民学校外の特殊学校

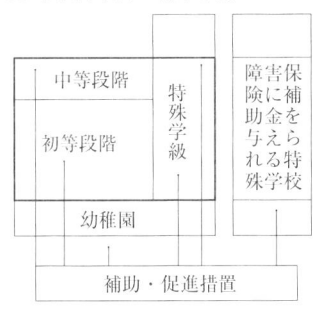

```
┌─────────────┬──────┬──────┐
│   中等段階   │特    │障害保│
├─────────────┤殊    │険に補│
│   初等段階   │学級  │助金を│
├─────────────┤      │与えら│
│    幼稚園   │      │れる特│
├─────────────┴──────┤殊学校│
│    補助・促進措置   │      │
└─────────────────────┴──────┘
```

東スイス
：チューリッヒ、内アッペンツェル半州、外アッペンツェル半州、ザンクトガレン、グラウビュンデン、トゥールガウ

北西スイス
：ベルン、都市バーゼル半州、地方バーゼル半州

中央スイス
：ニトヴァルデン、オプヴァルデン、ツーク

西スイス
：ヴォー、ヌーシャテル、フリブール、ジュラ

B. 国民学校内の特殊学校

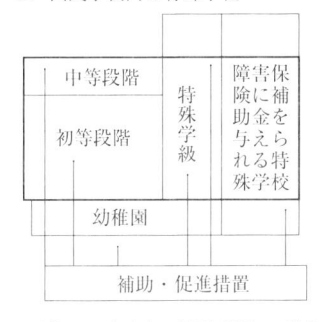

```
┌─────────────┬──────┬──────┐
│   中等段階   │特    │障害保│
├─────────────┤殊    │険に補│
│   初等段階   │学級  │助金を│
├─────────────┤      │与えら│
│    幼稚園   │      │れる特│
├─────────────┴──────┤殊学校│
│    補助・促進措置   │      │
└─────────────────────┴──────┘
```

東スイス
：グラルス、シャフハウゼン

北西スイス
：ゾロトゥルン、アールガウ

中央スイス
：ルツェルン、ウリ、シュヴィーツ

西スイス
：ティチーノ、ヴァレー、ジュネーブ

□ 国民学校　　□ 就学義務前後の自由選択の提供

図補-2　各州の特殊学校の位置づけの差異

以上の図のように、ティチーノ（ドイツ語ではテッシン）、ジュネーブ、ルツェルン、ゾロトゥルン等の諸州では、特殊学校を国民学校の中に包摂して捉え直していた。

第三は、連邦障害保険法が、障害のある子どもたちの教育に関して、特殊学校の教育を支援することを第一義とし、特殊学級や促進学級については、通常学校教育に入る（連邦障害保険実施規定第8条）として、当初、連邦障害保険の対象からはずしていたことである。1970年代後半以降の障害児の教育的インテグレーションに関する論議と取り組みの進展とともに、イタリア語圏のティチーノ州等、州によっては、障害児の教育的インテグレーションを重視し、その場合、連邦障害保険法による財政的支援は一部に留まることになった。そのような中、1987年の法改正で、障害児の通常学校への通学保障のための財政

援助規定が盛り込まれた（連邦障害保険法第19条、連邦障害保険実施規定第8条、第11条）。まず、障害児の通常学校への通学保障を進める上で重要な役割を果たす「教育治療的措置」として、重度の言語障害児の援助（軽度の場合、国民学校の就学として州と地方自治体により費用が負担される）と聴覚障害児の聴能訓練・読み取りの授業が挙げられていた。ただし、この言語障害児における読み書きの障害の援助も、重度の言語障害と示されない限りは障害保険の履行義務に属さなかった。また、計算障害の援助は、すべて障害保険の対象外となっていた。聴覚障害児等感覚障害児の子どもの補助授業については、障害保険により、個人への措置としてではなく、特殊学校に補助金を与える枠内の措置として援助された。しかも、担当する教員は、特殊学校から任命され、そこから国民学校で学ぶ感覚障害児を援助するとされた。

　また、国民学校への通学費用の保障、重度の障害・遠距離の通学・建築上の支障のための下宿費用の負担（日に35スイスフラン）、聴能訓練機器・車椅子・電動車椅子・階段用リフト・椅子の装備等補助手段の交付が認められた。

　この時期、さらに、連邦障害保険法が障害児の教育的インテグレーションを妨げるかどうかという論議が専門家によってなされた。批判点は、次の点に集約される。第一は、知的障害児の教育的インテグレーションへの援助が規定されていないことである。いくつかの州・地方自治体では、ダウン症の子どもをはじめ知的障害児の教育的インテグレーションの試みがなされているが、連邦障害保険による財政援助が保障されていなかった。第二は、言語障害児以外は、特殊学校措置の枠内で補助教育を行う専門家の任用が規定されており、地域の柔軟なサービス体系が保障されないという問題があった。

　このような問題点の指摘に対し、社会保険省の統合部門のチーフであったシュニーダー（Schnyder, L.B.）は、連邦障害保険法が知的障害児等のインテグレーションを支援する余地を残しているか、さらに、四度目の連邦障害保険法の修正や連邦と州の新たな財政援助の枠組みの法的原則が創られるまで、5年から10年間この状況に甘んじるかという問題提起を行っていた[16]。彼をはじめ、社会保険省の見解は、現在の法規定によっても、一定の条件下で、知的障

害児に対する教育的インテグレーションの財政援助が可能であるというものである。その条件は以下のようであった。
① 構想に関する原則
・統合の計画は、州の学校構想と連邦障害保険の一般的な目標の設定の枠内で、たてられなければならない。
・統合教育の責任は、特殊学校と通常学校にある。州の特殊学校当局が管理を行う。
・統合がもはや適切な措置として示されないケースは、それを中止する。このようなケースでは、責任を負う特殊学校が当該の子どもを受け入れる義務を負う。
② 財政の組織的要因
・統合教育の可能性は、個々のケースですべての関与者により主張されなければならない（学校当局、教員、障害児の親、非障害児の親）。
・（治療教育の養成を受けた）補助教員は、認められた特殊学校から任用される。その際、公立学校と私立学校で区別されない。その学校は、一定の統合のサービスを提供する一種の援助センターとみなされる。
・統合された生徒は、正しくは、通常学校に就学している生徒（特別なニーズをもつ生徒、特殊学校生徒）とみなされる。
・連邦障害保険は、統合された学校形態を、当該の生徒が特殊学校に就学する場合よりも、価値のあるものとみなさない。連邦障害保険は、ただ障害による多額の費用を負担するという規定が適用されている（障害児が通常学校や普通幼稚園に通学・通園し、追加的な援助が必要でないとき、障害保険によって分担金は援助できない）。
③ 専門的な前提
・障害児は、その全体的発達において、異なったものとして理解され、援助されなければならない。
・関与する教員は、障害児のニーズに応えるために、専門的に養成されなければならない。

以上の条件で注目されるのは、連邦障害保険が特殊学校規定を中心としていることから、統合教育への特殊学校の関与を明確にしていること、通常学校の措置を優先するというよりも、子どものニーズや関係者すべての要求をもとに措置決定がなされるよう主張していること、専門的教員の養成を重視していることにある。

　さらに、シュニーダーは、連邦障害保険が州の学校構想に介入することはできないとしながらも、必要な法的原則が欠けていても州が相応する構造的な計画を示す時にのみ、連邦障害保険の補助金を与えるとしていた。特に、どのような特殊学校が援助センターとして位置づけられるかの規定を求めていた。

　以上の様に、連邦障害保険法の修正を待つまでもなく、社会保険省では教育的インテグレーションの支援を拡げる解釈を進めていたが、このような見解は、各州の治療教育システムの有り様に少なからず影響を与えることになった。

　連邦障害保険法による教育的インテグレーションへの援助対象も、重度の言語障害児、感覚障害児等の援助規定から、知的障害児にも拡大されていった。さらに、2003年の改正により、第19条1項が次のように規定されるに至った。

「この保険は、教育可能な障害を負った被保険者の国民学校へのインテグレーションの諸努力を支援する。連邦政府は、州との共同において、個々の部分を調整する」

　しかし、この規定は、特殊教育について州に主権があるという主張及び2002年の「障害者の不平等克服の連邦法」[17]第20条第2項の次のような規定に基づき否定されていく。

「州が、当該の障害のある子どもや青年に可能で有益な範囲内で、適切な教育形態を通して、障害のある子どもや青年の通常学校システムへの統合を進めなければならない」

　本来、各州が特殊教育の管轄権を有しながら、財政的基盤の多くを連邦が有していることは大きな問題であった。

　そのため、2004年に国民投票で承認された「連邦と州の財政の調整と責務の分担の改変（Neugestaltung des Finanzausgleichs und der Aufgabenteilung zwischen Bund und Kantonen：NFA)」[18]の大綱により、2008年を目処に、3段階に分けて法律の制定がめざされ、その中で、連邦障害保険の治療教育からの撤退が検討された。

　その際、州による差異と財政的に豊かな州と貧しい州との負担金の調整の問題が指摘されると共に、特別ニーズ教育における州間の共同がより一層求められた。その意味では、今後、各州間の教育の調整をはかってきたスイス各州間教育局長会議（EDK）の役割が重要になってくる。このような課題が解決されるならば、スイスの長年の懸案であった州の管轄権と財政的基盤の統一がはかられ、各州独自の取り組みもより進めやすくなる。「障害者の不平等克服の連邦法」第20条第2項の規定の実現に向けて、障害児の教育的インテグレーションへの支援を強化することも可能となるといえよう。

## 第3節　特殊教育分野からの連邦障害保険の撤退

　本節では、近年のEDK等の公的な協定、州の構想等において「特殊教育」（Sonderpädagogik）の用語が用いられているため、この変化の動きを詳細に示すために、「特殊教育」の用語を用いることにする。

　スイスは、今、大きな変革期にある。

　既に指摘したように、2004年の「連邦と州の財政の調整と責務の分担の改変」（NFA）についての国民投票の採択によって、国と州は、憲法第62条3項の次のような原則に同意した。

　「州は、遅くとも20歳までのすべての障害児の十分な特殊教育に配慮する」

　その結果、2008年1月1日から、特殊教育の専門的法的財政的責務、権限は、連邦から州に移されていった。具体的に財政の分担からいえば、連邦・州・地方自治体の3者の分担から州・地方自治体の分担に移行したということである。まさに、連邦と州の二重性、連邦障害保険法による障害の医学的捉え方の強調、社会保険省管轄による教育システムへの位置づけの不十分さ等が解

消され、特殊教育が、教育制度の下に入ることになる。その際、特殊教育の主要部分は、義務制学校と関わってはいるが、特殊教育措置は、既に就学前から始まり、最初の職業教育や後期中等教育（中等教育段階Ⅱ）の一般教育、義務教育後の領域まで提供していくことが求められた。

そのために、まず、これまで、重要な役割を果たしてきた連邦障害保険法や連邦障害保険実施規定の様々な項目が廃止され、2008年2月12日の「社会的施設に関する州間の協定」（IVSE : Interkantonale Vereinbarung für soziale Einrichtungen）における制度の暫定的費用負担の規定により、財政配分が定められた。その結果、州は、これまで自ら負担していた経費に加え、連邦障害保険が負担していた経費についても負担することになった。ただ、従来と比べ地方自治体（市町村）の負担が増えないように配慮された。さらに、3年間の移行期間が設けられ、NFAの指摘に従い、これまで障害保険により提供されてきたものを保障するだけでなく新たな体制を創り上げるために、各州は「州の特殊教育構想」を作成する義務を負った。その際、構想の基準をつくり各州の連携を促すために、スイス各州間教育局長会議は、2007年10月25日、「特殊教育の領域の共同に関する州間の協定（特殊教育協定）」（Interkantonale Vereinbarung über die Zusammenarbeit im Bereich der Sonderpädagogik＜Sonderpädagogik—Konkordat＞）[19]をまとめ、2008年10月に各州評議会により批准された。

この協定は、「Ⅰ．協定の目的と原則」「Ⅱ．特殊教育措置の要求」「Ⅲ．特殊教育の基本的提供」「Ⅳ．調整と共同の環境」「Ⅴ．最終規定」から構成され、次のような特色がある。

まず第一は、スイス憲法や義務制学校の州間の調整についての協定、「障害者の不平等克服の連邦法」の規定をふまえ、協定がまとめられていることである。

第二は、各々の州や他の州との共同で、特殊教育領域の基本的な提供を行うことである。そのため、各州の連携がポイントとなる。

第三は、障害児の通常学校への統合を強化することに義務を負うことである。

これまで、特殊学校体制を支援することを目的としていた連邦障害保険法の制約下では、様々な部分的な修正がはかられ、一定の州の独自な動きも認められていたが、国外の情勢や「障害者の不平等克服の連邦法」の制定など、基本的に統合教育重視の流れがあり、今回の改革を機に、大きな転換も可能となりつつある。

　第四は、教育提供者の承認における統一した質的基準や統一した専門用語、個々人のニーズ把握の標準的方法を組み入れることである。その際、各州間教育局長会議が、このような環境の科学的発展や有効性の確認に責任を負っている。これまで、各州の独自性が認められ、多様な用語、教育の質の差異がみられたが、この規定により、一定の水準が確保される可能性がうまれたといえよう。

　現在、各州が特殊教育構想をとりまとめ、2011年から実施に移されている。今後、この各州の詳細な動きを明らかにしていく必要がある。

## 第4節　治療教育システムの特色

　スイスでは、重度の障害児（視覚障害児、聴覚障害児、肢体不自由児、知的障害児等）が4万人、軽度の障害児（学習障害児、行動障害児等）が10万人で、その内、2008／2009年度では、2万4000人の児童・生徒が特殊学級に、1万5200人の児童・生徒が特殊学校に通い、その他の多くは通常学級に統合され授業を受けている。この特別なニーズ教育に関わる措置は、大きく通常学級への統合、補助・促進措置、特殊学級、特殊学校に類型化される[20]。

　この概要は、以下の構造図（図補-3）に示されるとおりである。

　図補-3は、概要であり、確かに、州によりその具体的様相は異なっている。例えば、障害の種類と程度により、各州のそれぞれの教育措置の位置づけには微妙な差異があり、小学校段階、中学校段階に在学する年数も州ごとに異なっている。特殊学級の呼び名も、小学級、補助学級、導入学級等と統一した呼称

```
                    ┌──────────────┐
                    │ 補助・促進措置 │
                    └──────────────┘
   通常学校：政治的財政的         特殊学校：2008年以降、政治
   行政的な決定に関して州         的財政的行政的な決定に関して
   に権限が与えられる             州に権限が与えられた（連邦障
                                  害保険法による補助金の廃止）
```

| | | |
|---|---|---|
| 通常学級 | 特殊学級 | 特殊学校 |

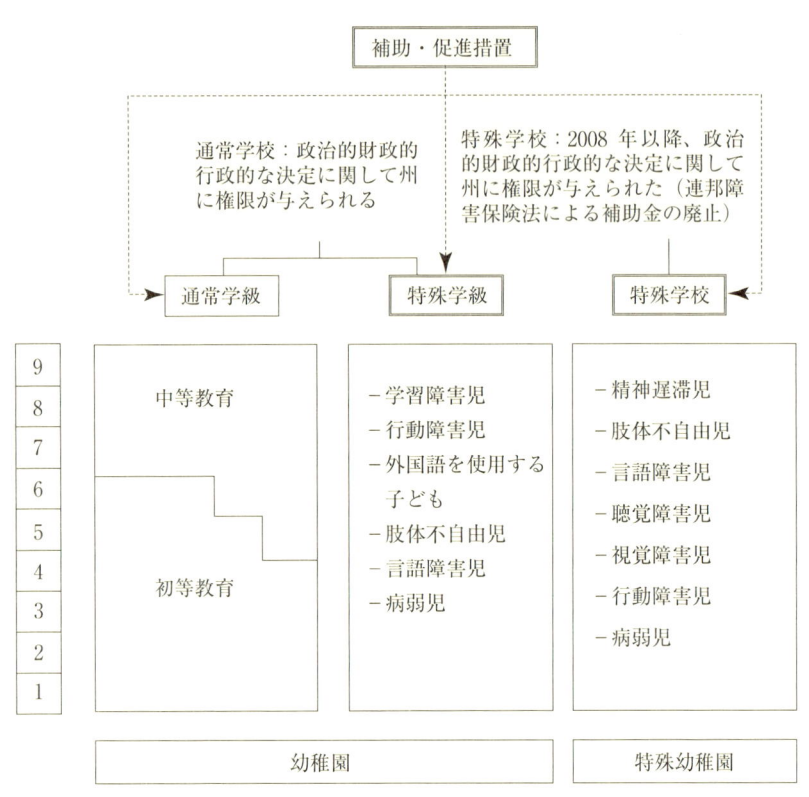

| 学年 | 通常学級 | 特殊学級 | 特殊学校 |
|---|---|---|---|
| 9 | 中等教育 | －学習障害児 | －精神遅滞児 |
| 8 | | －行動障害児 | －肢体不自由児 |
| 7 | | －外国語を使用する子ども | －言語障害児 |
| 6 | | | －聴覚障害児 |
| 5 | | －肢体不自由児 | －視覚障害児 |
| 4 | 初等教育 | －言語障害児 | －行動障害児 |
| 3 | | －病弱児 | －病弱児 |
| 2 | | | |
| 1 | | | |

| | |
|---|---|
| 幼稚園 | 特殊幼稚園 |

図補-3　スイスの治療教育システム

は存在していない。このような諸事情をふまえ、各州間教育局長会議は、既述した「特殊教育協定」の内容に、専門用語の統一を盛り込んだのである。

以下、各々の治療教育の場ごとに、概要を指摘することにする。

### (1) 通常学級

スイスでは、特別なニーズのある子どもたちの通常学級への統合を規定する法的原則や方針は州が定めるため、州により取り組みは異なっている。その統合の有り様は様々で、特別なニーズのある子どもが1週間のわずかな時間通常

学級の授業に参加するものから、完全な通常学級への統合まである。特別なニーズのある子どもたちは、多様な授業形態の下、通常の授業を受け、個々が、適切な言語療法や運動療法のような療育措置や学校治療教育教員が随伴する援助措置により支援されている。その際、学校治療教育教員は、完全に学校に統合され、通常学級担任を補佐し、追加的な専門家の資源が自由に活用される。

障害種別から見れば、学習障害児や行動障害児等軽度の特別なニーズのある子どもたちの通常学級への統合が最も進んでいる。また、聴覚・視覚障害、肢体不自由の子どもたちの通常学級への統合も長く取り組まれてきたが、知的障害生徒の通常学級への統合は、1990年代から、連邦障害保険法の支援により可能となった。知的障害児の通常学校への統合が目ざされ、様々な実践経験が集積されていったが、州によりその進捗の度合いは異なっていた。

今後、2002年の「障害者の不平等克服の連邦法」や2007年の「特殊教育協定」等の規定により、より一層、通常学級への統合の支援がはかられよう。

また、統合教育のネットワークがつくられ、様々な情報や実践経験の交流を行うことにより、様々な州、学校とセラピーの実践、政策と学問分野間の専門家と実践家を結びつけている。

(2) 補助・促進措置

特別なニーズのある子どもたちに対して、様々な職種の専門家が移動することにより多様な援助が提供される。この特別なサービスは、診断・促進・相談・補助の役割を持ち、特別なニーズのある子どもたちだけでなく、家族・クラス担任等子どもと関わる人たちにも向けられ、全ての州が何らかの補助・促進措置を導入している（補助・促進措置：早期教育サービス、学校保健サービス、精神医学的サービス、精神療法・言語療法サービス、運動心理療法、聴能サービス、学校心理サービスと教育相談、治療教育の補助授業、読み書き障害や計算障害の援助、外国語を母国語とする子どもたちへのドイツ語等の授業・補習授業や課題の援助、リトミック、職業相談・社会サービス、社会教育サービス、自我療法・生理学療法、聞き取り・読み取りコース、知覚訓練、音楽セラピー）。

この補助・促進措置は、特別なニーズのある子どもたちの教育的インテグレーションを進める上でも重要な役割を果たしている。

### (3) 特殊学級

特殊学級は、通常学校と特殊学校の中間の教育形態であり、通常学校と密接につながっている。多くは一定の目標グループで、また、縮小したグループの大きさ（通常12人までの生徒）で取り組まれ、特別に養成された教員が授業を行う。特殊学級の児童・生徒は、通常学級でその発達や促進が脅かされ、適切に促進されないと見なされた子どもである。この特殊学級の提供も、州により異なっている。すなわち、学習障害児や行動障害児の初等学校・中等学校Ⅰの特殊学級、導入学級、外国籍の児童の学級等である。また、州によって、通常学校あるいは特殊学校にも算入されていた。

このようなスイスの特殊学級の成立要因は、1874年に制度化された国民学校の教育の内実と深く結びついている。当時、学級は、平均60人から80人の生徒で満たされ、同学年の者は全て同じペースで発達を遂げていくという今日にもみられる学年学級の原則が導入されていた。このような諸状況は、生徒の一部に不当な代償を強い、生徒を落第に導いたため、19世紀に、最初の特殊学級、補助学級が私的な基盤で、後に国家的基盤で誕生した。20世紀に入り、障害の多様化に呼応する形で、個々の州の特殊学級システムの中で分化が進んでいった。これまで、特殊学級は、様々な学習困難児や軽度障害児のために設置され、学校治療教育教員が担当していた。呼称も、「特殊学級」（チューリッヒ等）、「補助学級」「促進学級」（連邦障害保険法）、小学級（都市バーゼル半州、ルツェルン等）と多様であり、中等教育段階では、「作業学級」（ベルン、フリブール等）、「作業学年」（都市バーゼル半州、ザンクトガレン等）と呼称する州もあった。障害別では、学習障害児の特殊学級が最も整備され、ティチーノ（ドイツ語ではテッシン）を除き、他の全ての州で設置されていた。その授業では、原則的に、国民学校の教育目標がめざされるが、関わる生徒集団の固有のニーズも顧慮された。教授学的原則として、例えば、学習の速度が緩められ、生活実践の援助

に重点を置く素材が選択された。特殊学校と比較し、通常学校制度の中に明確に位置づけられていたこの特殊学級の有り様が、インテグレーションの進捗具合に影響を及ぼしていた。その1つは、70年代後半から80年代初めに生じた生徒数の激減による特殊学級の廃止と障害児の通常学級への形式的統合である。ストゥルニー・ボッサルト（Sturny-Bossart, G.）によれば[21]、1977年から1982年の間に通常学級の生徒数はスイス全土で8％、特殊学級生徒数は28％減少したという。この影響を受け、特殊学級定員が満たない学校において、新たな学校組織による解決策が模索され、軽度の障害児が普通学級にインテグレートされると共に、その学級では、補助教員による援助システムが導入された。例えば、ドイツ語圏スイスのいくつかの州では、補助教員が入りこんだ通常学級での教育的インテグレーションの取り組みが展開されているが、都市や大きな自治体では軽度の障害児は特殊学級に通い、小さな自治体ではむしろ通常学級に措置され補助授業を受けるケースが多くなっていった。スイスでは、生徒数の有り様が学校システムの問題に直結し、教育的インンテグレーションの動向にも影響を与えていたのである。また、近年、特殊学級に通う生徒数が飛躍的に増大している。特に学習障害児と外国語を話す児童の増加が著しいが、これはこの領域をめぐる問題が顕在化していることを示唆している。既述したように、通常学校への統合の傾向にもかかわらず、特殊学級や特殊学校の児童の割合は、特にドイツ語圏で増大し、分離した提供の要求も増した。その際、州の違いが認められ、特殊学級や特殊学校の提供の範囲や統合の学校形態の提供、財政的課題、教員・学校心理サービス等の補助・促進措置が、重要な要素となった。

　この特殊学級の設置状況について、ドイツ語圏とフランス語圏及びイタリア語圏のティチーノ州の間に差異が見られたことが指摘されている[22]。特殊学校や特殊学級への通学という全体的な分離措置は、フランス語圏やティチーノ州において、1990年代より取り除かれていき、連邦の平均より低かった。また、様々な州の学校統合形態の発展により特殊学級の減少が認められ、特殊学級に通う生徒の割合も連邦平均より低かった。しかし、その一方、イタリア語圏やフランス語圏では、ドイツ語圏の州より多くの生徒が特殊学校へ通学していた

とされる。

### (4) 特殊学校

　特殊学校は、いわゆる貧民教育にその起源を有している。中世以来、特に修道院が貧民教育に力を入れてきた。18世紀に入り、障害者は、孤児院、教育施設、救護施設等で生活を送っていたが、意図的な教育はなされなかった。18世紀の終わりに、障害児への最初の特別な教育施設が設けられた。20世紀初頭、施設関係者と教員の連携が進み、最終的に1960年の連邦障害保険法の成立が特殊学校の拡充に重要な貢献をした。当初、いわゆる「教育可能児」が支援を受け、重度障害児はいわゆる「教育不可能児」とみなされていたが、1968年の最初の連邦障害保険法の改正により、重度障害児の治療教育が行われるようになった。また、州により、「特殊学校」「治療学校」「治療教育センター」「特殊学校施設」等と呼称が異なり、財団が運営する私立学校も多数存在している。日本と同様、知的障害児の特殊学校を設置する州の数が最も多く、行動障害児の特殊学校、肢体不自由児の特殊学校の設置数が続いている。それに比べ、視覚障害児や聴覚障害児、言語障害児、病弱児の特殊学校を設置する州の数は少なく、このような特殊学校を設置している州が、周辺部の地域のニーズを満たしていた。通常学校から空間的に分離され、独自の教育方針・教育課程のもと1クラス5人から10人の子どもが受け入れられ、取り組みがなされた。また、就学前の段階もあり、ほとんどが特殊学校に併置された。

　特殊学校は、これまで、ほとんど連邦障害保険法により財政支援を受ける教育形態であったが、既述したように、2008年から、連邦障害保険法は、特殊学校の規定や財政支援から撤退し、州がその規定や財政支援を行うことになった。

## 第5節　各言語圏・州による特別なニーズのある子どもたちの教育的インテグレーションの進展の差異

　スイスでは、特別なニーズのある子どもたちの教育的インテグレーションの論議は、イタリアの反精神医学の影響を受けたティチーノ州をはじめとした南部の地域で始まった。80年代に入り、この論議は、フランス語圏、後に、ドイツ語圏に広がっていった。特に、イタリア語圏のティチーノ州では、1974年に導入された総合制学校の改革とともに、障害児の教育的インテグレーションが進み、80年代には、大部分の障害児が通常学級に統合されることになった。例えば、通常学級への統合は、イタリア語圏のティチーノ州に続いては、ジュネーブ、ジュラ等のフランス語圏の各州で進んでいる。外アッペンツェル半州、グラウビュンデン、ニトヴァルデン、オプヴァルデン、ルツェルン、ウリ、シュヴィーツ、ベルン、ゾロトゥルン、グラルス、ザンクトガレン、シャフハウゼン、トゥールガウ、地方バーゼル半州、都市バーゼル半州、ツーク、アールガウ等のドイツ語圏は、イタリア語圏やフランス語圏と比べ、遅れているとされる（各州の位置については、前掲図補-1参照）。その中で、フリブールやヴァレーなど、ドイツ語圏とフランス語圏を合わせもつ州は、同じ州でありながら、各語圏の影響を受け、複雑な展開を示している。また、チューリッヒは、スイス第一の人口を抱え、影響を与える大学も整備されているため、様々な教育的インテグレーションさらには近年のインクルーシブ教育に向けた改革がなされている。ジュネーブは、国際機関が設置されていることから、スイスでは独特の位置を占め、国際的な影響を受けた取り組みが展開されている。

　このように、各州の特別なニーズのある子どもたちの教育的インテグレーションの進展の差異には、各々の文化圏の有り様が大きな影響を与えている。従って、各々の文化圏に影響を及ぼしている隣国のイタリア、フランス、ドイツの教育的インテグレーションの状況との関連を問いながら、各州の教育的インテグレーションの取り組みの現状と問題点を明らかにする必要がある。この

ような研究を進めることにより、複合的な文化国家の中で障害のある子どもたちの教育がどのように発展してきたかを捉えることが可能になると考える。

　また、2002年の「障害者の不平等克服の連邦法」は、通常学校への障害児・者の統合を企図し、この法律をふまえた2007年10月25日の「特殊教育協定」の内容には、障害児・者の統合教育の支援の強化が盛り込まれた。これを受け、各州は、特殊教育構想をまとめ、2011年から取り組みが展開されている。この近年の改革動向がスイス全体の教育的インテグレーション及びインクルーシブ教育の進展に大きな影響を与えることになるであろう。

## 第6節　スイスの治療教育教員養成の状況―チューリッヒ州立教育大学とフリブール大学治療教育・特殊教育学部：治療教育研究所を中心に―

### (1) 後の3大学治療教育教員養成機関の展開

　ジュネーブのルソー研究所の完全な大学への統合は17年かかり、1929年のことであった。後に、「教育科学・心理学学部」という独立した別の学部に発展し、ジャン・ピアジェやベルベル・インヘルダー等の強い影響が見られた。

　ジュネーブ大学は、スイスで最初の自立した教育科学の学部を持つ大学である。この新たに設置された学部では、治療教育学は、大学の学科として承認されている。

　このように、現在、ジュネーブ大学に統合され、治療教育学科として発展しているのも、既述したようにクラパレード個人のイニシアティヴがあったことが影響していると考えられる。

　一方、チューリッヒ治療教育セミナーでは、その指導が、ハンゼルマン、モア、シュネーベルガー（Schneeberger, F.）と受け継がれ、チューリッヒ大学とも連携がはかられていくが、1973年に、ヘッセ（Heese, G.）が赴任し、1978年にはチューリッヒ大学に特殊教育講座が設けられることにより、状況に変化が生じることになる。当初、チューリッヒ治療教育セミナーの指導者が、チューリッヒ大学の教授を兼務することにより、セミナーと大学の連携が可能

になっていたが、1978年以降、チューリッヒ大学特殊教育講座とチューリッヒ治療教育セミナー各々が独立した機関となった以上、時代と共に、その関係性は薄れていった。しかし、チューリッヒ治療教育セミナーは、2001年にチューリッヒ各州間治療教育大学へと発展し、新たな展開を示している。本節では、この各州間治療教育大学と協力関係にあるチューリッヒ州立教育大学における治療教育教員養成と、学校治療教育教員養成内容に特色が見られるフリブール大学治療教育・特殊教育学部：治療教育研究所の概要と特色を指摘する[23]。

### (2) チューリッヒ州立教育大学の試み

1912年、最初の学問的に基礎づけられた理論に基づく本格的な治療教育教員養成所（ルソー研究所、後のジュネーブ大学教育科学部）を設立したクラパレードや1924年にチューリッヒ治療教育セミナーの設立を主導したハンゼルマンは、治療教育教員養成と一般教員養成との密接な関連を考えていた。そのような見解は、現在の一般教育教員養成機関のあり方にも繋がっている。本節では、紙面の都合上、2002年に設立されたチューリッヒ州立教育大学の試みに焦点をあて、その取り組みの概要を紹介したい。

チューリッヒ州立教育大学は、チューリッヒ大学やチューリッヒ各州間治療教育大学と協力関係を持ちながら、就学前段階、初等教育段階、中等教育段階Ⅰ・Ⅱの教員養成を行っている。全学生に対し、「特殊教育（Sonderpädagogik）」の必修科目が課されている（2時間の講義：7回、2時間の演習：7回、12時間の自己研修）。この講義の目的は、次のようなものである。

①学生は、チューリッヒ州の特殊教育の取り組みを知る。
②学生は、この原理に基づき教育学的に重要な方策を議論し喚起するために、特別な促進ニーズのある子どもを観察し評価する。
③学生は、新国際障害分類の基礎に基づく学校の状況を議論する方法とそれに必要な補助手段を理解し、これを実践に適用することができる。
④学生は、特殊教育の最も重要な原則と促進の概要について検討する。

さらに、学生は、選択必修として、「学校特殊教育」の重点コースを選ぶことができる。このコースでは、学校特殊教育の領域の専門知識、特に、統合された通常学級における学習困難を抱えた子どもの促進のための専門知識が伝えられ、次のような項目において13の講義が設けられている。

①多様性とインテグレーションの教授学（インクルーシブな授業成立のための理論と実践）
②特殊教育学のパラダイム（特殊教育の理論的背景）
③促進診断（テストと観察、個々のケース検討）
④Ｆ＆Ｅ方法の紹介（経験的特殊教育研究の方法的原則）
⑤チームにおける特殊教育のマネジメント（専門家や保護者等との共同の取り組みの理解、計画）
⑥個々に選択される研究プロジェクト、発達プロジェクト（学校と関わる特殊教育のプロジェクトの遂行による理論と実践の結合）

　この重点コースを選択し好成績で修了した学生は、治療教育教員養成機関（例えば、チューリッヒ各州間治療教育大学）の学校治療教育教員養成コースに進み、学校治療教育教員の資格を習得することができる。
　以上のような一般学校教員養成過程における積極的な特別なニーズ教育に関する専門知識伝達の試みは、ジュネーブ大学教育科学部においても見受けられる。このことは、通常学級において学習障害児や行動障害児、外国語を話す子ども等が増加し、通常学級教員にも特別なニーズ教育の知識、学校治療教育教員との共同が求められていることを示しているといえよう。

### (3) フリブール大学治療教育・特殊教育学部：治療教育研究所の概要
　フリブール州は、黒と白の州の紋章が示すように、北西から南東へ境界線が引かれるフランス語とドイツ語の2つの言語圏からなる州である。スイス全土では住民のほぼ25％がフランス語を話し、70％がドイツ語を話している。し

かし、フリブール州に限ってみれば、ドイツ語を話す住民とフランス語を話す住民の割合は、18％と82％である。このように、ドイツ語を話す住民の割合は、スイス全土と対照的で、少数派に属している。宗教的には、スイスで数少ないカトリック教区で、ともすれば「田舎の保守的で時代遅れの州」とも称されてきた。このような州がスイス内外で注目を集めるのも、フリブール大学及びフリブール大学治療教育研究所の存在が大きかった。フリブール大学治療教育研究所では、指導者がモンタルタ、ヘーベルリン、ブレスやニーダーマン（Niedermann, A.）と受け継がれていき、現在も、スイス全土の治療教育に大きな影響を与え続けている。スイス治療教育中央研究所以外に、機関誌を出版している大学としても知られている。この研究所の大きな特徴は、ドイツ語圏とフランス語圏からなるフリブールという州の特徴から、ドイツ語部門とフランス語部門を有していることである。

　1934年の設立以来、フリブール大学治療教育研究所から、多くのディプロムが交付され、また、多くの治療教育教員が、この治療教育研究所で研修・研究を行ってきた。さらに、スイスの様々な地域で、継続教育の取り組みが行われてきた（国内外から1000名の参加者があった大きな休暇コース、特別な研究大会や特別な継続教育コース等）。

　この長い歴史をもつフリブール大学治療教育研究所は、1999年に、フリブール大学哲学学部の新たな組織改革を受けて、治療教育・特殊教育学部と治療教育研究所に分割された。その結果、治療教育・特殊教育学部が、学校内外の治療教育・特殊教育研究の研究と教育の責任を負い、治療教育研究所の修了生の免許資格の授与にも責任を負うことになった。さらに、2003—2004年度に、フリブール大学哲学学部のボログナ改革により、その後発行された治療教育研究所の免許資格のディプロム[24]とフリブール大学哲学学部のディプロムが同等の価値を持つことになった。

　この治療教育研究所では、学校治療教育のディプロム、臨床治療教育・社会教育のディプロム、言語療法士のディプロムの取得が可能である。この中で、学校治療教育のディプロムにしぼり、その特色を述べることにする。

### (4) フリブール大学における学校治療教育教員の基本養成

　学校治療教育教員は、学級（治療教育幼稚園、小学級、特殊学校・学級、幼稚園・初等教育・中等教育Ⅰ段階の統合された学校形態の学級）の指導、児童・生徒個々やグループの援助、学校治療教育の移動サービスの協力、授業と関連する相談や随伴等を行う。この学校治療教育教員の免許付与は、これまで、各大学に一任されてきたが、1998年に国家免許として規定された。この動向に、フリブール大学が大きな影響を与えてきた。

　学校治療教育教員養成は、スイスでは、既に取得した教員免許（例えば、幼稚園、小学校、オリエンテーション学校、家政）の上に履修が提供される「上部構造の履修」であったが、最初はフリブール大学においてのみ、基礎免許を保有していなくても、大学の開講科目履修後提供される「基本履修」を認めていた。このことは、次のような理由による。すなわち、実際に20歳で学校治療教育教員になりたいという多くの若者の存在が認められるが、このような若者が上部構造の履修を終えるのは早くても27歳で、個人の心理的経済的負担の上でも教育的経済的にも問題がある。そのため、養成における諸原理と職業的なノウハウを短期間で十分に伝える工夫をし、持続的な継続教育で補うことによって、短期間の「基本履修」を可能にしたのである。

　このような斬新な取り組みは、言語境界線上の大学であるフリブール大学が、東のドイツ語圏スイスと西のフランス語圏スイスの両者から方向づけられ、進歩的な治療教育教員養成の構想が可能になったことによるといえる。

　この学校治療教育教員の養成の概要は、次のようである。まず、履修については、教員免許の保持者に対して5セメスター、免許のない学生に対して8セメスターであり、履修課程は、基礎的専門、職業に固有の専門、実践コースと実習からなる。

　まず、基礎的専門には、650時間あてられ、授業活動のためのしっかりとした学問的原理の習得がめざされる。第一に、教育学や治療教育学のような主要学科や心理学や医学、社会学、法律のような隣接学科において、授業活動のためのしっかりとした学問的原理の習得がめざされる。その際、教員養成との履

修内容の結合は、特に、演習や実習前後の協議、実習の随伴、自身の授業のビデオの形式で行われる。

　職業固有の専門には、約1000時間あてられ、学習障害児教育、知的障害児教育、行動障害児教育の講義やそれに相応する教授学の講義により、職業領域に必要な知識の習得がはかられる。さらに、創造的な領域のいくつかの演習は、教授の提供を完全に仕上げる役割を果たしている。発達心理学の原理の深化とその話し言葉の発達や書き言葉の発達、思考の発達、算数の習得への適用が重視されている。

　実習には、オリエンテーション実習や長期の教育実習があり、専門的な目標設定のもと、学生は、大学教員と共同研究者、実習教師の援助により、2人共同で実習を行っている。

　このようなフリブール大学の学校治療教育教員養成には、次のような特徴がある。

　第一は、他のコース同様、ボランテイアを重視していることである。ボランテイア活動により、障害者との関わりや職業的適性を知り、学校の教育領域に関心があるか、施設教育の領域に関心があるか、言語治療教育の領域に関心があるかという3つのコース選択の契機を与えるという。

　第二は、基本履修の卒業生が、障害児のインテグレーションをふまえ、通常学校でも授業することができるよう、初級クラス（下級3学年）の教材づくりの力を修得することである。学校活動の主要部分は、算数や書き言葉の習得に子どもを導きいれることにあり、学校治療教育教員養成では、この側面に、優先的な意義を置いている。

　第三は、学生には、既に他の教員免許をもつ学生とマテュラ[24]のみをもつ学生がおり、教員免許の保有者には自由選択のコースが用意される。特に、重複した講義の履修が避けられ、最新の教育学や教育心理学、教授学、あるいは発達心理学のような領域の講義が重視される。というのも、教員免許を保有する学生は、何年か前の様々な教員養成機関の出身者であるためである。

　学校治療教育教員養成において問われるのが、理論と実践の結びつきであり、

フリブール大学では、1994年から、スイスで治療教育のカリキュラム研究や授業研究を精力的に進めているニーダーマンを中心に、LISA[25]という取り組みを試み、深化・発展させている。次節では、この内容について検討する。

### (5) LISA の取り組み

LISA (Lernbereichorientiertes Instrument zur semesterübergreifenden Ausbildungs-begleitung) は、理論と実践を結びつけ、学生の自己責任に気づかせていく学校治療教育教員養成の補助手段で、事物の専門知識、社会の専門知識、自己の専門知識から構成される。

その内容は、以下のようである。

1. 事物の専門知識
    1. 1. 授業の準備と授業の計画
    1. 2. 教授学による授業の指導
    1. 3. 援助における診断の専門知識
    1. 4. 授業の評価
    1. 5. 芸術の実践領域

2. 社会の専門知識
    2. 1. 相互活動とその雰囲気
    2. 2. コミュニケーション能力と接触能力
    2. 3. 感情移入能力、対話の態度、情緒的経験
    2. 4. 衝突と批判の関係
    2. 5. 共同・協調能力

3. 自己の専門知識
    3. 1. 動機と行為の準備
    3. 2. 柔軟性と自律性

### 3.3. 自敬、信頼

例えば、「社会の専門知識」の具体化について以下のように示されている。

○感情移入能力、対話の態度、情緒的経験

○私は、次のような能力についての課題に真剣に取り組みたい。
—私のメモ

（社会的態度の観察）

・個々の子どものニーズに理解を示すこと
・クラスあるいは個々の雰囲気を知ること
・1つ1つのグループ（例えば、男子と女子）やクラスにおける社会的出来事や過程を捉え、そのことへの共同の感情を抱き、理解（喜び・驚き・不安・興奮・愛情）を示すこと、緊張や衝突を理解しそれに取り組むこと
・少数者（外国人の子ども、特別な学習困難をもつ子ども、目立たない子ども等）と意識的な関わりをもつこと
・子どもの表現様式の様々な形態の理解に努めること（行動の典型、スケッチ、経験の描写等）
・異なった状況に自らをおくこと
・子どもの行動の変化に気づくこと
・無理をせず偏見をもたず子どもに向かうこと
・肯定的評価を受け入れ表現すること

このようなLISAの取り組みによって学生は、自らの事物の専門知識、社会の専門知識、個人の専門知識の有無を検討することができる。また、この取り

組みは、あくまでも、実習生個人の自己責任の意識を育てるもので、実習生は、自らこの領域を自覚して学習すること、個人的な養成のニーズを発見し、相応する措置を導き出すこと、自己を認め他者を認める手段によって、自信を得ることを可能にするという。この養成内容は、日本の特別支援教育コーディネーターの養成内容にも参考になるといえる。

## 第7節　スイスにおける治療教育教員養成の改革の動向

　本節では、大きな改革が進みつつあるスイスの全体的な治療教員養成の動向と課題を指摘することにする。
　スイスの治療教育教員養成は、これまで、総合大学、教育大学、専門単科大学、治療教育大学、高等専門学校等様々な機関で行われてきたが、ビューリー等は、特別ニーズ教育に関わって、次のような3つの教員養成の改革のポイントを指摘している[26]。

①学校治療教育教員養成の再構成と関わった大学の教員養成及び継続教育が求められる。
②専門家グループの一員としての教員養成において、治療教育についての専門化が可能となる。
③全ての教員に対し、治療教育の知識の導入が求められる。

　この中で、3点目の通常学校教員への治療教育の知識伝達の問題に絞り、教員養成の課題について述べることにする。
　トーメン（Thommen, B.）は、通常学校教員に対し、治療教育についての専門的知識を伝える必要性の根拠として、次の5点を挙げている[27]。
　第一は、「課題領域および活動領域の重なり」である。通常学校教育と治療教育の課題領域および活動領域は、一面的に区分することができないという。
　第二は、「通常学級における異質性の増大」である。近年、通常学校教員は、

子どもの異質性——子どもの学習能力や、社会的言語的文化的特徴による異質性——に対応しなければならないという。第三は、「通常学校領域における治療教育措置の増大」である。通常学校への治療教育の支援の提供は、拡充されてきており、国民学校の最初の3学年で、たとえばチューリッヒ州では全ての子どもの57％が、特別の措置を要求しているという（その際、治療教育措置と並んで、学級での補習も導入されている）。第四は、「より一層の予防」の必要性である。通常学校が、学習困難や行動障害の予防に寄与するためには、通常学校教員に、治療教育の専門的知識が伝えられなければならないという。第五は、「統合的な学校形態」の増加である。さまざまな小規模や大規模な学校実験で、統合モデルが試され、政策の側や保護者の側によって、教育困難や障害のある子どものインテグレーションへの諸努力が求められているという。そのため、通常学校教員は、治療教育の課題に、よりいっそう取り組まなければならず、治療教育教員と通常学校教員の共同が必要とされる。

このような理由から通常学校教員に治療教育の専門的知識をどの程度どのように伝えるかという課題が生じるのである。

スイス各州間教育局長会議（EDK）は、この通常学校教員養成における取り組みの進展を求め、1985年、次のような勧告を行っている[28]。

「学校内で活動する教員や専門家の基本養成および継続教育において、学習困難のある生徒のニーズを考慮しなければならない。すなわち、関連する養成機関や研究機関の共同および様々な養成機関の実践的関わりが、学校における特殊教育的措置の効果的活用のための重要な前提である」

1994年に、スイス各州間教育局長会議は、「教員養成における特殊教育」の勧告書27を刊行している[29]。

さらにスイス各州間教育局長会議は、就学前段階、初等教育段階、中等教育段階の教員に対する教育大学のディプロム（教員資格）承認についての規定で、基本養成のカリキュラムにおいて特殊教育の側面が顧慮されなければならないことを指摘している[30]。

「その養成は、1つの州あるいは複数の州により承認されるカリキュラムに

基づき行われる。それは、とくに教育科学の領域（特殊教育や文化間教育の側面を含む）各段階の教授学、専門教授学、専門の養成、職業実践の養成を包括する」(1999年　就学前段階・初等教育段階の教員に関する教育大学のディプロム承認規定)。

　また、スイス治療教育教員養成機関連盟は、スイス各州間教育局長会議（EDK）による指摘をふまえ、細分化された内容の原則を提起するために、「教員養成における治療教育の重要な専門的知識の伝達」(2003)の意見書を提出している[31]。その結果、チューリッヒ教育大学やジュネーブ大学教育科学部では、特別ニーズ教育科目の必修化等、通常学校教員養成過程での積極的な特別なニーズ教育に関する専門的知識伝達の試みがなされている[32]。

## おわりに

　以上がスイス治療教育（学）の歴史、現状、課題の概要であるが、最後に、スイス治療教育研究の意義をここで簡潔に示しておきたい。

　第一は、欧米の特別ニーズ教育は、多様性、独自性により特徴づけられるが、その最も明確な姿がスイスに見られることである。今後、ＥＵの統合が進み、ユーロランドとしても広がりをみせていく中で、独自性を持ちながらの各国の特別ニーズ教育システムの影響関係が問われてくると思われるが、スイスでは、既に国内でこのような試みがなされているのであり、その構造を探ることは欧米の今後の状況を知る上でも興味深い。

　第二は、スイスと日本の特別ニーズ教育の類似性と差異である。差異については、まず、第一の意義とも関わっているが、日本の特別支援教育の国家的管理とスイスの治療教育の州・地方自治体の多様性の尊重に見られる。また、学習指導要領のようなものは、スイスには存在せず、教育内容・方法はすべて個々の学校、教師にまかされているのである。その内容は、個別指導と個別評価が中心となっている。筆者は、スイスの知的障害児の特殊学校を訪問する機

会を得たが、そこには個別の指導計画と評価表しかなく、授業全体の評価は記録として残さないということだった。案内して頂いた言語療法士の方は、そのような対応の理由として、障害児は、障害が似かよっていても１人１人の存在は異なっていることを強調されていた。しかし、実際の授業をみれば、調理等日本と同じような内容で展開され、共同の活動も組み込まれていた。筆者は、スイスでは共同の活動をふまえた授業の視点が極めて曖昧で、授業の構造をふまえた研究自体も不十分であることを痛感した。むしろ、集団性と授業研究の観点については日本の方がみるべきものがあるともいえる。その一方、個別性への着眼と言語療法士や運動療法士等専門家集団の連携の面では、スイスから学ぶべき点があると思われる。

　類似性は、特別ニーズ教育システムの「継承性」の中に存在する。日本では、保守的政権が継続することにより、学校教育法においても、大きな改正が見られなかったが、スイスでも、言語圏や州・地方自治体のバランスをとることとスイスの継承を重視する国民性により、変革の歩みは緩やかであった。例えば、ドイツ連邦共和国においては、障害児教育や特別ニーズ教育、インクルーシブ教育の概念の普及が見られるのに対し、スイスでは、今なお治療教育の概念が主に用いられている。また、1960年に施行された障害保険法も、僅かな修正はなされてきたが、これまで大きな改正はなされてこなかった。しかし、2004年の「連邦と州の財政の調整と責務の分担の改変」（ＮＦＡ）についての国民投票の採択によって、2008年１月１日から、特殊教育の専門的法的財政的責務、権限は、連邦から州に移され、連邦障害保険法は廃止されることになった。今、スイスは、「障害者の不平等克服の連邦法」と州間教育局長会議の「特殊教育協定」が指摘する統合教育強化の方向に向け進もうとしている。日本もまた、障害者の権利条約の批准と学校教育法の改正に向け、特別支援教育の改革の論議がなされているのである。

　このような類似性と差異を究明することにより、各々の特別ニーズ教育システムの課題を明らかにすることができると考える。

　第三は、スイスの治療教育思想が欧米の障害のある子どもの教育思想、特に、

ドイツ語圏の障害のある子どもの教育思想に与えた影響である。そのための1つの試みとして、筆者は本研究で、戦後のヨーロッパの障害児教育の復興に力を尽くし、ヨーロッパで最初の大学における治療教育講座の教授となったスイスの治療教育家、ハンゼルマンの生涯とその治療教育思想の特色を明らかにした。本研究を基盤として、さらにスイスの治療教育の思想、制度、教育内容・方法等の歴史・現状・諸課題について、今後も明らかにしていきたい。

註)
1) 筆者は、三度のスイスへの渡航において、コビーやへーベルリン、ビューリー、ブレス等の主要な治療教育研究者と会い、各々の治療教育（学）に対する見解、スイスの治療教育の現状と課題などについて情報収集・資料収集を行った。その後も、研究に対しての情報交換を続けている。
2) 戦後、ドイツ教育学において、精神科学的教育学、批判的合理主義、批判理論等による学の自立性論議が展開されるが、その影響は、治療教育学にも及ぶ。ハンゼルマン、モア亡き後は、スイスよりも、むしろ、ドイツが治療教育学の学の自立性論議の主導権を握っていく。その中で、批判的合理主義のブライディックの障害児教育学の主張も大きな影響を与え、フリブール大学を主導していたへーベルリンはその理論も吸収しつつ、スイスで、彼独自の治療教育学を体系化していった。
3) 代表的著作として、Haeberlin, U. (1996) : Heilpädagogik als wertgeleitete Wissenschaft, Bern. などがある。
4) Haeberlin. U. u.a. (1990) : Die Integration von Lernbehinderten. Versuche, Theorien, Forschungen, Enttäuschungen, Hoffnungen, Bern. / Derselbe u.a. (1992) : Zusammenarbeit-Wie Lehrpersonen Kooperation zwischen Regel-und Sonderpädagogik in integrativen Kindergarten und Schulklassen erfahren, Bern.
5) Kobi, E. (1993) : Grundfragen der Heipädagogik, Bern. / Derselbe (1977) : Modelle und Paradigmen in der heilpädagogischen Theoriebildung. In Bürli, A. (Hrsg.) : Sonderpädagogischen Theoriebildung, Luzern. / Derselbe u.a. (1984) : Zum Verhältnis von Pädagogik und Sonderpädagogik, Luzern. / Derselbe (1988) : Heilpädagogische Daseinsgestaltung, Luzern. / Derselbe (1992) : Behindertsein aus heutiger Zeit. In : Haupt,U.

u.a. (Hrsg.) : Antosse zu neuem Denken in der Sonderpädagogik, Pfaffenweiler.
6) Bürli, A. (1981) : Schulorganisatorische Integrationsmodelle. In : Bonderer, E.u.a. (Hrsg.) : Schweizer Beiträge zur Integration Behinderter,Luzern,Ss.93-108. / Derselbe (1991) : Modelle der Integration, Schweizerische Lehrerzeitung, (3). / Derselbe (1985) : Zur Behindertenpädagogik in Italien, England und Danemark, Luzern. / Derselbe u.a. (Hrsg.) (1994) : Schulische Integration behinderter Kinder. Beispiele aus der Schweiz, Luzern. / Derselbe u.a. (1993) : Europaische Gemeinschaftbehindertenfrundlich?, Luzern.
7) Schweizerische Zeitschrift für Heilpädagogik の雑誌は、現在もスイスの治療教育の研究・実践情報を伝える上で、重要な役割を果たしている。
8) Bless, G. (1995) : Zur Wirksamkeit der Integration, Bern.
9) Sturny-Bossart, G. (1996) : Immer mehr Schulerinnen und Schuler in Kleinklassen und Sonderschulen, Schweizerische Zeitschrift für Heilpädagogik(1), Ss.8-12.
10) Hoyningen-Süess, Urs. (1992) : Sonderpädagogik als Wissenschaft. Heinrich Hanselmanns Theorie der Sonderpädagogik, Luzern.
11) Behindertenpädagogik の研究誌は、現在もドイツの障害児教育研究の動向を知る上で重要な研究誌で、特に、障害児の教育的インテグレーション、教育的インクルージョンの理論の提起、実践の情報交換の役割を果たしている。
12) Vierteljahresschrift für Heilpädagogik und ihre Nachbargebiete.
13) ホーレンベガーは、Hollenweger, J. (2008) : Die WHO veröffentlicht eine ICF-Version für Kinder und Jugendlicher (ICF-CY), Schweizerische Zeitschrift für Heilpädagogik,1 Jahrgang, Ss.11-16. / Derselbe u.a. (2008) : Behinderung beim Übergang von der Schule ins Erwerbsleben. Expertenberichte aus drei deutschsprachigen Ländern, Zürich. / Derselbe u.a. (2007) : Inclusive Education: Model für die Schweiz?, Bern. 等の論稿をまとめ精力的に研究を進めている。
14) Bundesverfassung der Schweizerischen Eidgenossenschaft vom 18. April 1999 (Inkrafttreten 1. Januar 2000).
15) Bundesamt für Sozialversicherung:Bundesgesetz über die Invalidenversicherung (IVG) und Verordnung über die Invalidenversicherung (IVV) aus 1960, 1968, 1988, 2003, 2004.
16) Christianne Buchner (1997) : <Die Invalidenversicherung unterstützt integrative Massnahmen, Schweizerische Zeitschrift für Heilpädagogik, Ss.8-9> において、シュニーダーの問題提起が掲載され、社会保険省の見解を知ることができる。
17) Bundesgesetz über die Beseitigung von Benachteilgungen von Menschen mit Behinderungen (Behindertengleichstellungsgesetz) vom 13. Dezember 2002 (Inkrafttreten 1.

Januar 2004).
18) Neugestaltung des Finanzausgleichs und der Aufgabenteilung zwischen Bund und Kantonen 2004.
19) Interkantonale Vereinbarung über die Zusammenarbeit im Bereich der Sonderpädagogik (Sonderpädagogik-Konkordat) 2007 (Inkrafttreten 1. Januar 2008).
20) Sturny-Bossart, G. u.a. (1991) : Besondere Schulung im Bildungssystem der Schweiz, Aspecte Aspects 41, Ss.5-88 や Bürli, A. (Projektleiter der EDK) (2005) : Heil-/Sonderpädagogik im Rahmen des schweizerischen Bildungswesens, Ausgangslage und Perspektiven, Bern. 等参照。
21) Sturny-Bossart, G. u.a. (1991) : Besondere Schulung im Bildungssystem der Schweiz, Aspecte Aspects 41, Ss.5-88.
22) EDK/IDES (2007) : Sonderpädagogik. In Eurybase-The database on education systems in europe.
23) Niedermann, A., Bless, G. (1992) ; Heilpädagogischer Stützunterricht, Aspecte Aspects44, Ss.3-48. / Niedermann, A.u.a. (2006) : Heilpädagogische Unterrichtsgestaltung, Bern. / Derselbe u.a. (2007) : Förderdiagnostik im Unterricht, Luzern.
24) ディプロムとは、大学卒業証書のことで、場合によっては、免許状に相当する。また、マテュラとは、高等学校卒業時の大学入試資格試験のことで、これを取得して大学を受験することができる。ドイツのアビテュア（Abitur）にあたる。
25) Niedermann, A. (1995) : Grundständige Ausbildung von schulischen Heilpädagoginnen und Heilpädagogen, Beiträge zur Leherebildung, (2), Ss.160-167.
26) Bürli, A. (Projektleiter der EDK) (2005) : Heil-/Sonderpädagogik im Rahmen des schweizerischen Bildungswesens, Ausgangslage und Perspektiven, Bern., S.236.
27) Thommen, B. (2003) : Vermittlung heilpädagogisch relevanter Kompetenzen in der Ausbildung von Regellehrpersonen und die Konsequenzen für die Heilpädagogik. In : Schweizerische Zeitschrift für Heilpädagogik, 9. Jahrgang, Ss.5-7.
28) EDK (1985) : Kinder mit Schwierigkeiten in der Schule. Lösungsmöglichkeiten und Förderungsmassnahmen, Bern, S.22.
29) EDK (1994) : Sonderpädagogik in der Lehrerbildung (Dossier 27), Bern.
30) EDK (1999) : Reglement über die Anerkennung von Hochschuldiplomen für Lehrkräfte der Vorschulstufe und der Primarstufe, 10. Juni, Bern, Art.3, Absatz 6.
31) Verband der Heilpädagogik Ausbildungsinstitute der Schweiz (2003) : Vermittlung heilpädagogisch relevanter Kompetenzen in der Lehrerinnen und Lehrerausbildung. Positionspapier, Luzern.
32) Vgl. Bättig,H. und Hollenweger, J. (2003) : Sonderpädagogik an der Pädagogischen

Hochschule Zürich. In : Schweizerische Zeitschrift für Heilpädagogik, 9. Jahrgang., Ss.14-18. ／ Sonderpädagogische Hochschule Zürich (2006) : Akademischer Bericht 2006. ／ Pelgrims, G. (2003) : Sonderpädagogik in der Ausbildung der Primarlehrpersonen im Kanton Genf. In : Schweizerische Zeitschrift für Heilpädagogik, 9. Jahrgang., Ss.19-25.

資　料

## 1. Heinrich Hanselmann 文献目録

(1) 1911 Über optische Bewegungswahrnehmung (Dissertation), Zürich.
(2) 1912 Über die zukünftige Entwicklung der Steinmühle, Ms.
(3) 1916 Die Arbeitslehrkolonie und Beobachtungsanstalt Steinmühle (Erzieherische Aufgaben und grundsätzliche Bedeutung der Organisation) : In Zeitschrift für Kinderforschung, 21 Jg., Ss. 117-132 und Ss. 233-248.
(4) 1916 Über eine externe Arbeitslehrkolonie : In Die Hilfsschule, 9Jg., Heft7/8, Ss.146-153 und Ss.169-177.
(5) 1917 Vorschläge zur zweckmäßigen Organisation von Fürsorgeanstalten : In Zeitschrift für Kinderschutz und Jugendfürsorge, 9Jg.
(6) 1917 Thomas, Ms.
(7) 1918 Das private Fürsorgewesen in der Schweiz : In Schweizerische Zeitschrift für Gemeinnützigkeit, Heft 2.
(8) 1920 Die Fürsorge für die schulentlassenen Schwachbegabten, Glarus, Ss. 35-65.
(9) 1920 Schule und Jugendfürsorge : In Pro Juventute, 1 Jg.
(10) 1921 Vom Wesen und der Erziehung des Kleinkindes, : In Schweizerische Lehrerzeitung.
(11) 1922 Arbeitslos : In Pro Juventute, 3 Jg., Ss. 3-5.
(12) 1922 Was will die Stiftung? Pro Juventute, Herzogenbuchsee (Vortrag).
(13) 1923 Vom Wesen der privaten Fürsorge : In Schweizerische Zeitschrift für Gesundheitspflege, 3 Jg.
(14) 1924 Die psychologischen Grundlagen der Heilpädagogik (Habilitationsschrift), Ms. (auch datiert mit 1923).
(15) 1925 Das Heilpädagogische Seminar in Zürich : In Lesch, E. (Hrsg.) Bericht über den Zweiten Kongreß für Heilpädagogik in München 1924, Berlin, Ss. 15-20.

(16) 1925　Das Reifwerden des Menschen : In Schweizerische Zeitschrift für Gesundheitspflege, 5 Jg.

(17) 1926　Die Idee von Albisbrunn, Ms.

(18) 1926　Das Heilpädagogische Seminar Zürich, Glarus (Vortrag).

(19) 1927　Pestalozzi und wir, Schönenwerd.

(20) 1927　Heilpädagogik und heilpädagogische Ausbildung in der Schweiz : In Schweizerische Pädagogische Zeitschrift, Sonderheft Nr. 7/8.

(21) 1928　Wer ist normal? : In Schweizerische Pädagogische Zeitschrift, 38Jg., Heft 10/11, Ss. 251-259 und Ss. 283-287 (nach einer Antrittsvorlesung von 1925).

(22) 1928　Über heilpädagogische Ausbildung : In Zeitschrift für Kinderforschung, 34. Bd., Heft 2, Ss. 113-124.

(23) 1928　Aufgaben der Heilpädagogik, Pfäffikon (Vortrag von 1927).

(24) 1928　Steinmühle Erinnerungen. In Z.f. Kinderfor. 34, H.2, S.125.

(25) 1929　Die Erziehung der "faulen" Kinder zur Arbeitsfreude : In Lesch, E. (Hrsg.) Bericht über den Vierten Kongreß für Heilpädagogik in Leipzig 1928, Berlin, Ss. 309-315.

(26) 1929　Erziehungsberatung und Erziehungsberatungsstellen : In Schweizerisches Jahrbuch der Jugendhilfe, Bd. 8.

(27) 1930　Einführung in die Heilpädagogik, Zürich (2. Auflage und neues Vorwort, 1932 : 3. Und 4. durchgesehene Auflage und neues Vorwort, 1946/1953 : 4. und 5. durchgesehene Auflage und neues Nachwort, 1953/1958 : 6. Auflage, 1962 : 7. Auflage, 1966 : 8.Auflage mit Nachtrag und Hinweisen von Widmer, K., 1970 : 9. Auflage, 1976).

(28) 1930　Schwererziehbare (Unsere Sorgenkinder, Heft 1), Glarus.

(29) 1930　Heinrich Hanselmann und Zeltner : M. Fünf Jahre Albisbrunn 1925-1929, Affoltern a. A.

(30) 1930　Schwererziehbare Kinder (Internationale Vereinigung für Kinderhilfe),

Genf, Ss. 27-43/Ss. 110-137.

(31) 1930 Über die theoretische und praktische Ausbildung des Anstaltsleiters : In Fachblatt für Heimerziehung und Heimleitung, 1 Jg., Ss. 6-19.

(32) 1931 Jakobli, aus einem Büblein werden zwei, Zürich.

(33) 1931 Jakob, sein Er und sein Ich, Zürich.

(34) 1931 Vom Umgang mit sich selbst, Zürich.

(35) 1931 Vom Umgang mit Andern, Zürich.

(36) 1931 Vom Umgang mit Gott, Zürich.

(37) 1931 Geschlechtliche Erziehung des Kindes, Zürich.

(38) 1931 Zur Psychologie des Anstaltsleiters : In Bericht über den Fünften Kongreß für Heilpädagogik in Köln 1930, Ss. 680-693.

(39) 1932 Was ist Heilpädagogik? Arbeiten aus dem Heilpädagogischen Seminar Zürich, Heft 1, Zürich (nach einer Antrittsvorlesung von demselben Jahr).

(40) 1932 Heilpädagogik als Wissenschaft, Randbemerkungen zu einer Theorie der Heilpädagogik : In Die Hilfsschule, 25 Jg., Heft 1, Ss. 34-39.

(41) 1933 Fröhliche Selbsterziehung, Zürich.

(42) 1933 Bildungs-und Erziehungsmöglichkeiten in der heutigen Volksschule, Schleitheim (Auszug aus einem Vortrag).

(43) 1934 Sorgenkinder, daheim und in der Schule, Zürich.

(44) 1934 Vom Sinn des Leidens, Zürich.

(45) 1934 Wissenschaftliche und praktische Haltung in der Heilpädagogik : In Zeitschrift für Kinderforschung, 43 Bd., Heft 2, Ss. 76-78.

(46) 1934 Über das Bewegungsprinzip als Unterrichts-und Erziehungshilfe : In Schweizerische Lehrerzeitung, Nr.51.

(47) 1935 Sterilisation und nachgehende Fürsorge : In Heilpädagogik, 5 Jg., Nr.4, Ss. 529-531 (Beilage in Schweizerische Lehrerzeitung).

(48) 1936 Vom Sinn der Arbeit, Zürich.

(49) 1936　Vom Umgang mit Frauen, Zürich.
(50) 1937　Erziehungsberatung, Zürich.
(51) 1937　Erziehung zur Arbeit : In Im Dienste der Gesundheit, 5 Jg., Nr.2.
(52) 1938　Über heilpädagogische Behandlung geistesschwacher und psychopathischer Kinder, Nebst Anhang ; Heilpädagogische Behandlung Mindersinniger und Sinnesschwacher : In Benjamin, E. u.a., Lehrbuch der Psychopathologie des Kindesalters für Ärzte und Lehrer, Zürich, Ss. 309-376.
(53) 1938　Musikalische Erziehung und Heilpädagogik, Ms (Vortrag).
(54) 1938　Nächstenliebe?, Zürich.
(55) 1938　Heilpädagogik und Fürsorge, o.O. (Vortrag an der Tagung des Internationalen Komitees Sozialer Schulen).
(56) 1939　Heilpädagogik in der Zukunft : In Sonderheft der Schweizerischen Erziehungsrundschau, Nr.9.
(57) 1940　Heilpädagogik in Gegenwart und Zukunft : In Heinrich Hanselmann und Simon, T. (Hrsg.), Bericht über den I. Internationalen Kongreß für Heilpädagogik in Genf 1939, Zürich, Ss. 17-24.
(58) 1940　Sinn und Segen des Leidens, Ms.
(59) 1941　Grundlinien zu einer Theorie der Sondererziehung (Heilpädagogik), Zürich.
(60) 1942　Brief von Heinrich Hanselmann an Steinberg, S.D., datiert vom 14. Okt. 1942.
(61) 1942　Kraft durch Leiden, Zürich (Zitatanthologie).
(62) 1942　Aufgaben der zukünftigen Familienhilfe : In Pro Juventute, 23 Jg. (Einführungs Vortrag am Kongreß Jugend und Familie).
(63) 1943　"Sollen wir gegen die Entartung kämpfen?, " Ms.
(64) 1944　Werktag in der Liebe und Ehe, Zürich (ausgewählte Kolumnen aus der Illustrierten Sie und Er).
(65) 1945　Das Kind als körperlich-seelische Ganzheit : In Pro Juventute,26 Jg.,

Heft 2.
(66) 1945 Schwester und Patient, Zürich (Vortrag am Fortbildungskurs der Schweizerischen Pflegerinnenschule).
(67) 1946 Der Wille zur Gesundheit, (Kolumne).
(68) 1947 Die Entwicklung des Seelenlebens des Kindes, Ms. (9 Vorlesungen, Ss. 1947-48 und Ss. 1948, mit Sachwortverzeichnis).
(69) 1947 Vortrag an der Sepeg-Konferenz (Internationale Studienwochen für das kriegsgeschädigte Kind), Ms.
(70) 1947 Über ärztliche und nicht-ärztliche Psychotherapie : In Zeitschrift für Kinderpsychiatrie, Heft 1/2.
(71) 1949 Über die Ausbildung von Heilpädagogen, Ms. (veröffentl. 1950, In 2. Internationaler Kongreß für Orthopädagogik, V. Houte und Stokvis (Hrsg.), Amsterdam, Ss. 42-57).
(72) 1950 Zur 25. Jahresversammlung der Schweizerischen Hilfsgesellschaft für Geistesschwache, In Berner Schulblatt, Nr. 11.
(73) 1951 Andragogik-Wesen, Möglichkeiten, Grenzen der Erwachsenenbildung, Zürich.
(74) 1952 Die Anfechtungen der jungen Ursula, Zürich.
(75) 1952 Kind und Musik, Zürich.
(76) 1952 Das Spiel des Kindes, eine entwicklungsbedingte Notwendigkeit : In Pro Juventute, 33Jg., Nr.5/6, Ss. 178-182.
(77) 1952 Vom Spielen und vom Spielzeug des kleinen Kindes, Heilung mit Defekt, Mutter und Kind : In Jahrbuch für Kinderpflege und Familienglück, Meiringen.
(78) 1952 Über die Schulunlust des Kindes : In Schweizerische Erziehungsrundschau, Nr.8.
(79) 1953 Heilpädagogik in der Zukunft, In Acta Psychotherapeutica, Heft 1.
(80) 1954 Sorgenkinder, daheim, in der Schule, in der Anstalt, in der menschlichen

Gesellschaft, Heilpädagogik im überblick, Zürich (2. Völlig veränderte Auflage).

(81) 1954 Mensch und Arbeit, in Mitteilungen des Kantonalen Amtes für berufliche Ausbildung in Bern, Nr.4, Ss. 180-185, auch in Die Deutsche Berufs-und Fachschule, Monatszeitschrift für Wirtschaftspädagogik, 50. Bd., Heft 11, Ss.820-825.

(82) 1954 Auf Euch Eltern kommt es an, in Die berufliche Ausbildung, Heft 3.

(83) 1955 Heilpädagogik-Wesen, Möglichkeiten, Grenzen : In Asperger, H. u.a. (Hrsg.) Bericht des Dritten Internationalen Kongresses für Heilpädagogik in Wien 1954, Ss. 31-43.

(84) 1955 Forschen und Helfen, in Unsere Jugend, Nr.8.

(85) 1955 Ziel der Bildung und Erziehung des Kindes : In Internationale Bodensee-Zeitschrift, 5 Jg., Nr.2, Ss.20-22.

(86) 1955 Was ich wollte : In Internationale Bodensee Zeitschrift, 5 Jg., Nr.2, Ss. 19-20.

(87) 1955 Die Familie als Urzelle und Nährboden alles menschlichen Gemeinschaftslebens : In Pro Juventute, 36 Jg., Nr. 2/3.

(88) 1955 Der junge Mensch und die Liebe : In Die berufliche Ausbildung, Heft 2.

(89) 1956 Forschen-und Helfen, In Schweizerische Monatshefte, 36 Jg., Ss. 689-693.

(90) 1957 "Halbstark"-ganz schwach : In Pro Juventute, 38 Jg., Nr. 7/8.

(91) 1959 Fritz Wartenweiler als Schriftsteller : In Das Volksbildungsheim.

(92) 1960 Alt werden-alt sein, Vom Sinn des Altwerdens, Zürich.

(93) 1961 Heilpädagogik : In Frankl, E.V. u. a. (Hrsg.) Handbuch der Neurosenlehre und Psychotherapie, Bd.5, München, Ss.357-366.

(94) 1962 Von der Musik, in Lobgesang der Musik, Nr.9.

(95) 1962 Heilpädagogik und Volksschule in der Schweiz, Erziehungsgedanke und Bildungsweisen, Frauenfeld.

(96) 1962　Jakob III (Jakob, der Mann), Ms.

## 2. 主要引用・参考文献

—ハンゼルマンの文献—

1) Hanselmann, H. (1916) : Die Arbeitslehrkolonie und Beobachtungsanstalt Steinmühle (Erzieherische Aufgaben und grundsätzliche Bedeutung der Organisation). In Z. f. Kinderfor., 21 Jg., Ss. 117-132 und Ss. 233-248.

2) Hanselmann, H. (1916) : Über eine externe Arbeitslehrkolonie : In Die Hilfsschule, 9Jg., Heft7/8, Ss.146-153 und Ss. 169-177.

3) Hanselmann, H. (1918) : Das private Fürsorgewesen in der Schweiz : In Schweizerische Zeitschrift für Gemeinnützigkeit, Heft 2.

4) Hanselmann, H. (1920) : Die Fürsorge für die schulentlassenen Schwachbegabten, Glarus, Ss.35-65.

5) Hanselmann, H. (1922) : Arbeitslos, in Pro Juventute, 3 Jg. Nr.3, Ss. 3-5.

6) Hanselmann, H. (1925) : Das Heilpädagogische Seminar Zürich. In Lesch, E. (Hrsg.) Bericht über den Zweiten Kongress für Heilpädagogik in München.

7) Hanselmann, H. (1926) : Die Idee vom Albisbrunn., Ms.

8) Hanselmann, H. (1927) : Heilpädagogik und heilpädagogische Ausbildung in der Schweiz : In Schweizerische Pädagogische Zeitschrift, Sonderheft Nr. 7/8.

9) Hanselmann, H. (1928) : Über heilpädagogische Ausbildung : In Zeitschrift für Kinderforschung, 34. Bd., Heft 2, Ss. 113-124.

10) Hanselmann, H. (1928) : Wer ist normal? : In Schweizerische Pädagogische Zeitschrift,38Jg., Heft 10/11, Ss. 251-259 und Ss. 283-287 (nach einer Antrittsvorlesung von 1925).

11) Hanselmann, H. (1928) : Über heilpädagogische Ausbildung. In Z.f. Kinderfor 34, H.2, 1928, Ss.113-124.

12) Hanselmann, H. (1928) : Steinmühle Erinnerungen. In Z.f. Kinderfor.34, H.2,

S.125.

13) Hanselmann, H. und Zeltner, M. (1930) : Fünf Jahre Albisbrunn 1925-1929, Zürich.
14) Hanselmann, H. (1930) : Schwererziehbare Kinder (Internationale Vereinigung für Kinderhilfe), Genf, Ss. 27-43/Ss.110-137.
15) Hanselmann, H. (1931) : Jakob. sein Er und sein Ich, Zürich.
16) Hanselmann, H. (1931) : Vom Umgang mit Andern, Zürich.
17) Hanselmann, H. (1931) : Vom Umgang mit sich selbst, Zürich.
18) Hanselmann, H. (1931) : Vom Umgang mit Gott, Zürich.
19) Hanselmann, H. (1931) : Jakobli. aus einem Bublein werden zwei, Zürich.
20) Hanselmann, H. (1932) : Was ist Heilpädagogik? Arbeiten aus dem Heilpädagogischen Seminer, H.1, Zürich.
21) Hanselmann, H. (1932) : Heilpädagogik als Wissenschaft, Randbemerkungen zu einer Theorie der Heilpädagogik : In Die Hilfsschule, 25 Jg., Heft 1, Ss. 34-39.
22) Hanselmann, H. (1933) : Fröhliche Selbsterziehung, Zürich.
23) Hanselmann, H. (1934) : Über das Bewegungsprinzip als Unterrichts-und Erziehungshilfe. In Schweizerische Lehrerzeitung 79 Jahrgang, Nr.8.
24) Hanselmann, H. (1934) : Vom Sinn des Leidens, Zürich.
25) Hanselmann, H. (1934) : Sorgenkinder, daheim und in der Schule, Zürich.
26) Hanselmann, H. (1934) : Wissenschaftliche und praktische Haltung in der Heilpädagogik : In Zeitschrift für Kinderforschung, 43 Bd., Heft 2, Ss. 76-78.
27) Hanselmann, H. (1934) : Über das Bewegungsprinzip als Unterrichts-und Erziehungshilfe : In Schweizerische Lehrerzeitung, Nr.51.
28) Hanselmann, H. (1935) : Sterilisation und nachgehende Fürsorge : In Heilpädagogik, 5 Jg.,Nr.4, Ss.529-531 (Beilage in Schweizerische Lehrerzeitung).
29) Hanselmann, H. (1936) : Vom Sinn der Arbeit, Zürich.
30) Hanselmann, H. (1937) : Erziehungsberatung, Zürich.
31) Hanselmann, H. (1938) : Über heilpädagogische Behandlung geistesschwacher

und psychopathischer Kinder, Nebst Anhang ; Heilpädagogische Behandlung Mindersinniger und Sinnesschwacher : In Benjamin, E. u.a., Lehrbuch der Psychopathologie des Kindesalters für Ärzte und Lehrer, Zürich, Ss. 309-376.

32) Hanselmann, H. (1938) : Musikalische Erziehung und Heilpädagogik, Ms.

33) Hanselmann, H. (1939) : Heilpädagogik in der Zukunft : In Sonderheft der Schweizerischen Erziehungsrundschau, Nr.9.

34) Hanselmann, H. (1940) : Heilpädagogik in Gegenwart und Zukunft : In Heinrich Hanselmann und Simon, T. (Hrsg.), Bericht über den I. Internationalen Kongreß für Heilpädagogik in Genf 1939, Zürich, Ss. 17-24.

35) Hanselmann, H. (1941) : Grundlinien zu einer Theorie der Sondererziehung (Heilpädagogik), Zürich.

36) Hanselmann, H. (1942) : Sit mens sana in corpore sano, Pro Infirmis, Ss.3-5.

37) Hanselmann, H. (1943) : Sollen wir gegen die Entartung kampfen?, Ms..

38) Hanselmann, H. (1951) : Andragogik-Wesen, Möglichkeiten, Grenzen der Erwachsenenbildung, Zürich.

39) Hanselmann, H. (1955) : Heilpädagogik-Wesen, Möglichkeiten, Grenzen : In Asperger, H. u.a. (Hrsg.) Bericht des Dritten Internationalen Kongresses für Heilpädagogik in Wien 1954, Ss. 31-43.

40) Hanselmann, H. (1961) : Heilpädagogik : In Frankl, E.V. u. a. (Hrsg.) Handbuch der Neurosenlehre und Psychotherapie, Bd.5, München, Ss.357-366.

41) Hanselmann, H. ($^7$1966 ($^1$1930)) : Einführung in die Heilpädagogik, Zürich.

42) Hanselmann, H. (1997) : Die psychologischen Grundlagen der Heilpädagogik (1924, Habilitationsschrift), Zürich.

―関連文献―

<和文文献>

1) 飯岡陽子（1982）「明治期における治療教育学・教育病理学導入に関する一考察」『精神薄弱問題史研究紀要』第 26 号 13-46 頁

2) 平井信義・石井哲夫編（1970）『自閉症児の治療教育』日本小児医事出版社
3) 菅修（1974）『治療教育学』日本精神薄弱愛護協会
4) 小川克正（1968）「Heilpädagogik 概念の成立とその変遷」『岐阜大学教育学部研究報告　人文科学』54-60 頁
5) 藤井聰尚（1969）「Heilpädagogik 研究の課題と方法(1)　概念の検討」『教育学研究紀要』　第 15 巻 中国四国教育学会 81-83 頁
6) 辻誠（1968）「近代ドイツにおける Heilpädagogik の発展」『精神薄弱問題史研究紀要』　第 6 号 6-15 頁
7) 荒川智（1990）『ドイツ障害児教育史研究——補助学校教育の確立と変容』亜紀書房
8) 岡田英己子著（1993）『ドイツ治療教育学の歴史研究』勁草書房
9) E．ケーニッヒ著，K．ルーメル・江島正子訳（1980）『教育科学理論』学苑社
10) 矢田俊隆・田口晃（1995）『世界現代史 25　オーストリア・スイス現代史』山川出版社
11) 前原寿（1975）「スイス・デモクラシーと教育に関する研究（その一）——スイス・デモクラシーの特質について」『東北大学教育学部研究集録』第 6 号 1-21 頁
12) 森田安一編（1998）『スイス・ベネルクス史』山川出版社
13) オットー・シュペック，野口明子他訳（1984）『精神遅滞と教育』教育出版
14) 清水寛（1981）『発達保障思想の形成』青木書店
15) 清水寛（1974）「精神薄弱教育史」世界教育史研究会編『世界教育史体系 33 障害児教育史』講談社
16) 精神薄弱問題史研究会編（1988）『人物でつづる障害者教育史—世界編』文化科学社
17) 津曲裕次（1981）『精神薄弱者施設史論』誠信書房
18) ハナニー・ザムスキー、茂木俊彦他訳（1977）『精神薄弱教育史』ミネルヴァ書房
19) 荒川智（1985）「ドイツ補助学校史」松矢勝宏他編著『障害者教育史』川島書店
20) エム・ゲ・ヤロシェフスキー、柴田義松他訳（1973）『海外名著選 41 心理学史』

明治図書
21) 藤本直（1941）『断種法』岩波書店
22) 長尾十三二監（1988）『新教育運動の生起と展開』明治図書
23) 春見静子（2002）「カリタスと社会福祉」『ソフィア 西洋文化ならびに東西文化交流の研究』50（2）上智大学 108-120 頁
24) 春見静子（2007）「ドイツ・カリタス連合体の研究（Ⅴ）――ヨーロッパ連合の中でのドイツ・カリタス連合体の課題と展望」『カトリック社会福祉研究』長崎純心大学・長崎純心大学短期大学部 35-55 頁
25) 藤永保他編『新版心理学事典』平凡社 517-518 頁
26) Spranger, E. u.a.（Hrsg.）(1927): Pestalozzi Sämtliche Werke. Bd.1, Berlin, S.138.＜邦訳、長田新編（1960）『ペスタロッチ全集』1 巻 平凡社＞
27) Freud, S.（1917）: Vorlesung zur Einführung in die Psychoanalyse , Frankfurt, S.267.＜丸井清泰訳（1959）『フロイト選集第 1 巻 精神分析入門（下）』日本教文社＞
28) 生松敬三（1979）『現代を読む座標――1920-30 年代思想の意味』西田書店
29) 遠藤盛男（1987）『スイス国民学校の制度史研究』風間書房

＜欧文文献＞
1) Beschel, E. $^3$1965（$^1$1960), Die Eigencharakter der Hilfsschule, Weinheim.
2) Begemann, E.（1970）: Die Erziehung der soziokulturell benachteiligten Schüler.
3) Blackert. P.（1983）: Erziehen aus Verantwortung. Grundlagen der Heilpädagogik Paul Moors, Berlin.
4) Bättig, H. und Hollenweger, J.（2003）: Sonderpädagogik an der Pädagogischen Hochschule Zürich. In : Schweizerische Zeitschrift für Heilpädagogik, 9. Jahrgang,. Ss.14-18.
5) Bleidick, U.（1958）: Heilpädagogik als Wissenschaft. In : Z.f.Hellpäd. 9, Ss.161-168. Ss.209-220.

6) Bleidick, U. (1969) : Heilpädagogik-Sonderpädagogik-Pädagoglk der Behinderten. Wandlungen der Begriffsbildung. Z.f.Heilpäd. 20, Ss.67-97.
7) Bleidick, U. ³1978 (¹1972) : Pädagogik der Behinderten, Berlin. Heese,G / u. a. (Hrsg.) (1990) : Über Hanselmannnachdenken. Ein Kolloquium über das Werk Heinrich Hanselmanns im Zentenarjahr, Zürich.
8) Bopp, L. (1928) : Die erzieherischen Eigenwerte der katholischen Kirche, Freiburg.
9) Bopp, L. (1930) : Allgemeine Heilpädagogik, Freiburg.
10) Bopp, L. (1958) : Heilerziehung aus dem Glauben. zugliche eine theologische Einführung in die Pädagogik überhaupt, Freiburg.
11) Brauchlin, E (1960) : Prof. Dr.H.Hanselmann, ein Nachruf, Z.f. Heilpäd.11.
12) Bundesverfassung der Schweizerischen Eidgenossenschaft vom 18.April 1999 (Inkrafttreten 1.Januar 2000).
13) Bundesamt für Sozialversicherung : Bundesgesetz über die Invalidenversicherung (IVG) und Verordnung über die Invalidenversicherung (IVV) aus 1960, 1968, 1988, 2003, 2004.
14) Bundesgesetz über die Beseitigung von Benachteilgungen von Menschen mit Behinderungen (Behindertengleichstellungsgesetz) vom 13. Dezember 2002 (Inkrafttreten 1. Januar 2004).
15) Bürli, A. (Projektleiter der EDK) (2005) : Heil-/ Sonderpädagogik im Rahmen des schweizerischen Bildungwesens. Ausgangslage und Perspektiven, Bern.
16) Christianne Buchner (1997) : Die Invalidenversicherung unterstützt integrative Massnahmen, Schweizerische Zeitschrift für Heilpädagogik.
17) Claparede, E. (1941) : Autobiographie. In Archives de Psychologie, XXVIII, Ss.145-181.
18) Dohrenbusch, H. (1990) : Heinrich Hanselmann als Universitätdozent und Leiter des Heilpädagogischen Seminars Zürich. In Heese, G. usw. (Hrsg.) Über Hanselmann nachdenken. Ein Kolloquium über das Werk Heinrich Hanselmanns im

Zentenarjahr 1985, Zürich, Ss.22-41.

19) EDK/IDES (2007) : Sonderpädagogik. In Eurybase-The database on education systems in europe.

20) Thommen, B. (2003) : Vermittlung heilpädagogisch relevanter Kompetenzen in der Ausbildung von Regellehrpersonen und die Konsequenzen für die Heilpädagogik. In : Schweizerische Zeitschrift für Heilpädagogik, 9. Jahrgang, Ss.5-7.

21) EDK (1985) : Kinder mit Schwierigkeiten in der Schule. Lösungsmöglichkeiten und Förderungsmassnahmen, Bern.

22) EDK (1994) : Sonderpädagogik in der Lehrerbildung (Dossier 27), Bern.

23) EDK (1999) : Reglement über die Anerkennung von Hochschuldiplomen für Lehrkräfte der Vorschulstufe und der Primarstufe, 10. Juni, Bern, Art.3, Absatz 6.

24) Verband der Heilpädagogik Ausbildungsinstitute der Schweiz (2003) : Vermittlung heilpädagogisch relevanter Kompetenzen in der Lehrerinnen-und Lehrergrund-ausbildung. Positionspapier, Luzern.

25) Eggersdorfer, Franz Xaver ($^5$1950) : Jugendbildung Allgemine Theorie des Schulunterrichts., München.

26) Haeberlin, U. (1980) : Die wissenschaftstheoretische Wende in der Heilpädagogik. In : Vierteljahresschrift für Heilpädagogik (VHN), Ss.2-14.

27) Haeberlin, U. (1985) : Einführung in die Heilpädagogik, Bern.

28) Haeberlin, U. (1996) : Heilpädagogik als wertgeleitete Wissenschaft, Bern.

29) Heese,G.u.a. (1990) : Über Hanselmann nachdenken, Zürich.

30) Heilpädagogisches Seminar Zürich Stundenplan, Ms.

31) Hollenweger, J. (2008) : Inclusive Education : Model für die Schweiz?, Bern.

32) Hoyningen-Süess, Urs. (1992) : Sonderpädagogik als Wissenschaft. Heinrich Hanselmanns Theorie der Sonderpädagogik, Luzern.

33) Interkantonale Vereinbarung über die Zusammenarbeit im Bereich der Sonderpädagogik (Sonderpädagogik-Konkordat) 2007 (Inkrafttreten 1. Januar 2008).

34) Jantzen, W. (1977) : Konstitutionsprobleme materialistischer Behindertenpädagogik, Lollar.
35) Jantzen, W. (1978) : Behindertenpädagogik Persönlichkeitstheorie Therapie, Köln.
36) Jantzen, W. (1982) : Sozialgeschichte des Behindertenbetreuungswesens, München.
37) Jantzen, W. (1987) : Allgemeine Behindertenpädagogik, Weinheim.
38) Kilian,H (1955) : Leben und Werke Heinrich Hanselmann's, Hannover.
39) Langenohl, H. (1966) : Bopp. In : Enzyklopädisches Handbuch der Sonderpädagogik, S.425.
40) Löwisch, D.-J. (1969) : Pädagogische Heilen. Versuch einer erziehungsphilosophischen Grundlegung der Heilpädagogik, München.
41) Montalta,E. (1984) : 25 Jahre Verband der Heilpädagogischen Ausbildungsinstitute der Schweiz (VHpA), Luzern.
42) Moor, P. (1951) : Heilpädagogische Psychologie Bd. I : Grundtatsachen einer allgemeinen pädagogischer Psychologie, Bern.
43) Moor, P (1958) : Heilpädagogische Psychologie Bd. II : Pädagogische Psychologie der Entwicklungshemmungen., Bern.
44) Moor, P. ($^2$1960) : Heilpädagogische Psychologie Bd. I : Grundtatsachen einer allgemeinen pädagogischer Psychologie, Bern.
45) Mürner, Ch. (1985) : Die Pädagogik von Heinrich Hanselmann. Zum Verhältnis von Entwicklung und Behinderung, Luzern.
46) Neugestaltung des Finazausgleichs und Aufgabenteilung zwischen Bund und Kantonen 2004.
47) Niedermann, A. (1995) : Grundständige Ausbildung von schulischen Heilpädagoginnen und Heilpädagogen, Beiträge zur Leherebildung, (2), Ss.160-167.
48) Niedermann, A., Bless, G. (1992) ; Heilpadagogischer Stützunterricht, Aspecte Aspects 44, Ss.3-48.

49) Niedermann, A. u.a. (2006) : Heilpädagogische Unterrichtsgestaltung, Bern.
50) Niedermann, A. u.a. (2007) : Förderdiagnostik im Unterricht, Luzern.
51) Plan des heilpädagogischen Seminars (H.P.S.), Ms.
52) Richtlinien für die Schaffung eines heilpädagogischen Seminars, Ms. ; Plan des Heilpädagogischen Seminars (H.P.S.), Ms.
53) Schneeberger, F. (1966) : Moor, P. In : Heese, G und Wegener, H (Hrsg.) Enzyklopädisches Handbuch der Sonderpädagogik., Berlin, Ss.2201-2202.
54) Schneeberger, F. (1969) : Hanselmann, Heinrich. In Enzyklopädisches Handbuchder Sonderpädagogik,Berlin.
55) Schneeberger, F. (1992) : Über die Beziehung von Hanselmann und Moor zur Öffentlichkeit. In Vierteljahresschrift für Heilpädagogik und ihre Nachbargebiete 61, Ss.181-196.
56) Schmid, P. (1985) : Verhaltensstörungen in anthropologischer Sicht, Bern.
57) Siegenthaler, H. (1977) : Die anthropologische Fragestellung als Grundlage der Heilpädagogik von P.Moor. In : Vierteljahresshrift für Heilpidagogik (VHN), Heft.1.
58) Siegenthaler, H. (1977) : Der Weg von der Anthropologie zur Pädagogik im Denken von P.Moor. In : Vierteljahresschrift für Heilpädagogik (VHN), Heft.4.
59) Siegenthaler, H. (1983) : Menschenbild und Heilpädagogik. In : Siegenthaler, H. (Hrsg.) : Begrenztes Menschen, Zürich.
60) Siegenthaler, H. (1983) : Anthropologische Grundlagen der Erziehung Geistigschwerstbehinderter, Bern.
61) Siegenthaler, H. (1990) : Elemente einer heilpädagogishen Anthropologie bei Heinrich Hanselmann. In Heese, G. (Hrsg.) : Über Hanselmann nachdenken. Ein Kolloquium über das Werk Heinrich Hanselmanns im Zentenarjahr 1985, Zürich, Ss.106-117.
62) Spencer, H. (1895) : The Principles of Psychology, New York, Vol. II -1, pp. 283-286 und pp.615-616, Vol. II -2, pp.560-563

63) Stern, W. (31921 (11911)) : Die differentielle Psychologie in ihren methodischen Grundlagen, Leipzig, Ss.156-157.
64) Sturny-Bossart,G. u.a. (1991) : Besondere Schulung im Bildungssystem der Schweiz, Aspecte Aspects 41, Ss.5-88
65) Sonderpädagogische Hochschule Zürich (2006) : Akademischer Bericht 2006.
66) Pelgrims, G. (2003) : Sonderpädagogik in der Ausbildung der Primarlehrpersonen im Kanton Genf. In : Schweizerische Zeitschrift für Heilpädagogik, 9. Jahrgang., Ss.19-25.

## 3. 著者関連文献

(1) 冨永光昭（1984）：「Heilpädagogik の学説の歴史的変遷——スイス学派による体系化の試みを中心として（1）」『日本特殊教育学会発表論文集』第22回大会 横浜国立大学 588-589頁
(2) 冨永光昭（1984）：「Heilpädagogik の学説の歴史的変遷——スイス学派による体系化の試みを中心として（2）」『教育学研究紀要』第30巻 中国四国教育学会 263-266頁
(3) 冨永光昭（1985）：「スイス学派による Heilpädagogik の特質——H. Hanselmann と P. Moor の社会・労働認識を中心として」『日本特殊教育学会発表論文集』第25回大会 岡山大学 680-681頁
(4) 冨永光昭（1985）：「Heilpädagogik の学説の歴史的変遷——スイス学派による体系化の試みを中心として（3）」『教育学研究紀要』第31巻 中国四国教育学会 210-213頁
(5) 冨永光昭（1987）：「Heilpädagogik の学説史研究の方法——H. Hanselmann 研究の総合的パースペクティブの考察を中心として」『日本特殊教育学会発表論文集』第26回大会 国立特殊教育研究所 650-651頁
(6) 冨永光昭（1989）：「ハインリッヒ・ハンゼルマンの発達抑制児（者）保護論に関する一考察——精神薄弱児（者）保護論を中心として」『広島大学大学院教育学

研究科・博士課程論文集』第 15 巻 1-7 頁

(7) 冨永光昭（1990）：「ハインリッヒ・ハンゼルマンにおける発達抑制理念の形成——その歴史的意義と限界」『特殊教育学研究』第 27 巻第 4 号 21-32 頁

(8) 冨永光昭（1994）：「ドイツ語圏におけるハインリッヒ・ハンゼルマン研究の特色（1）——学的立場による解釈の差異を顧慮して」『大阪教育大学紀要』第Ⅳ部門 第 42 巻第 2 号 339-349 頁

(9) 冨永光昭（1997）：「スイス障害児教育研究のパースペクティブ」『大阪教育大学紀要』第Ⅳ部門 第 46 巻 第 1 号 47-56 頁

(10) 冨永光昭（1999）：「ドイツ語圏における治療教育学の展開——一般教育学とのかかわりを通して」 小笠原道雄監修『近代教育思想の展開』福村出版 302-323 頁

(11) 冨永光昭（1999）：「スイス——多言語国家にみられる障害児教育の多様性」『転換期の障害児教育 第 6 巻 世界の障害児教育・特別なニーズ教育』三友社出版 149-171 頁

(12) 冨永光昭（2001）：「スイス史とハインリッヒ・ハンゼルマンの足跡」『障害児教育研究紀要』第 24 号 大阪教育大学障害教育講座 35-42 頁

(13) 冨永光昭（2006）：「ハインリッヒ・ハンゼルマンとアルビスブルーン田園教育舎の相関——ハインリッヒ・ハンゼルマンにおける治療教育実践と思想をめぐって」『障害児教育研究紀要』第 29 号 大阪教育大学障害教育講座 61-70 頁

(14) 冨永光昭（2007）：「スイスの特別ニーズ教育」日本特別ニーズ教育学会編『テキスト 特別ニーズ教育』ミネルヴァ書房 213-219 頁

(15) 冨永光昭（2009）：「ハインリッヒ・ハンゼルマンと設立期のチューリッヒ治療教育セミナーの相関——ハインリッヒ・ハンゼルマンの治療教育教員養成思想をめぐって」『教育方法学研究』第 34 巻 日本教育方法学会 61-72 頁

## あとがき

　本書は、2010年3月に大阪市立大学により学位（文学博士）を授与された博士論文「ハインリッヒ・ハンゼルマンにおける治療教育思想の研究——治療教育実践と治療教育思想の関わりを中心として」の内容に加筆修正を加えたものである。特に、補章の「スイスの治療教育（学）の現状と課題」については、2008年以降の特殊教育分野からの「連邦障害保険」の撤退と3ヶ年の移行期間をかけた州（カントン）による「特殊教育構想」のとりまとめ等のスイス治療教育の改革動向を踏まえ最新の状況を追加した。書名は、本論文の研究対象であるハインリッヒ・ハンゼルマンの存在を端的に示すために、「ハインリッヒ・ハンゼルマンにおける治療教育思想の研究——スイス障害児教育の巨星の生涯とその思想」としている。

　これまで、我が国のドイツ語圏における障害児教育研究では、隣国のドイツに関心が集まり、スイスに関しては、障害児教育実践の紹介以外ほとんど体系だった研究はみられなかった。本書には、スイスの治療教育の巨星、ハインリッヒ・ハンゼルマンの治療教育思想研究を進めることにより、スイス特別ニーズ教育研究の基盤をつくりたいという筆者の思いが込められている。ただ、校正を終えてみると考察の踏み込みが不十分な点も多々見られ、未だ途上の感もあるが、研究に一応の区切りをつける意味で本書の刊行に至った。読者諸氏の忌憚のない批判を頂けたら幸いである。

　特別支援教育の授業研究や「障がい理解教育」研究、日独の知的障害児の環境教育研究等、筆者の研究の関心・テーマが多分野に及んだためにハンゼルマン研究が滞り、長年の歳月を要することになったが、本研究を進め博士論文としてまとめあげていく上で、幸いにも多くの方々のご指導やご支援を得ることができた。

　学位論文審査の主査を快く引き受けて下さったのは、大阪市立大学教授の湯浅恭正先生である。先生は、特別支援教育の授業研究を精力的に進められ、ド

イツ障害児教育にも造詣が深い。この博士論文を提出するにあたっても、何度もお時間を割いて頂き、的確かつ貴重なご指導・ご助言を頂いた。心より感謝申し上げたい。また、副査を引き受けて下さった大阪市立大学教授、堀内達夫先生、進藤雄三先生には、ご多忙にもかかわらず、論文審査に際して貴重なご意見を賜った。厚くお礼申し上げたい。

本研究に取り組むきっかけを与えて下さったのは、中部大学教授藤井聡尚先生（広島大学名誉教授・岡山大学名誉教授）である。先生には、学生時代から公私にわたりお世話になり、言葉で尽くせない学恩に、深甚の感謝を捧げたい。今も先生から受けた御恩の数々が懐かしく思い起こされる。先生が広島市東雲町にあった広島大学学校教育学部で教鞭をとられていた折、障害児のボランティア活動などで貴重なアドバイスなどを頂くために、広島市千田町の広島大学教育学部から先生のもとに足繁く通った。当時、広島大学大学院教育学研究科には障害児教育専攻がないこともあり、藤井先生を頼って広島大学学校教育研究科に進路をとった。藤井先生は、教育学の立場から精力的に障害児教育研究を進められ、ライフサイクルにわたる研究の必要性、理論と実践の統一、学生への手厚い指導等多方面にわたり、その後の私の研究者生活に大きな示唆を与えて下さった。特に、藤井先生は、ドイツ障害児教育の制度（史）研究の第一人者で、私にブライディックの『障害児教育学』の著書を紹介して下さった。以後、ドイツ語辞書を紐解きながら、ドイツ語圏の障害児教育の論稿を読み進め、その中からハンゼルマンの治療教育思想研究に焦点化して、研究を進めていった。

また、広島大学名誉教授小笠原道雄先生（前広島大学教育学部長、前広島大学副学長）には、ドイツ語圏の教育学研究の深さや真摯な研究姿勢を教えて頂いた。心より感謝の意を表したい。筆者は、障害のある子どもの可能性を最大限引き出す教育実践を行いたいという思いから、修士課程修了後、養護学校教諭の道を選択したが、研究を深化させ教育現場により多くの魅力ある専門的力量を備えた教師を送りだしたいという思いが強くなり、再び研究者の道に進もうとした。その時に、広島大学教育学研究科博士課程後期の試験を受け、小笠原

先生の研究室で受け入れて下さることになった。小笠原先生は、非常に懐の深い先生で、筆者のような当時傍流の位置にあった障害児教育研究を行う人間にも研究のチャンスを与えて下さった。また、幅広い専門性から、先生の周りには、教え子をはじめ多くの研究者が集まり、大きなゼミナールが形成されていた。若き時代にこの自由闊達な研究交流のあるゼミナールで過ごせたことは幸せであった。ドイツの精神科学的教育学、批判的合理主義、批判理論等様々な教育哲学研究にふれることができ、当時の教育学の様々な理論構造を知るとともに、筆者の一般教育学と障害児教育学の連続性を追求する基盤がつくられていった。特に、広島大学教授、広島大学副学長の坂越正樹先生には、不慣れな助手の時代に大変お世話になり、厚くお礼申し上げたい。この助手の時代に、小笠原先生が日本に招かれたクラフキー教授ご夫妻のお世話をしたことは、懐かしい光栄な思い出として想起される。

同じドイツ語圏の障害児教育研究者である滋賀大学教授窪島務先生、茨城大学教授荒川智先生、故大阪教育大学名誉教授井谷善則先生、筑波大学教授岡田英己子先生からは、そのすばらしい研究の数々から多くの示唆を得ることができた。その他にも、様々な研究交流の場を通し、多くの先生方や同僚に恵まれたことを感謝したい。

また、ハンゼルマンの母国スイスでも、多くの方々のお世話になった。筆者の何度かのスイス訪問の折、フリブール大学のブレス教授には、ゲストハウスの提供や資料の提供、学校の紹介等、生活と研究の両面で支援して頂いた。スイス治療教育界の中心人物であるフリブール大学のヘーベルリン教授からは、ハンゼルマンやモアについて貴重なお話を伺うことができた。柔らかな物腰、温かい雰囲気、真摯な研究姿勢は今も心に残っている。また、当時、ルツェルンのスイス治療教育中央研究所の所長であったビューリー氏からは、スイス治療教育に関する貴重な情報を提供して頂いた。また、日本の障害児教育について博士論文をまとめチューリッヒ大学で学位を取得されたカリン・ゴックさんには、ハンゼルマンに関する資料収集等で大変お世話になった。心よりお礼を申し上げたい。さらに、貴重な写真の提供に際しては、チューリッヒ大学のホ

イニンゲン教授、アルビスブルーン財団のR.ヤンス氏、スイス在住の野嶋篤氏（スイス・日本を結ぶ生活情報季刊紙「グリエツィ」を発行しスイスに関する著作も多い）のお世話になった。感謝申し上げたい。

　もう1つ、本研究の視座を形成する上で、大きな意味を持ったのは、教育実践との関わりである。教育学部の学生・院生の身ながら、教育委員会から辞令が下り、週2日のペースで数年間、養護学校寄宿舎の管理指導員・非常勤寮母（現、寄宿舎職員）として勤め、その卒業生と共に「宮島の会」という青年教室を創るに至った。この宮島の会は、今は障害者作業所に発展し、当時のメンバーが作業所を運営している。また、学生時代に社会福祉協議会の職員とともに取り組んだ障害児の放課後支援活動や1981年の国際障害者年に向けた取り組み、教員時代の民舞ソーラン節・ドリアン王国の仲間たちの取り組み等すばらしい先生方と共に取り組んだ実践の数々が、私の研究姿勢にも影響を与え、本研究におけるハンゼルマンの治療教育実践と治療教育思想の関連の視座を得ることができた。

　今後も、ハンゼルマンの実践と理論の統一の姿勢に学びながら、理念、制度、教育内容方法の全体像を踏まえ国内外の特別ニーズ教育研究を進めていきたいと思う。

　尚、本書は、出版費の一部として、2011年度科学研究費補助金「研究成果公開促進費」の交付を受けている。今日の困難な学術出版状況にも関わらず、本書の刊行を快くお引き受け頂いた福村出版の石井昭男社長に心より感謝申し上げたい。

　最後に、これまで筆者の我儘から、筆者の思いにそった道を歩ませてもらったが、常に温かく見守り応援してくれた滋賀の父冨永清義、母茂子に心より感謝したい。この両親のもとで育てられてこそ今の自分があると思っている。そして、ここまで共に歩み支えてくれた妻志伸、長女麻優子にもお礼を述べることをお許しいただきたい。

2011年12月　著　者

## ▼人名索引

### あ行

アスペルガー 49
アドラー 101, 165
インヘルダー 148, 185, 204

### か行

クラパレード 44, 92, 145, 204
ゲオルゲンス 15-16, 56-57
ケルケンシュタイナー 147
ゴッダード 58
コビー 186

### さ行

榊保三郎 15
シーゲントハラー 26
シャイブラウアー 101, 137
シューマン 42
シュテルン 168
シュネーベルガー 18, 92, 170, 204
シュピーラー 148
ストゥルニー・ボッサルト 187
スペンサー 168

### た行

ダインハルト 15-16, 56-57
ツェルトナー 44, 88
ドクロリー 147

### な行

ニーダーマン 207, 210

### は行

ビューリー 187, 212
フォイザー 188
ブライディック 16, 18-19, 160-161, 163, 169, 172, 186
フルールノワ 145
ブレス 187, 207
ブレツィンカ 19
フロイト 85, 101, 163, 165
ヘーベルリン 26, 186, 207
ペスタロッチ 33, 41, 101, 165, 185
ベッシェル 15-16, 18, 66
ヘップ 93
ヘラー 14-15, 48, 56
ヘンツ 166
ホイニンゲン・スウェス 30, 162, 187
ホーレンベガー 188
ボップ 149

### ま行

ミュルナー 29, 160, 170
モア 17, 19, 21, 23, 25-26, 92, 96, 108, 121, 161, 172, 186, 204
モンタルタ 207

モンテッソリー　147

**や行**

ヤンツェン　18, 22-23, 66

**ら行**

ラインハルト　44, 74-75, 98

リップス　45, 162, 164

**わ行**

ワトソン　172

# ▼事項索引

**英文**

LISA 210

**あ行**

アルビスブルーン田園教育舎 44, 59, 73, 98, 172
安楽死 20, 46, 59, 67
異常 161, 166-167
インクルーシブ教育 203
運動原理 136, 139

**か行**

外的コロニー 63, 65, 78, 80, 86, 88
学校治療教育教員 200, 205, 208, 212
神の子 24, 28
教育困難児 43, 59, 74, 81-82, 87, 98
教育的インテグレーション 185, 187, 191-192, 194, 200-201, 203
国際治療教育会議 32, 49
国際治療教育学会 32, 49, 122

**さ行**

実証主義への反逆 165
児童欠陥理論 15
社会保険省 190, 192
シュタインミューレ労働教育コロニー・観察施設 43, 55, 75, 86, 137

ジュネーブ大学 34, 44, 92, 144, 146-147, 185, 204-206, 214
受容―同化―排出 136, 160
障害児教育 183
障害者の不平等克服の連邦法 194-196, 204, 215
生涯にわたる保護 23, 48, 56, 59, 61
新戦線 46
スイス各州間教育局長会議 183, 195, 213
スイス・カリタス連合 148
スイス治療教育中央研究所 187, 207
スイス的なるもの 41, 46, 48
スイス・デモクラシー 41, 182
正常―異常 161, 166-167
精神科学的教育学 18, 186

**た行**

大量抹殺 46
多言語国家 182
断種 46, 59, 67
チューリッヒ学派 17, 26, 186
チューリッヒ州立教育大学 204
チューリッヒ大学 18, 20, 26, 30, 32, 42, 45-46, 80, 92-93, 96-100, 108, 152, 162, 165, 168, 171, 187, 204-205
チューリッヒ治療教育セミナー 44, 64, 74, 88, 91, 144, 151, 173, 204
チューリッヒ治療教育セミナー連盟

95-97, 152
治療教育　183
治療教育教員養成機関連盟　144, 214
通常学級　198
通常学校　194
ディプロム　150, 207, 213
適応の理論　168
ドイツ補助学校連盟　61
特殊学級　191, 200
特殊学校　190, 192-193, 202, 214
特殊教育　183
特殊教育協定　196, 198, 215
特別ニーズ教育　183

## な行

内的コロニー　63, 65
二元論　24

## は行

白痴　47, 57, 60, 67
発達混乱　21, 167, 173
発達抑制　19, 31, 45, 67, 81, 101, 108, 135, 160, 164-165, 167, 169, 171-173
発達抑制児（者）保護論　55
批判的合理主義　18, 22, 186
ファミリー制　82
フリブール大学治療教育研究所　44, 92, 144, 148, 151, 187, 207
プロ・ユーベントゥーテ財団　43, 74, 87, 93-94, 172
保護　20, 170-171, 173
補助学校　16, 58, 171
補助教員　201
補助・促進措置　197, 199, 201

## や行

優生学　136
ユーロランド　214

## ら行

リズム体操　137
ルソー研究所　34, 144, 151, 205
連邦障害保険法　183, 189, 191-192, 194, 196, 199, 202
連邦と州の財政の調整と責務の分担の改変　194-195, 215

著者略歴
冨永光昭（とみなが　みつあき）
1959 年　滋賀県生まれ
1984 年　広島大学大学院学校教育研究科（障害児教育専攻）修了
1985 年　広島県立廿日市養護学校教諭
1988 年　広島大学大学院教育学研究科博士課程後期（教育学専攻）入学
1990 年　同上　中途退学
　　　　　広島大学教育学部助手
1991 年　大阪教育大学教育学部講師
1995 年　大阪教育大学教育学部助教授
2004 年　スイス出張（文部科学省長期在外研究員）
2007 年　大阪教育大学教育学部准教授
2009 年　学位取得・博士（文学）・大阪市立大学
2010 年　大阪教育大学教育学部教授
主著
『障害児の教授学入門』（共編著、コレール社、2002 年）
『特別支援教育の授業づくり―より良い授業を求めて―』（単著、ミネルヴァ書房、2006 年）
『特別支援教育の現状・課題・未来』（共編著、ミネルヴァ書房、2009 年）
『小学校・中学校・高等学校における新しい障がい理解教育の創造―交流及び共同学習・福祉教育との関連と 5 原則による授業づくり―』（編著、福村出版、2011 年）

ハインリッヒ・ハンゼルマンにおける治療教育思想の研究
――スイス障害児教育の巨星の生涯とその思想――

2012 年 2 月 28 日　初版第 1 刷発行

| | | |
|---|---|---|
| 著　者 | | 冨　永　光　昭 |
| 発行者 | | 石　井　昭　男 |
| 発行所 | | 福村出版株式会社 |

〒113-0034　東京都文京区湯島 2-14-11
　　　　　　電　話　03(5812)9702
　　　　　　FAX　03(5812)9705
　　　　　　http://www.fukumura.co.jp
印　刷　株式会社文化カラー印刷
製　本　本間製本株式会社

ⒸMitsuaki Tominaga 2012 Printed in Japan

（定価はカバーに表示してあります）
ISBN978-4-571-12117-3　C3037

# 福村出版◆好評図書

**冨永光昭 編著**
## 小学校・中学校・高等学校における新しい障がい理解教育の創造
● 交流及び共同学習・福祉教育との関連と5原則による授業づくり
◎2,200円　ISBN978-4-571-12114-2　C3037

交流及び共同学習・福祉教育における「新たな障がい理解教育の5原則」を提起、諸実践や指導計画を提案する。

**石部元雄・柳本雄次 編著**
## 特別支援教育〔改訂版〕
● 理解と推進のために
◎2,500円　ISBN978-4-571-12115-9　C3037

増加傾向にある発達障害も含めた特別な支援を必要とする幼児児童生徒への、適切な指導方法と課題への考察。

**田中農夫男・木村 進 編著**
## ライフサイクルからよむ障害者の心理と支援
◎2,800円　ISBN978-4-571-12103-6　C3037

障害者のライフステージに即した心理を解説。生活者である障害者への支援とは何かを理解するための入門書。

**河野俊寛 著**
## 子どもの書字と発達
● 検査と支援のための基礎分析
◎3,800円　ISBN978-4-571-10142-7　C3037

小学生を対象に課題を通して書字(書く行為)の発達と障害の実態を把握し、有効な支援や検査のあり方を追究。

**J. ライクリー 他 編著／望月 昭 他 監訳**
## ビギニング・コミュニケーターのためのAAC活用事例集
● 機能分析から始める重い障害のある子どものコミュニケーション指導
◎6,800円　ISBN978-4-571-12104-3　C3037

重い障害のある子ども(ビギニング・コミュニケーター)の対話指導の基本論理とAAC実践研究事例を網羅。

**草薙進郎・齋藤友介 著**
## アメリカ聴覚障害教育におけるコミュニケーション動向
◎5,400円　ISBN978-4-571-12112-8　C3037

1990年代中頃からの米国聴覚障害教育におけるコミュニケーション方法の動向を様々な視点から解明する。

**神田和幸 著**
## 手話の言語的特性に関する研究
● 手話電子化辞書のアーキテクチャ
◎7,500円　ISBN978-4-571-12111-1　C3037

手話の文法構造などの言語学的研究成果を詳説。工学的応用として手話電子化辞書のアーキテクチャ等を示す。

◎価格は本体価格です。